Roswitha Gruber
Lena

Roswitha Gruber

Lena

Eine Südtiroler Bergbäuerin

rosenheimer

3. Auflage
© 2020 Rosenheimer Verlagshaus GmbH & Co. KG,
Rosenheim
www.rosenheimer.com

Titelfoto: © Südtiroler Landesarchiv,
Bildarchiv Mario und Benjamin Geat, GEATMAB0001323
Lektorat: Gisela Faller, Stuttgart
Satz: Satzpunkt Ursula Ewert GmbH, Bayreuth
Druck und Bindung: GGP Media GmbH, Pößneck
Printed in Germany

ISBN 978-3-475-54125-4

Inhalt

Die Vorgeschichte 7
Es kann der Frömmste nicht 9
Katakombenschulen......................... 29
Ein begrabener Traum 35
Erste Liebe 44
Die Option 57
Die Eule................................... 72
Hundefleisch und Wasserrecht 76
Der Schneider.............................. 82
Im Ehestand 97
Die Lawine 112
Friedl oder Heindl 121
»Bombenstimmung« 129
Herz-Jesu-Feuer........................... 143
Das Geheimnis des Schweinetrogs............ 151
Die Hausierer 162
Gewitter 169
Bergtouren 173
Neues Leben auf dem alten Hof.............. 203
Seilwinden................................ 221
Traktorgeschichten......................... 228
Ein unverzeihlicher Fehler 236
Die kleine Köchin 247
Fünfzehn Kräutersäckchen 250
Rückblick – Ausblick....................... 267

Die Vorgeschichte

Als ich im Jahre 1961, auf meiner ersten Italienreise, im lieblichen Südtirol Station machte und von frischen Feigen, dicken Tomaten und goldgelben Pfirsichen beeindruckt war, spürte ich nichts von den politischen Unruhen, die gerade das Land erschütterten. Auch in den Jahren danach, als die Zeitungen immer wieder von Anschlägen in diesem gebeutelten Land berichteten, bekam ich davon so gut wie nichts mit. Frisch verheiratet, voll berufstätig als Lehrerin, mit der Vorbereitung auf mein zweites Staatsexamen beschäftigt, zwischendurch zwei Kinder zur Welt gebracht, blieb mir keine Zeit, mich um das Weltgeschehen zu kümmern.

Erst im vergangenen Jahr, durch die Begegnung mit Fiona, einer jungen Engländerin, erwachte mein Interesse für die Geschichte Südtirols. Fiona erzählte mir nämlich, sie verbringe dort jedes Jahr eine Woche auf einem Bergbauernhof, wo sie unentgeltlich mithelfe. Als sie dann noch von einer fast neunzigjährigen Altbäuerin sprach, die geistig noch sehr rege sei, gab es für mich kein Halten mehr. Da musste ich so bald wie möglich hin. Sicher, ich hätte über die Geschichte dieses Landes in einem der sehr guten Bücher, die inzwischen über Südtirol geschrieben wurden, nachlesen können, was sich im letzten Jahrhundert dort abgespielt hat. Aber das war es nicht, was mich interessierte. Mich reizte es, einer Zeitzeugin zu begegnen, die mir Geschichte aus erster Hand bieten konnte – das, was im Alltag der normalen Bewohner eines Landes von der Geschichte spürbar geworden war.

Nachdem die junge Engländerin für mich den Kontakt zu den Bewohnern des Bergbauernhofes hergestellt hatte, machte ich mich auf den Weg. Mir wurde fast schwindlig, als sich unser Auto die steile Straße hinaufschob, deren Ränder so gut wie nicht befestigt waren, obwohl es fast senkrecht Hunderte von Metern nach unten ging. Immer enger wurden die Serpentinen, durch die wir uns nach oben schraubten. Dann hatten wir ihn endlich erreicht, den Waldeckhof, das Ziel meiner Wünsche. Eine traumhafte Aussicht belohnte uns erst mal für die abenteuerliche Anreise. Danach lauschte ich tagelang ergriffen den Erinnerungen der alten Bäuerin, von der ich erfuhr, wie die große Politik immer wieder in das Leben jeder einzelnen Südtiroler Familie hineingespielt hatte.

Was die Bäuerin Magdalena Thaler, genannt Lena, mir erzählt hat, habe ich in vorliegendem Buch für Sie niedergeschrieben. Bewusst habe ich darauf verzichtet, entsprechende Zahlen und Fakten hinzuzufügen, damit alles authentisch bleibt. Anhand eines persönlichen Schicksals will ich beschreiben, in welchen Nöten das Südtiroler Volk im vorigen Jahrhundert gelebt hat und wie es sich seine Autonomie erkämpfen musste.

Vielleicht sehen Sie nach dem Lesen des Buches dieses wunderschöne Land – ebenso wie ich – dann mit ganz anderen Augen.

Roswitha Gruber

Es kann der Frömmste nicht ...

Meine Heimat Südtirol ist ein wunderschönes, aber auch ein heiß umkämpftes Fleckchen Erde. In der Schule habe ich gelernt, dass es mal zu Italien und mal zu Österreich gehört hat, dass es mal von den Bayern und mal von den Franzosen besetzt gewesen war. Dabei hatten die freiheitsliebenden Bewohner nie einen anderen Wunsch, als in Ruhe gelassen zu werden und autonom zu sein.

Es war über 120 Jahre vor meiner Geburt, da erlangte einer meiner Landsleute, Andreas Hofer, einige Berühmtheit, weil er im Jahre 1809 die Tiroler dreimal siegreich zum Kampf gegen die französischen Truppen angeführt hatte. Leider musste er das mit seinem Leben bezahlen. Bereits 1810 wurde er auf Befehl des Kaisers Napoleon in Mantua hingerichtet. Seitdem wird er bei uns als Volksheld verehrt. Meine Mutter berichtete mir, dass immer am Andreas-Hofer-Tag, dem 20. Februar, in der Schule Feiern stattgefunden hatten. Bei denen wurde den Schülern – immer dem Alter angemessen – jedes Jahr die Geschichte des Volkshelden erzählt. Danach wurde gemeinsam das Andreas-Hofer-Lied gesungen. In der Kirche muss an diesem Tag auch immer eine Gedächtnisfeier stattgefunden haben, bei welcher die Schützen in ihrer Tracht aufmarschierten. In meiner eigenen Schülerzeit gab es das alles aber nicht mehr. Warum das so war, darauf werde ich später zurückkommen.

Wie sich bald zeigte, hatte unser tapferer Volksheld sein Leben umsonst geopfert, denn schon im selben Jahr ging ein Teil Südtirols an das Königreich Italien, das nur kurzen Bestand hatte, nämlich von 1805 bis 1814, und dessen König der Franzosenkaiser war. Aber bereits im Jahre 1813 wurde der italienische Teil Südtirols von Truppen des neuen Kaiserreichs Österreich besetzt. Und ein gutes Jahrhundert später, noch ehe ich zur Schule ging, bekam ich mit, dass Südtirol noch immer ein politischer Spielball war. Die Erwachsenen redeten in meiner Gegenwart ungeniert darüber, weil sie meinten, davon verstünde ich eh noch nichts.

Solche Themen konnten sie allerdings nur innerhalb der eigenen vier Wände anschneiden. Jedes Wort, das man vor den falschen Leuten aussprach, konnte einem gefährlich werden. Der Erste Weltkrieg war ja nur wenige Jahre vor meiner Geburt zu Ende gegangen und hatte gewaltige Umwälzungen gebracht. Bis zum Tag des Waffenstillstandes (dem 3. November 1918) hatte Südtirol zur österreichisch-ungarischen Monarchie gehört, unter der die Bevölkerung eigentlich ganz zufrieden gelebt hatte. Ab diesem Tag wurde es erneut von italienischen Truppen besetzt, und ein Jahr später, im Herbst 1919, im Vertrag von Saint-Germain, wurde es dem Königreich Italien definitiv zugesprochen, obwohl wir Südtiroler auf keinen Fall Italiener sein wollten.

Als im Jahr 1922 mit Mussolini der Faschismus an die Macht kam, wurde es für uns ganz schlimm, denn nun versuchte man, uns mit Gewalt zu italienisieren.

Menschen aus dem Süden Italiens, aus ganz armen Gegenden, wurden nach Norden umgesiedelt, um die hiesige Bevölkerung zu unterwandern. Mit Prämien und allerlei Versprechungen, wie kurzen Arbeitszeiten und guten Posten, lockte man sie in unsere Region. Die Lehrer aus dem Süden brauchten nur fünfzehn Jahre zu arbeiten, um ihre Pension zu erreichen. Die einheimischen Lehrer dagegen wurden sämtlich entlassen und mussten zusehen, wie sie ihr Leben fristeten. Um die deutschsprachige Tradition im Land auszurotten, wurden alle Vereine und sogar die Trachten verboten, auf die wir immer so stolz gewesen waren. Um sich aber gegenseitig zu erkennen zu geben, welcher Gesinnung man war, kamen die Menschen auf die Idee, einheitliche blaue Arbeitsschürzen zu tragen. Diese Schürzen konnte man nicht gut verbieten, und sie werden noch heute mit Selbstbewusstsein bei jeder Arbeit getragen.

Meine Wiege stand aber nicht in dem Teil des Landes, in dem ich jetzt schon seit vielen Jahrzehnten lebe, sondern im Gadertal, das eine ladinische Sprachinsel bildet. Ladinisch ist die gleiche Sprache, die auch in einem Teil der Schweiz gesprochen wird und dort Rätoromanisch heißt. Im Gadertal, von jeher eine sehr arme Gegend, gab es überwiegend Kleinbauern, die kinderreich, aber sonst bitterarm waren. Die meisten der Kinder schickte man, sobald sie der Schule entwachsen waren, ins Eisacktal oder ins Pustertal, damit sie sich ihr Brot selbst verdienten. Dort fanden sie bei größeren Bauern eine Anstellung als Knecht oder Magd. Man schickte sie aber auch noch aus einem weiteren Grund dorthin: Sie sollten dort die deutsche

Sprache erlernen. Obwohl sie fleißig und daher gern gesehene Arbeitskräfte waren, wurden sie mit der abfälligen Bezeichnung »Krautwallische« bedacht.

In dem Ort St. Martin in Thurn wurde ich am 25. November 1921 als erstes Kind der Eheleute Emma und Mariangelus Seeber geboren. Da ich nicht der erwartete Sohn war, erhoffte man sich diesen beim nächsten Kind, das meine Mutter zur Welt bringen würde. Das kam zwei Jahre später. Zur Enttäuschung beider Eltern war es wieder ein Mädchen. Es wurde auf den Namen Ida getauft. Wieder zwei Jahre später, also im Jahre 1925, wurde meine Schwester Maria geboren, die man nach Landessitte Moidl rief. Die Enttäuschung meines Vaters über Moidls Geburt war nicht so groß, wie man hätte vermuten sollen. Ja, sie wich, nachdem er sich damit abgefunden hatte, dass ihm das Schicksal anscheinend keinen Sohn zugestehen wollte, allmählich einem gewissen Stolz auf sein »Dreimäderlhaus«.

Genaugenommen wäre es für ihn zu jener Zeit auch gar nicht von Bedeutung gewesen, einen Stammhalter zu haben, denn er besaß weder einen Bauernhof noch einen Handwerksbetrieb, den er einem Sohn hätte vererben können. Sein erlernter Beruf war Sägschneider oder Sägmüller, wie man das anderswo nannte. Auch sein Vater, also mein Großvater Andreas, war Sägschneider. Er besaß zwar auch eine kleine Landwirtschaft, die aber vorne und hinten nicht gereicht hätte, um die stetig wachsende Familie zu ernähren. Klug, wie er war, hatte er den Vorteil zu nutzen gewusst, den ihm die günstige Lage seines Hofes bot. Direkt an einem Wildbach gelegen, war dies der ideale Platz, um mit dessen Wasser eine Sägschneiderei zu betreiben. Das brachte ihm wesentlich mehr ein als die kargen Gründe. Die Bauern aus der Umgebung brachten ihm ihre Baumstämme, und er schnitt sie zu Balken und Brettern, die man als Bauholz oder für Möbel brauchte. Denn seinerzeit wurden die Häuser noch überwiegend aus Holz gebaut, und die Möbel ließ man aus dem eigenen Holz beim Tischler machen.

Meine Großeltern hatten einen Haufen Kinder, von denen sie zehn durchbrachten. Natürlich konnte nur eines davon den Hof mitsamt dem Säge-Betrieb übernehmen, die übrigen mussten sehen, dass sie irgendwie anders unterkamen, um sich zu ernähren. Einige der Töchter hatten das Glück, in einen Bauernhof einheiraten zu können. Mehrere Söhne erlernten ein Handwerk, wie Zimmermann oder Maurer, und ließen sich im Dorf oder in der Nähe nieder. Das eine oder andere Kind blieb aber auch als lediger Knecht bzw. als Magd im Vaterhaus. Meine ersten Kindheitsjahre verbrachte ich zusammen mit meiner Mutter auch unter dem Dach der Großeltern. Meinen Vater bekam ich in dieser Zeit nur selten zu sehen, denn er übte sein Handwerk nicht in der Sägschneiderei des Großvaters aus.

Der Wildbach, der das Sägewerk antrieb, bedeutete nicht nur Segen für die Familie, er stellte auch eine gewisse Gefahr dar. Es gab Zeiten, besonders zur Schneeschmelze oder wenn langanhaltender Regen niederging, dann schwoll er beträchtlich an. Und wie Kinder so sind, sie spielen gern am Wasser, auch wenn man es ihnen noch so verbietet. Man kann sie auch nicht ständig im Auge behalten. Jedenfalls, so wurde mir erzählt, war immer wieder mal eines von den Kindern meiner

Großeltern in den Bach gefallen. Man hatte sie fast immer in letzter Sekunde noch retten können, nur einmal kam jede Hilfe zu spät. Es war ein dreijähriger Bub gewesen, den hatte man sehr weit unterhalb der Sägschneiderei nur noch tot aus den Fluten ziehen können.

Obwohl man mir diese Geschichte sehr eindringlich – und nicht nur einmal – erzählt hatte, machte ich mich als Kind auch immer wieder am Bachufer zu schaffen. So folgsam war ich schon, dass ich nicht ins Bachbett stieg, obwohl das im Sommer sehr verlockend gewesen wäre. Ich dachte aber, wenn ich vom Rand aus etwas ins Wasser werfe, dann könne mir gar nichts passieren. Vom Ufer aus warf ich Steine im hohen Bogen in den Bach und freute mich, wenn es recht spritzte. Auch Blumen und Gräser warf ich hinein und freute mich königlich, wenn sie schnell davongetragen wurden und mit den Wellen auf- und abhüpften.

Einmal, da war ich bereits fünf, passierte dann doch ein Unglück. Ich erinnere mich noch, dass ich auf dem nassgespritzten Ufer ausrutschte, die Arme haltsuchend in die Höhe warf und laut aufschrie. Dann spürte ich nur noch, wie mich das kalte Wasser umfing. Das nächste, an das ich mich erinnere, war, dass ich in meinem Bett die Augen aufschlug und die Stimme meiner Mutter hörte: »Gott sei Dank, sie kommt zu sich.«

Die Mutter, die gerade vor dem Haus gearbeitet hatte, war auf meinen Schrei hin sofort zum Bach gestürzt. Aber nicht dahin, von wo der Schrei gekommen war, sondern ein gutes Stück unterhalb. Das war meine Rettung. So hatte sie mich sofort an meiner

Kleidung packen und herausziehen können, als ich in Ufernähe vorbeitrieb. Wie sie berichtete, hatte sie viel Wasser aus mir herausgepresst, bis ich wieder atmete. Ich muss noch bewusstlos gewesen sein, als sie mich ins Haus trug, wo sie mir dann die nassen Sachen auszog. Meine Großmutter, Vaters Mutter, gab in der Zwischenzeit heißes Wasser, das im Herdwandl (Herdschiff) immer vorrätig war, in die Zinkwanne, in der wir samstags immer gebadet wurden. Nun setzte man mich außer der Zeit hinein, um mich wieder aufzuwärmen, denn der Bach war ganz schön eisig gewesen. Anschließend packte man mich mit einem warmen Stein ins Bett.

Am nächsten Morgen zeigte sich zur Freude der ganzen Familie, dass ich keinen Schaden davongetragen hatte. Dennoch kam ein großes Donnerwetter über mich, und ich gelobte hoch und heilig, nicht mal mehr in die Nähe des Baches zu gehen. Daran habe ich mich auch gehalten. Trotzdem waren meine Eltern froh, als sie endlich von dort wegziehen konnten, zumal sie noch zwei kleinere Töchter hatten.

In einem anderen Punkt dagegen war ich äußerst folgsam, es ging um die Werkstatt meines Großvaters. An ihn, den wir Kinder allgemein Nene nannten, habe ich nicht allzu viele Erinnerungen. Wir zogen ja schon fort, als ich noch nicht ganz sechs Jahre zählte. Außerdem war er den ganzen Tag außer Haus. Entweder hatte er auf den Feldern zu tun oder in seiner Sägschneiderei. Dort durfte man ihn nicht besuchen. Das hatte man mir streng verboten, weil es dort sehr gefährlich sei. Daran hielt ich mich gewissenhaft. Ich erinnere mich aber, dass manchmal, gegen Abend, bevor das Summen und Kreischen der Sägebänder verstummt war, eine alte Frau auf den Hof kam. Sie wartete stets geduldig, bis der Nene herauskam. Dann reichte sie ihm einen Sack, mit dem er wieder in der Sägehalle verschwand. Wenig später kam er wieder heraus und gab der Alten den Sack halb gefüllt zurück. Sie bedankte sich, hängte ihn sich über die Schulter und trug ihn, schwer gebückt, davon.

Neugierig fragte ich eines Abends: »Nene, was steckst du der Frau immer in den Sack?«

»Holz. Abfallholz. Weißt, Lena, das alte Weibele ist sehr arm. Sie kann sich kein Holz kaufen. Damit sie nicht frieren muss, darf sie sich bei mir immer Holzabfälle holen.«

Das fand ich sehr nett von meinem Großvater. Eines Morgens nun, beim Frühstück, erzählte er uns: »Stellt euch vor, heute Nacht habe ich von der Lisi, dem alten Weibele, geträumt. Sie ging ganz nah an der Säge vorbei, sodass ich erschrocken ausrief: ›Nicht so dicht! Das ist zu gefährlich.‹ Ich sah alles so deutlich vor mir, dass ich nach dem Aufwachen erst nicht wusste, ob es in echt oder nur geträumt war.«

Beim Nachtessen sprach der Nene wieder von dieser Frau: »Jetzt mache ich mir doch Sorgen um die Lisi. Sie hat sich nämlich heute kein Holz geholt.«

Am nächsten Morgen erfuhren wir dann, dass sie am Vortag genau zu der Stunde gestorben war, in der mein Großvater von ihr geträumt hatte. Sie war neunzig Jahre alt gewesen.

Mein Vater Mariangelus, eines der jüngsten Kinder seiner Eltern, war ein äußerst braver und gutmütiger

Mensch. Er hat nie jemandem etwas zuleide getan. Auch wenn ihm Unrecht geschah, nahm er es lieber hin, als sich dagegen zu wehren. Von klein auf musste er, wie alle seine Geschwister, in der heimischen Landwirtschaft mithelfen. Dabei lernte er alles, was ein Bauer können muss, und dadurch ist in ihm die Liebe zur Landwirtschaft ins Herz gepflanzt worden. Er wäre also liebend gern Bauer geworden. Den elterlichen Hof konnte er allerdings nicht übernehmen, den bekam traditionsgemäß der erstgeborene Sohn. Nur wenn der ihn partout nicht hätte haben wollen, konnte einer der später geborenen Söhne zum Zug kommen. Mein Großvater, der bereits seinen Ältesten, den Andreas, zusätzlich in das Handwerk des Sägschneidens eingeführt hatte, weil er die Sägschneiderei mitsamt dem Bauernhof übernehmen sollte, bildete auch meinen Vater in dieser Kunst aus. »Auch wenn du keine eigene Sägmühle hast, kannst du als Sägschneider ganz gut verdienen«, machte er ihm die Sache schmackhaft. »Es gibt genügend Bauern, die ein eigenes Sägewerk besitzen, aber von der Sägschneiderei nichts verstehen. Bei denen kannst du gutes Geld machen, indem du deine Dienste anbietest. Dann hast du für dein weiteres Leben ausgesorgt.«

Diese Worte fielen bei meinem Vater auf fruchtbaren Boden. Vor allem der Satz »gutes Geld machen« gefiel ihm. Wenn er schon den heimischen Hof nicht kriegen konnte, so wollte er viel Geld verdienen, damit er sich eines Tages ein landwirtschaftliches Anwesen würde kaufen können. Vielleicht, so überlegte er weiter, tat sich aber auch, wenn er auf die verschiedenen Höfe ging, dabei die Möglichkeit einer Einheirat auf.

Was den Verdienst anging, so hatte der Großvater nicht zu viel versprochen. Auf vielen Höfen war er ein gern gesehener Gast. Für seine Arbeit erhielt er einen guten Lohn, und da er für die Tage seines Verweilens auch immer Kost und Logis bekam, konnte er jeden Schilling beiseitelegen. Damit rückte er seinem großen Ziel jeden Tag ein Stückchen näher. Darüber vergaß er nicht, fleißig Ausschau zu halten nach einer möglichen Einheirat, aber ohne Erfolg. Da er allmählich auf die dreißig zuging und es an der Zeit war, eine Familie zu gründen, hielt er im Jahre 1920 um die Hand eines Mädchens aus der Nachbarschaft an: Emma, meine künftige Mutter. Eigentlich hatte er schon längst sein Herz an sie verloren gehabt, aber sie war arm wie eine Kirchenmaus, und so hatte er lange gezögert, seiner Neigung zu folgen. Meine Mutter stammte zwar auch aus einem Bauernhof, aber sie bekam weder den Hof – der blieb ihrem ältesten Bruder vorbehalten – noch eine Mitgift. Denn sie waren daheim ein Dutzend Kinder gewesen, und man war froh um jedes, das aus der Kost war. Deshalb war auch sie einige Jahre im Pustertal in Stellung gewesen, wo sie Deutsch gelernt hatte. Von dort, aber auch von zu Hause her, war sie mit allen bäuerlichen Arbeiten vertraut, und das jedenfalls passte gut zu Mariangelus' Plänen, auch wenn sie kein Geld mitbrachte.

Nach der Hochzeit lebte die junge Frau aber vorerst bei ihren Schwiegereltern, wo sie auf dem Hof fleißig mithalf und ihre drei kleinen Gitschen – das ist bei uns der gebräuchliche Ausdruck für Mädchen, also nichts Abfälliges – aufzog, die im Lauf der nächsten Jahre geboren wurden. Ihr junger Ehemann wanderte unterdessen weiterhin von Hof zu Hof, wo er fleißig arbeitete, um möglichst bald das Geld für sein eigenes Anwesen zusammenzukriegen. Zum Teil arbeitete er bei einzelnen Bauern, zum Teil bei solchen, die sich zusammengeschlossen hatten und gemeinsam ein Sägewerk an einem Bachlauf besaßen. Bei allen war er willkommen.

Mittlerweile waren wir ja an Italien angeschlossen, also verdiente er statt der Schillinge Lire und legte diese gewissenhaft für sein großes Ziel beiseite. Im Jahre 1927 glaubte er, endlich genug Geld beisammen zu haben, dass er daran denken konnte, seinen Traum zu verwirklichen. Wie aber an einen Bauernhof kommen? Höfe wurden ja in der Regel von Generation zu Generation weitervererbt. Nur wenn der seltene Fall eintrat, dass ein Bauer ohne direkten Nachkommen starb und weder Nichten noch Neffen den Hof übernehmen wollten, wurde mal einer verkauft.

Wie aber erfuhr man damals davon? Zwar hielt man sich eine Tageszeitung, aber dort hätte man schwerlich ein solches Angebot gefunden. Es gab aber eine wesentlich besser funktionierende Einrichtung, und das waren die überall im Lande regelmäßig abgehaltenen Märkte. Dorthin strömten die Bauern von den Bergen und aus den Tälern, um ihre Erzeugnisse anzubieten. Das war nämlich ihre einzige Möglichkeit, an Bargeld zu kommen. Per Ross, das sie vor einen zweirädrigen Karren spannten, oder mit einem beladenen Esel oder Muli kamen sie, oder sie trugen ihr Zeug in einer Krax selbst auf dem Rücken. Die Städter kamen natürlich auch dorthin. Sie waren es, welche die Waren der Bauern benötigten. Auf dem Markt verkauften die

Bauern aber nicht nur, sie kauften auch. Sie und ihre Bäuerinnen deckten sich mit dem ein, was sie benötigten, aber daheim nicht produzieren konnten, wie Kleiderstoffe, Nähgarn, Zucker und Salz sowie Küchengeräte und anderen Hausrat.

Nebenher wurden auf dem Markt aber auch Neuigkeiten aller Art ausgetauscht. Man erfuhr, wer eine Kuh verkaufte oder ein Schwein, und wer die Absicht hatte, ein Pferd zu kaufen. Man erfuhr auch, wer eine heiratsfähige Tochter hatte, die nach einem Bräutigam Ausschau hielt. Und auch, wo ein ganzer Bauernhof zum Verkauf stand, konnte man dort erfahren. Kurzum, auf den Märkten konnte man alles anbieten, und man konnte alles finden. Sie waren gewissermaßen das Internet der damaligen Zeit. Auf diese Weise erfuhr mein Vater dann auch von einem Hof in der Brunecker Gegend, der verkauft werden sollte. Er dankte dem Informanten und wollte sich gleich nach dort auf den Weg begeben. Da warnte ihn dieser noch: »Sei vorsichtig mit dem Kauf. Ich habe gehört, dass der Nachbar kein so gemütlicher Mensch sein soll. Vielleicht wartest du, bis was anderes angeboten wird.«

Aber mein Vater hatte schon so lange vergeblich nach einem Hof Ausschau gehalten, dass er es kaum erwarten konnte, endlich an einen solchen Besitz zu kommen. »Ach was«, sagte er sich, »so schlimm wird es schon nicht sein. Ich bin ein friedfertiger Mensch; das wird schon gut gehen.«

Nach einem Tagesmarsch kam er endlich auf besagtem Hof an, wo man ihn gastfreundlich empfing und über Nacht dabehielt. So konnte er sich am nächsten

Tag alles in Ruhe anschauen. Das Wohnhaus mit Wirtschaftsgebäude gefiel ihm gut, und selbst der Viehbestand konnte sich sehen lassen. Mit einem Neffen des verstorbenen Hofbesitzers, der im Auftrag der Erbengemeinschaft handelte, schritt er Wiesen, Feld und Wald ab und war recht zufrieden mit dem, was er vorfand. Sie wurden schnell handelseinig. Damals waren nicht nur die Höfe, sondern auch die Hofkäufer dünn gesät, und weil die Erbengemeinschaft daran interessiert war, bald Bargeld zu sehen, war auch der Preis nicht allzu hoch.

Für meinen Vater erfüllte sich damit ein Traum: Endlich konnte er mit seiner kleinen Familie ein eigenes Haus bewohnen und seine eigenen Gründe bearbeiten! Mit viel Fleiß und großer Begeisterung gingen er und seine Frau die Sache an. Ihre Freude an dem Hof sollte jedoch bald einen Dämpfer bekommen, denn schon nach kurzer Zeit bekam mein Vater die bittere Wahrheit zu spüren, die der Volksmund in folgendem Sprichwort ausdrückt: »Es kann der Frömmste nicht in Frieden leben, wenn es dem bösen Nachbarn nicht gefällt.« Von Tag zu Tag musste mein Vater mehr einsehen, wie recht der Bauer auf dem Markt gehabt hatte, als er ihn vor dem Nachbarn gewarnt hatte. Dieser Nachbar ließ nämlich keine Gelegenheit aus, uns zu sekkieren (schikanieren).

Darunter hatte die ganze Familie zu leiden, besonders aber mein armer Vater. Wann immer er sich auf einem seiner Felder oder einer Wiese blicken ließ und der Nachbar in der Nähe war, rief er ihm hämische Worte zu. Wo unsere Wiese an die seine grenzte, mähte er einfach ein Stück weit von unserer Wiese ab, er mähte von unserem Getreide mit ab, er erntete von unseren Rüben und von unseren Kartoffeln. Vielleicht denkt manch einer: Wegen ein bisschen Gras oder ein paar Kartoffeln sollte man sich nicht so haben. Aber wir waren eh mit Viehfutter knapp und mit allem anderen auch. So ein kleiner Hof reichte gerade aus, um eine mehrköpfige Familie zu ernähren. Um keinen Streit heraufzubeschwören, schwieg mein Vater aber trotzdem zu allem.

Im Frühsommer darauf, ich war sieben Jahre alt und besuchte die erste Klasse, war ich am Nachmittag mit meinem Vater beim Heuwenden. Wie aus dem Erdboden gewachsen tauchte da der böse Nachbar neben meinem Vater auf. Er hatte einen Stecken in der Hand. Ohne jeden Grund stürzte er sich auf meinen Vater und schlug auf ihn ein. Ich, meinen Vater in Gefahr sehend, hob meinen kleinen Kinderrechen hoch – der war, wie alle Rechen damals, noch ganz aus Holz – und fuhr unerschrocken dazwischen. Der Angreifer, der sich auf diese Weise attackiert sah, schlug nun zornig auf meinen Rechen ein. Da er auf diese Weise abgelenkt war, konnte mein Vater die Zeit nutzen, um sich in Sicherheit zu bringen, während der Nachbar in seiner Wut so lange auf meinen Rechen einschlug, bis er keinen Zahn mehr hatte. So schnell, wie ich aufgetaucht war, ließ ich da meinen zahnlosen Rechen fallen, rannte flink wie ein Wiesel zu meinem Vater und ging mit ihm nach Hause.

Mein Vater war nicht etwa ein Feigling, der sein Kind schutzlos einem Wüterich überlassen hätte, er blieb schon nahe genug, dass er im Notfall hätte eingreifen können. Weil der Nachbar aber nicht mich attackierte, sondern seine Wut nur an dem unschuldigen Rechen ausließ, griff er nicht ein.

Nach diesem Vorfall traute sich mein Vater eine Zeit lang nicht mehr aus dem Haus, wenn er wusste, dass der Nachbar auf seinen Feldern war. Es half aber alles nichts, die Arbeit musste doch gemacht werden. Also musste mein Vater doch wieder hinaus und musste sich nun noch mehr Schmähungen anhören, z. B., dass er so feige sei, dass er seine kleine Tochter für sich kämpfen lasse.

Doch es blieb nicht bei den Schmähreden. Ließ mein Vater mal über Nacht ein Gerät auf dem Hof stehen, war es am nächsten Morgen verschwunden. Egal, ob es eine Hacke, eine Schaufel oder ein Rechen war, es blieb unauffindbar. Einmal, so erinnere ich mich, war unser Pflug, den mein Vater draußen vergessen hatte, weil er ganz plötzlich in den Stall musste, um einer kalbenden Kuh beizustehen, am nächsten Morgen weg. Wir suchten und suchten und fanden ihn schließlich in einer tiefen Schlucht wieder. Es war nicht nur äußerst schwierig, ihn zu bergen, durch den Sturz war er auch an mehreren Stellen gebrochen. Vom Schmied musste er wieder repariert werden, was uns viel Geld kostete, das wir sehr notwendig für anderes gebraucht hätten. Schließlich war es an allen Ecken und Enden knapp in den Jahren nach der Weltwirtschaftskrise.

Außer seinen Nutztieren, das waren fünf oder sechs Kühe, zwei Schweine, acht bis zehn Schafe und etwa ein Dutzend Hühner, hielt mein Vater bei uns auf dem Hof auch einen Pfau. Dass er ein so kostbares Tier besaß, war sein ganzer Stolz. Während seiner Wanderjahre hatte er immer wieder auf dem Hof eines Adeligen zu tun gehabt und war sehr beeindruckt von den Pfauen gewesen, die dort majestätisch über den Hof stolzierten. Dem Besitzer entging es nicht, dass mein Vater immer wieder bewundernd vor seinen Pfauen stehen blieb und sie lange betrachtete. Eines Tages sprach er ihn an: »Prächtige Tiere, nicht wahr?«

»Ja, sie sind einfach wunderbar! Ich kann mich an ihnen gar nicht satt sehen. Am liebsten würde ich auch einen Pfau besitzen«, gestand mein Vater.

Zu seiner freudigen Überraschung sagte da der Adelige: »Gut, weil ich mit Ihrer Arbeit immer sehr zufrieden war, werde ich Ihnen einen Pfau schenken.«

Mein Vater strahlte. Dann aber fiel ihm ein, dass er bei seinem Wanderleben ein solches Tier nicht mit sich führen konnte. Das erklärte er seinem Wohltäter. »Wenn ich meinen eigenen Bauernhof habe, darf ich dann auf Ihr Angebot zurückkommen?«, fragte er dann.

Das durfte er. Und als er den Hof endlich hatte, holte er das kostbare Geschenk so rasch wie möglich ab. Er hegte und pflegte das schöne Tier, und so viel Arbeit er auch hatte, er fand doch jeden Tag die Zeit, genau wie auf dem Hof des Adligen, immer wieder bewundernd stehen zu bleiben, wenn es sein Rad schlug und über den Hof stolzierte. Dem Nachbarn aber war - wie alles auf unserem Hof - auch der Pfau ein Dorn im Auge. Das Tier hatte die Angewohnheit, auf dem Laubbaum vor unserem Haus sein Nachtquartier zu beziehen. Da schlich er eines Nachts dorthin, zog den Pfau am Schwanz herunter und erschlug ihn.

Das war für meinen Vater sehr schlimm, und er ist lange nicht darüber hinweggekommen. Nicht nur, dass er sein geliebtes Tier am Morgen mit zerschmettertem Kopf vorgefunden hatte, er musste sich auch fragen, was der Nachbar uns als nächstes antun würde. Ein Mensch, der ein unschuldiges Tier wie seinen Pfau so brutal getötet hatte, konnte auch zu noch schlimmeren Dingen fähig sein.

Lange wurde in der Familie über diese Missetat diskutiert. Weil die Mutter sah, wie sehr der Vater darunter litt, schlug sie vor: »Mariangelus, verkauf den Hof, und lass uns wegziehen.«

Aber das wollte mein Vater nicht. »Nein, der Hof gefällt mir, und ich habe hart dafür arbeiten müssen«, begründete er das.

»Wir werden anderswo schon einen neuen finden«, versuchte die Mutter ihn zu ermutigen.

Aber der Vater sah es nicht ein, sich von dem Widerling vertreiben zu lassen. »Wenn ich mich still verhalte, wird er irgendwann schon Ruhe geben«, versuchte er sich selbst Mut zu machen.

»Gott gebe, dass du recht hast«, seufzte die Mutter.

Tatsächlich war danach auch für ziemlich lange Zeit Ruhe, und der Vater glaubte schon, aufatmen zu können. Aber dann ging es wieder los, und noch schlimmer als zuvor. Zu unserem Anwesen gehörte auch Wald, ja, es waren sogar wesentlich mehr Hektar an Wald als an Wiesen und Feldern vorhanden. Holz brauchte man nicht nur als Brennmaterial, es bedeutete auch eine nicht zu verachtende Einnahmequelle. Meine Mutter pflegte immer zu sagen: »Der Wald ist die Sparkasse des Bauern.« Sie wollte damit sagen, wenn die Ernte knapp ausfiel, konnte man immer noch auf den Wald zurückgreifen und an die Städter Brennholz verkaufen.

Eines Tages, mein Vater hatte mal wieder im Wald gearbeitet, kam er völlig außer Atem und am ganzen Körper zitternd in die Küche gestürzt. »Jetzt ist Schluss!«, stieß er hervor. »Jetzt müssen wir weg. Hier bin ich meines Lebens nicht mehr sicher.« Dann brach er in Tränen aus. Das war das einzige Mal im Leben, dass ich meinen Vater habe weinen sehen.

»Was ist los? Was ist passiert?«, fragte die Mutter in großer Sorge. Uns Kinder interessierte das natürlich auch, aber es stand uns nicht an, danach zu fragen. Es dauerte eine Weile, bis sich der Vater so weit beruhigt hatte, dass er erzählen konnte: »Wie ich, nichts Böses ahnend, beim Holzaufschichten bin, höre ich plötzlich einen Knall, und im selben Moment saust eine Kugel an meinem Kopf vorbei. Ich schaue mich um, da höre ich ein hämisches Lachen und sehe, wie der Nachbar mit einem Gewehr in der Hand im Gebüsch verschwindet.«

Nun, da sein Entschluss fest stand, versuchte der Vater so schnell wie möglich einen Käufer für sein Anwesen zu finden und hielt gleichzeitig auch schon Ausschau nach einem neuen. Wieder waren es die Märkte in der näheren Umgebung, wo er bekannt gab, dass er einen Hof anbiete und einen kaufen wolle.

Mittlerweile schrieb man das Jahr 1937 – fast zehn Jahre haben wir die Nachstellungen des Nachbarn ertragen! –, und es waren Umstände eingetreten, die es leicht machten, an einen neuen Hof zu kommen, aber gleichzeitig erschwerten sie es auch, ein bäuerliches

Anwesen loszuwerden. Auf die Gründe hierfür werde ich später eingehen. Zunächst einmal: Es wurden zahlreiche Höfe angeboten, sodass mein Vater nur auszuwählen brauchte. Die Wahl wurde ihm dadurch erleichtert, dass genau vor Jahresfrist sein Bruder Seppl einen Hof im Eisacktal gekauft hatte, der auf einer Höhe von 1350 Metern lag. Der Nachbarhof, 50 Meter oberhalb davon gelegen, stand ebenfalls zum Verkauf.

»Da habe ich wenigstens schon mal einen gescheiten Nachbarn«, stellte der Vater schmunzelnd fest. Ehe er aber den neuen Hof bezahlen konnte, musste er erst den alten loswerden. Die Nachfrage war allerdings äußerst mäßig. Endlich fand sich aber doch ein Bauer, der sich für unseren Hof im Pustertal interessierte. Natürlich musste mein Vater gewaltig im Preis heruntergehen, sodass er wesentlich weniger dafür erzielte, als er seinerzeit dafür hingelegt hatte. Aber was blieb ihm anderes übrig? Man wusste ja nicht, was sich der Nachbar noch alles einfallen lassen würde. Bevor der Vater mit dem neuen Käufer zum Notar ging, legte ihm die Mutter besorgt ans Herz: »Du musst dem Mann aber sagen, warum wir verkaufen und weggehen wollen. Er muss ja wissen, wo er dran ist.«

»Das ist doch klar, Regina«, erwiderte ihr Mann. »Ich könnte ja nicht mehr ruhig schlafen, wenn ich dem einfach die Katze im Sack verkaufen würde.«

Nachdem der Vater den Käufer also darüber informiert hatte, dass es mit dem Nachbarn nicht so einfach sei, erklärte der gelassen: »Den überlässt du ruhig mir. Den werde ich mir schon biegen.«

Das muss er dann wirklich in die Tat umgesetzt haben. Denn als mein Vater ihn nach Jahr und Tag auf einem Markt wiedertraf, äußerte der lachend: »Mit dem Nachbarn habe ich keine Probleme. Dem habe ich in der ersten Woche schon gezeigt, wo es langgeht. Seitdem lässt er mich völlig in Ruhe.«

Das lag möglicherweise daran, dass der Neue kein Krautwallischer war wie wir. Vielleicht war der Grund aber auch, dass der Neue ein Mann wie ein Bär war und dass dies dem Nachbarn Respekt eingeflößt hatte.

Katakombenschulen

Jetzt möchte ich einen Sprung zurück in meine Kindheit machen, in die Zeit, als wir noch im Pustertal lebten. Wie ich bereits erwähnt habe, bekam ich von den politischen Wirren in meinem Heimatland bereits als kleines Kind genug mit. Weil ich ab 1927 in Pfalzem im Pustertal die Schule besuchte, sollte ich noch wesentlich engere Berührung damit kriegen. Seit dem Schuljahr 1925/26 durfte in allen Schulen unseres Landes nur noch Italienisch als Unterrichtssprache verwendet werden. Deshalb verstand ich in der Schule anfangs kein Wort. Zu Hause im Gadertal hatten wir innerhalb der Familie nämlich nur Ladinisch gesprochen, was im Pustertal, unserer neuen Heimat, abwertend als Krautwallisch bezeichnet wurde, und seit wir im Pustertal lebten, sprachen die Eltern nur Deutsch mit uns Kindern. Den meisten Erstklässlern erging es wie mir. Sie verstanden kaum etwas von dem, was der Lehrer vortrug. Die Mehrzahl von ihnen war deutschsprachig aufgewachsen, noch dazu in einem Dialekt; sie verstanden noch nicht mal Schriftdeutsch. Einige, die wie ich aus dem Gadertal stammten, verstanden meist nur Ladinisch. Italienischstämmige Kinder gab es in unserer Schule anfangs nur wenige, mit der Zeit wurden es aber immer mehr. Sie stammten aus Familien, die man mit Versprechungen aus Süditalien hierher gelockt hatte.

In den Unterrichtspausen, so glaubten wir Kinder, könnten wir uns miteinander endlich in einer Sprache unterhalten, die uns geläufig war. Doch daraus wurde nichts. Sobald unser Lehrer merkte, dass wir untereinander Deutsch oder Ladinisch sprachen, trat er dazwischen und verbot es uns unter Androhung von Strafe. Es war nur erlaubt, Wallisch, wie das Italienisch bei uns genannt wurde, miteinander zu reden. Deutsch war absolut verpönt. Ja, es kursierte die Parole: »Südlich des Brenners soll kein deutscher Hund mehr bellen.«

Da die meisten von uns die italienische Sprache nicht konnten, gab es für lange Zeit keine Kommunikation auf dem Schulhof. Selbst auf dem Heimweg wurde noch überwacht, dass wir weder Deutsch noch Ladinisch miteinander sprachen. Wurde man dabei erwischt, gab es strenge Strafen, wie Nachsitzen, Strafarbeiten und sogar Schläge.

Als Kind wunderte ich mich darüber, dass sich die Lehrer sogar als Kontrolleure für den Pausenhof und den Heimweg hergaben. Heute vermute ich, die armen Lehrer standen selbst unter Druck. Auch sie wurden ja ständig und überall bespitzelt. Wäre festgestellt worden, dass ein Lehrer eine andere Sprache als Italienisch duldete, hätte ihn bestimmt eine Disziplinarstrafe erwartet, bis hin zur Entlassung aus dem Dienst.

Da ich gern lernte und mir das Lernen leicht fiel, packte mich der Ehrgeiz. Ich war bemüht, so schnell wie möglich Wallisch zu lernen, zum einen, damit ich mich mit den Mitschülern unterhalten konnte, und zum anderen, um möglichst viel von dem Unterrichtsstoff mitzubekommen. Für mich war es faszinierend, lesen, schreiben und rechnen zu können und möglichst viel über die Welt zu erfahren. Lange glaubte ich, jedes Kind müsse diesen Ehrgeiz und diesen Wissensdurst haben. Erst als die Mitschüler, insbesondere die Buben, anfingen, mich zu tratzen (necken) und als Streber zu verspotten, merkte ich die Kluft zwischen uns. Viele der Buben waren zu faul zum Lernen und setzten mehr Eifer darein, dem Lehrer Schabernack zu spielen. Es gab aber auch solche, die auf Druck ihrer Eltern hin das Italienisch-Lernen verweigerten. Diese Eltern wollten ihre Abneigung gegen die Besatzung demonstrieren, indem sie ihre Kinder nicht die Sprache des Feindes lernen ließen.

Ich, zu Gehorsam erzogen, ließ mich jedoch weder durch die Faulheit anderer Kinder noch durch die Tatsache, dass Italienisch die Sprache des Feindes war, von meinem Weg abbringen. Daher war ich bald ebenso gut im Wallischen wie die gebürtigen Italiener, zumindest, was das Sprechen anging. Im Schriftlichen war ich den meisten von ihnen sogar überlegen. Da wir daheim weiterhin Deutsch oder Ladinisch miteinander redeten, beherrschte ich bald drei Sprachen fließend: Deutsch, Wallisch und Krautwallisch. Die Mutter brachte mir in letzterer Sprache sogar Lesen und Schreiben bei.

Auf Deutsch lernte ich ebenfalls Lesen und Schreiben, aber in einer Geheimschule. Ich besuchte sie unter größter Vorsicht zusätzlich zu der offiziellen Schule, die alle Kinder besuchen mussten, denn dieser Unterricht war in jenen Tagen verboten. Es gab aber mutige

Lehrerinnen, die der Meinung waren, die Kultur eines Landes stehe und falle mit seiner Sprache, und deshalb erteilten sie uns Kindern heimlich Deutschunterricht, damit sie die Sprache, die zu Hause nur heimlich und meist nur im Dialekt gesprochen wurde, auch in der hochdeutschen Form sprechen, lesen und schreiben lernten. Auf diese Weise wollten sie verhindern, dass in Südtirol das deutschsprachige Kulturgut verloren ginge. Bei der wechselvollen Geschichte unseres Landes, so die dahinterstehende Überlegung, würde eines Tages auch das Deutsche wieder Oberhand gewinnen, und dann sollten wir in der Lage sein, unter anderem die alten Dichter und Denker lesen zu können. Die Lehrmittel, die man für diesen Unterricht benötigte, wurden aus Deutschland und Österreich eingeschmuggelt.

Eine von diesen mutigen Lehrerinnen gab es auch in unserer Gemeinde. Sie besuchte die Familien, von denen sie annahm, dass sie auf ihrer Linie standen, und lud die Kinder zu einem nachmittäglichen Treffen in der Kirche ein. Dort, wo es sogar im Sommer recht kühl war, fand auch regelmäßig unser Religionsunterricht statt, seit die Faschisten an der Macht waren. Teils ängstlich, teils neugierig folgten wir der Einladung. Die Lehrerin erklärte uns, dass wir ab jetzt immer wieder zusammenkommen würden, damit wir Deutsch in Wort und Schrift lernen. Zur Erläuterung erzählte sie uns etwas von den ersten Christen im alten Rom, die ihren Glauben an Gott nicht offen leben durften. Sie hatten sich immer heimlich in unterirdischen Gängen getroffen, um ihren Gottesdienst miteinander zu feiern. Diese Gänge hätten Katakomben geheißen. In Anlehnung daran würden wir unsere Geheimschulen nun Katakombenschulen nennen.

Die Lehrerin, die meist als Bäuerin verkleidet zum Unterricht kam, schärfte uns auch ein, dass wir nicht mit anderen Kindern darüber reden dürften, also mit denen, die nicht an dem geheimen Unterricht teilnahmen. Wir konnten uns auch nicht regelmäßig in der Kirche treffen, das wäre aufgefallen. Jedes Mal nannte sie uns den neuen Treffpunkt. Das war mal eine Feldscheune, die man bei uns Schupfe nennt, mal in einer versteckt liegenden Kammer auf einem Bauernhof oder im Hinterzimmer einer Gaststätte. In manchen Räumen war es bitterkalt. Aber niemand von uns beklagte sich oder blieb dem Unterricht fern. Wir alle, obwohl wir noch recht junge Kinder waren, begriffen, wie wichtig das war, was die Lehrerinnen unter großer Gefahr für uns taten. Dass wir äußerst vorsichtig zu Werke gehen und dass wir gegen jeden von außerhalb den Mund halten mussten, um weder unsere Lehrerin noch unsere Eltern zu gefährden, war uns bewusst. Es sickerte nämlich durch, dass schon die eine oder andere Lehrerin einer Katakombenschule erwischt worden war. Sie und auch die Eltern der Schüler, hieß es, seien mit empfindlichen Geldstrafen oder auch mit Gefängnisstrafen belegt worden, inklusive Folter, oder Verbannung.

In den Städten brachte der Faschismus zusätzliche Probleme für die Bewohner, von denen wir zum Glück verschont blieben. Auch dort wurde die Zuwanderungspolitik vom Süden her massiv betrieben. Um Bozen herum hatte man die besten Obstwiesen enteignet, Industriezonen darauf errichtet, Fabriken gebaut und Siedlungen angelegt. Aber nicht für die Einheimischen, sondern für die Arbeiter aus Süditalien. Auch in allen Ämtern und Behörden arbeiteten Italiener. Ihnen hatte man klargemacht, sie seien jetzt hier die Herren. Für die deutschsprachigen Bewohner gab es keine offiziellen Stellen mehr.

Den Katakombenlehrerinnen ist es zu verdanken, dass nach dem Zweiten Weltkrieg, als in den offiziellen Schulen wieder Deutsch unterrichtet werden durfte, die deutsche Sprache noch so fest verankert war. Ich selbst wurde zwar im Jahre 1934 – nach siebenjähriger Schulpflicht – aus der Schule entlassen, soviel ich weiß existierten die Katakombenschulen aber noch bis 1943, als deutsche Truppen Südtirol besetzten. Ab da wurde neben dem Italienischen auch wieder Schulunterricht in deutscher Sprache zugelassen.

Ein begrabener Traum

Als ich aus der Schule entlassen wurde und damit an der Schwelle zum Berufsleben stand, hatte ich schon seit drei Jahren einen heimlichen Traum, seit nämlich im Jahre 1931 meine jüngste Schwester, die Frieda, als viertes und letztes Kind meiner Eltern auf die Welt gekommen war. Alles war so geheimnisvoll zugegangen. Eines Tages war eine alte Frau, die man Hebamme nannte, zu uns ins Haus gekommen und bei der Mutter in der Schlafkammer verschwunden. Wenig später rief sie uns Kinder hinein und zeigte uns voller Stolz ein kleines Mädchen. In den folgenden Tagen stand ich mit leuchtenden Augen dabei und beobachtete, wie sie die Mutter und das Neugeborene liebevoll versorgte. Mit großem Interesse schaute ich zu, wie sie den Säugling bei der Mutter anlegte und das kleine Mündchen gierig nach der Milchquelle suchte. Das alles fand ich so wunderbar, dass ich auch Hebamme werden wollte, denn es musste einen doch sehr glücklich machen, immer wieder mit Müttern und ihren Neugeborenen zu tun zu haben!

Bis ich aus der Schule entlassen wurde, hatte ich längst erfahren, dass die Hauptaufgabe einer Hebamme darin bestand, einer Frau in ihrer schweren Stunde beizustehen und dem Kind ans Tageslicht zu helfen. Das machte für mich diesen Beruf noch attraktiver und noch erstrebenswerter. Noch bevor ich aus der Schule entlassen wurde, war ich so mutig, unsere Dorfhebamme zu besuchen, um mir von ihr erklären zu lassen, wie man Hebamme wird. Nach meiner Schulentlassung sprach ich meinen Berufswunsch zum ersten Mal vor meiner Mutter aus. Nie vergesse ich den traurigen Blick, mit dem sie mich ansah.

»Das ist ein schöner Wunsch«, sagte sie zu mir. »Den würde ich dir allzu gern erfüllen, doch leider ist das nicht möglich.«

»Warum, Mutter? Warum ist es nicht möglich?«, wollte ich wissen.

»Wir brauchen dich doch dringend bei der Arbeit.«

Das allein wollte ich aber nicht gelten lassen. »Man muss schon achtzehn sein, damit man überhaupt auf eine Hebammenschule darf«, gab ich weiter, was ich von der Hebamme gehört hatte. »In fünf Jahren sind die Ida und die Moidl doch längst aus der Schule entlassen und können mich leicht ersetzen.«

»Es geht ja nicht nur darum«, erklärte die Mutter. »Wir haben auch nicht das Geld, um dich auf eine Hebammenschule zu schicken.«

Das war schon eher einzusehen. Bei uns war es immer knapp zugegangen, und woher hätte auf einmal mehr Geld kommen sollen?

»Ach, Mutter, in fünf Jahren sieht unsere finanzielle Situation vielleicht ganz anders aus«, meinte ich dennoch mit der ganzen Zuversicht der Jugend. Ich wollte mir die Hoffnung nicht nehmen lassen und hing deshalb weiterhin dem Traum nach, eines Tages Hebamme zu sein.

Die Umstände, unter denen vier Jahre später unsere Umsiedlung ins Eisacktal stattfand, habe ich bereits beschrieben. Meine beiden Schwestern waren inzwischen längst der Schule entwachsen und halfen in der Landwirtschaft mit, so gut sie konnten. Doch selbst ich kam nicht umhin zu bemerken, dass sie weder meine Kraft noch mein Geschick für solche Arbeiten hatten. Trotzdem sprach ich, bevor ich achtzehn wurde, meine Mutter noch einmal auf das Thema an. Mitleidig schüttelte sie den Kopf. »Du siehst doch selbst, dass die beiden Gitschen der landwirtschaftlichen Arbeit nicht gewachsen sind. Wir müssen froh sein, wenn sie eine Stelle finden, wo sie sich ihr Brot auf leichtere Art verdienen können.«

Das sah ich ein. Gleichzeitig erkannte ich aber auch, dass wir mittlerweile das Geld für meine Ausbildung noch schlechter würden aufbringen können als einige Jahre zuvor. Denn beim Verkauf des ersten Hofes hatten wir nicht nur eine beträchtliche finanzielle Einbuße gehabt, der neue Hof, den wir gekauft hatten, brachte auch schlechtere Erträge als der vorherige. Irgendwelche Erwartungen in meine jüngste Schwester, die Frieda, konnte ich auch nicht setzen. Frieda war das Sorgenkind meiner Eltern, sie war nicht nur ein schwächliches Kind, als sie geboren wurde, sie bekam zusätzlich in ihrem ersten Lebensjahr die Englische Krankheit, auch Rachitis genannt. Dadurch blieb sie in ihrer körperlichen Entwicklung stark zurück. Ihr Brustkorb war verengt, was ihr Atembeschwerden verursachte. Ihr Kopf war kleiner und flacher geblieben als normale Köpfe. In ihrer Intelligenz war sie zwar nicht eingeschränkt, wohl aber in der

Bewegung. Daher konnte sie nur bedingt arbeiten. Insgesamt war sie sehr zart gebaut, und sie war sehr ängstlich.

»Ja, wenn die Frieda endlich der ersehnte Stammhalter gewesen wäre und gesund dazu, wäre der Hof selbstverständlich an ihn gegangen«, sagte meine Mutter. »Da der Herrgott es aber anders mit uns vorgesehen hat und da du nicht nur die Älteste, sondern auch die Kräftigste bist, bleibt dir gar nichts anderes übrig, als später den Hof zu übernehmen.«

Ich war einsichtig und folgsam und fügte mich drein. Den Traum, Hebamme zu werden, begrub ich nun endgültig. Meine Mutter verstand es aber, mein helfendes und heilendes Interesse in die richtigen Bahnen zu lenken. Sie machte mich mit allerlei Kräutern vertraut und zeigte mir, wie man sie trocknet, wie man wirksame Teemischungen oder Salben herstellt, wie man Tinkturen und Essenzen mixt. Auch brachte sie mir schon beizeiten bei, wie man einfache Wunden behandelt und wie man Verbände auflegt. In der Landwirtschaft passierte es doch immer wieder, dass jemand sich Verletzungen zuzog, und bis zum nächsten Arzt war es weit. In unserer Gemeinde sprach es sich bald herum, dass ich ein erstaunliches Heilwissen und auch einige Erfahrungen auf diesem Gebiet hatte. Deshalb rief man als Erstes mich bei Erkrankungen und Verletzungen jeder Art, auch wenn ich oft bekennen musste: »Das ist kein Fall für mich, dieser Patient gehört in die Hand eines Arztes.«

Der Arzt verschrieb fast immer eine Medizin, die man in der Apotheke kaufte. Mit dieser kamen die Leute jedoch erneut zu mir, weil sie den Beipackzettel nicht lesen konnten. Der war nämlich in Italienisch geschrieben, und wie schon angedeutet, hatten die meisten im Italienischunterricht nicht so gut aufgepasst. Nun erwarteten sie von mir Aufklärung darüber, wie oft, wann und wie lange sie dieses Medikament einnehmen mussten. Jeden dieser Zettel las ich mir sehr aufmerksam durch, allein schon, um zu erfahren, welche Wirkstoffe in den Medikamenten enthalten waren und bei welcher Krankheit sie anzuwenden seien.

So eignete ich mir im Laufe der Jahre ein ziemlich breites medizinisches Wissen an und konnte den Leuten oft schon sagen, welches Medikament sie sich verschreiben lassen sollten, wenn ich die ersten Symptome gesehen hatte oder sie mir geschildert worden waren. In anderen Fällen konnte ich ihnen mit Kräutern, Tinkturen oder einer Salbe aus meiner Hausapotheke helfen. Selbst unser Doktor vertraute bald meinen heilenden Händen und betraute mich damit, den Nachbarn Spritzen zu setzen, die sie regelmäßig brauchten. Das ersparte ihm den weiten und mühsamen Weg auf den Berg hinauf oder dem Patienten den Weg ins Dorf. Eines von beidem wäre sonst für jede Spritze nötig gewesen.

Mit dem italienischen Tierarzt habe ich mich ebenfalls gut verstanden. Immer, wenn er auf einen Hof gerufen wurde, rief man mich dazu zum Dolmetschen.

Aber auch sobald eine Frau in die Wehen kam, rief man außer der altgedienten Hebamme, die einen viel weiteren Weg hatte als ich und nicht mehr allzu flott auf den Beinen war, oft auch mich dazu. Bis zu ihrem Eintreffen stand ich der Gebärenden bei und leistete ihr zumindest schon mal moralische Unterstützung. Wenn die Geburtshelferin endlich in die Wochenstube trat, konnte ich ihr zur Hand gehen, was sie dankbar annahm. Es kam auch schon mal vor, dass ein neuer Erdenbürger schneller war als die Hebamme, besonders wenn es sich um eine Mehrgebärende handelte. Da ich der Hebamme schon oft genug assistiert hatte, als das zum ersten Mal geschah, wusste ich genau, was zu tun war. Mit Leichtigkeit hätte ich ein Kind auch abnabeln können. Das aber überließ ich lieber der Fachfrau, um ihr nicht Konkurrenz zu machen und auch, um mir keine Schwierigkeiten einzuhandeln. So war mein Traumberuf im Lauf der Zeit doch noch ein bisschen Wirklichkeit geworden.

In der Gemeinde gab es eine Frau, bei der bin ich ziemlich oft zu einer Entbindung gerufen worden. Insgesamt brachte sie achtzehnmal ein Kind zur Welt, jedes einzeln, keine Mehrlingsgeburten. Es blieben aber nicht alle Kinder am Leben. Genau genommen starben so viele von ihnen schon im ganz frühen Säuglingsalter, dass es nicht nur mir ein bisschen sonderbar vorkam. Als diese Frau aus dem gebärfähigen Alter heraus war, vertraute sie mir das Geheimnis an, wie es dazu gekommen war: Sie und die Mutter ihres Mannes erprobten die Gesundheit ihrer neugeborenen Kinder auf eine sehr drastische Weise. Da sie und ihre Schwiegermutter schon seit längerer Zeit unsere Erde verlassen haben, kann ich jetzt ruhig darüber sprechen. Kaum, dass ein Kind getauft war, nahm die Großmutter nämlich das Neugeborene, brachte es hinaus an den Brunnen und wusch es mit dem eisigen Wasser ab, egal, ob es Sommer oder Winter war. »Ein kleines schwaches Puttel hat diese Behandlung natürlich nicht überlebt«, erklärte mir die Mutter. »Aber dann war es nicht schade drum. Die anderen aber, die das überlebt haben, sind alle kräftige und lebenstüchtige Menschen geworden.«

Zumindest für diejenigen von den zwölf Überlebenden, die mir später immer wieder mal begegnet sind, kann ich das bestätigen.

Früher war es üblich, ein Kind möglichst schon am Tag nach seiner Geburt taufen zu lassen. Von der Taufe wurde dabei kein großes Aufhebens gemacht. Es gab keine Einladungen und keine Feier. Ja, es wurde noch nicht mal ein Tauftermin beim Pfarrer ausgemacht. Wozu auch? Er war ja immer erreichbar. Einen Paten hatte man sich rechtzeitig ausgeguckt und darüber unterrichtet, dass er bald damit rechnen müsse, sein Amt anzutreten. Wenn nun der neue Erdenbürger angekommen war, brachte ihn der Vater ins Dorf, holte auf dem Weg zur Kirche den Paten ab und bat den Pfarrer um die Taufe. Danach ging der Alltag wie üblich weiter.

Einmal nun, es war im Winter 1947, stand wieder eine Taufe in besagtem Hause an. Drei Tage nach seiner Geburt zog die Großmutter das Neugeborene mit den wärmsten Sachen an, die ihr zu Gebote standen. Zusätzlich wickelte sie es in ein Kopfkissen und steckte das Bündel in eine Krax. Diese lud sich der Kindsvater auf den Rücken, und stapfte damit hinunter ins Dorf. So war das Kind geborgen, und er hatte die Hände frei, um sich notfalls abstützen zu können. Es war nämlich ein eisiger Januartag, und er musste sich durch meterhohen Schnee kämpfen. Als er Stunden später wieder zurück war wollte die Großmutter den Täufling aus der Krax nehmen, aber sie fand nur das leere Kopfkissen. »Ja, wo ist denn der Bub?«, fragte sie vorwurfsvoll ihren Sohn, der leicht schwankend in der Stube stand. »Hast ihn im Gasthaus liegen lassen?«

Es war nämlich Brauch, dass der Kindsvater nach vollzogener Taufe mit dem Paten ins Gasthaus ging, um auf das freudige Ereignis einen zu trinken.

»Nein«, beteuerte er. »Im Gasthaus hab ich ihn gar nicht aus der Krax genommen. So, wie er war, habe ich ihn auf den Rücken gepackt. Das weiß ich ganz gewiss.«

»Nichts wirst mehr wissen«, zeterte die Alte. »Wahrscheinlich hast du auf das Wohl des Kindes ein paar Stamperl zu viel getrunken.«

»Das kann schon sein«, gab er kleinlaut zu. »Aber der Bub war ganz gewiss noch in der Krax, als ich das Gasthaus verlassen hab. Der Rudi, sein Göte« – der Taufpate –, »und der Wirt können das bezeugen.«

»Du narrischer Kerl du«, geriet die Großmutter nun in Rage. »Du wirst doch nicht das Kind unterwegs verloren haben?«

»So muss es sein«, bekannte er betroffen. »Bei dem vielen Schnee hat es mich schon ein paar Mal hingehauen.«

»Dann musst du doch gemerkt haben, dass die Krax auf einmal um sieben Pfund leichter war.«

»Nein, das ist mir nicht aufgefallen.«

Was blieb der Großmutter anderes übrig, als einen Suchtrupp zusammenzustellen. Sie selbst war schon zu schlecht auf den Füßen, um sich noch an der Suchaktion beteiligen zu können. Die Kindsmutter lag noch im Wochenbett, und der Kindsvater stand zu unsicher auf den Beinen. Also wurden die beiden ältesten Kinder losgeschickt mit dem Auftrag, sich bei uns im Haus Verstärkung zu holen. So kam es, dass meine Schwester Moidl und ich uns an der Suche beteiligten. Diese erwies sich als ganz einfach. Da es in den letzten Stunden nicht geschneit hatte, brauchten wir nur der Spur zu folgen, die der Kindsvater im Schnee hinterlassen hatte. Deutlich war zu erkennen, wo er jeweils gestrauchelt war. Diese Stellen suchten wir besonders sorgfältig ab. Endlich, wir waren schon fast im Dorf und hatten schon überlegt, ob wir die Suche als erfolglos abbrechen sollten, da entdeckten wir im Tiefschnee den halberfrorenen Säugling. Gesicht und Händchen waren schon ganz blau. Er hatte nicht mal mehr die Kraft zum Schreien, sonst hätten wir ihn sicher eher entdeckt. Spontan steckte ich den Kleinen unter meine Joppe, um ihm von meiner Körperwärme abzugeben. Noch ehe wir sein Elternhaus erreichten, begann er leise zu wimmern. Das sah ich als ein gutes Zeichen. Als ich ihn endlich in die Arme seiner Mutter legen konnte, war aus dem Wimmern ein kräftiges Schreien geworden, und seine rosige Gesichtsfarbe war zurückgekehrt. Gierig trank er an dem von der Mutter dargereichten Quell.

Aus dem Schneekind, dem jüngsten Spross der Familie, ist ein stattlicher Bursche geworden. Leider habe ich ihn, nachdem er erwachsen war, aus den Augen verloren, da er nach Deutschland zum Arbeiten ging. Seinen Namen weiß ich auch nicht mehr, weil wir ihn immer nur das Schneekind nannten, wenn wir von ihm sprachen.

Erste Liebe

In der Zeit, als mein Vater den Waldeckhof im Eisacktal kaufte, wurden – wie bereits erwähnt – viele Höfe angeboten. Das hatte einen sehr ernsten, einen politischen Hintergrund. Im Jahre 1929 kam es zu der sogenannten Weltwirtschaftskrise, die viele Familien in bittere Armut stürzte. Es hatte etwas mit Aktien und Kapitalmarkt zu tun, mit Devisenhandel und Bankenkrise, wovon ich nichts verstand. Ich weiß nur, dass zahlreiche Firmen zusammenbrachen, was eine massive Arbeitslosigkeit nach sich zog. Auch bei uns im Land und selbst in der Landwirtschaft bekam man die Folgen davon zu spüren. Die Bauern konnten ihre Erzeugnisse nicht mehr so absetzen wie bisher. Dadurch konnte manch einer, der einen Kredit aufgenommen hatte, um zu investieren, seinen Hof nicht mehr halten. Andere waren es leid, sich weiterhin an den steilen Hängen zu plagen, wo sie in der Stadt oder im Ausland, wie sie glaubten, ihr Geld leichter verdienen würden. Daher gab es in den Jahren nach der Weltwirtschaftskrise immer eine ansehnliche Auswahl an freien Höfen. Als mein Vater den Waldeckhof im Jahre 1937 kaufte, gehörten dazu dreieinhalb Hektar Acker- und Wiesenland sowie dreizehn Hektar Waldland. In dieser Größe hatte er bereits über 150 Jahre bestanden, und so besteht er noch heute. Er ist nämlich – wie alle umliegenden Höfe – als »geschlossener Hof« eingetragen. Das verdanken wir der Kaiserin Maria Theresia, die diese Form der Landwirtschaft einführte, um die Bauernhöfe vor der Zerstückelung zu retten. Bis dahin galt nämlich die Realteilung, also das Aufteilen eines Hofes im Erbfall an alle Erbberechtigten, normalerweise also die Kinder. Dadurch waren aber die Hofflächen dermaßen zusammengeschrumpft, dass sie nur noch mit Mühe eine Familie ernährten. Ja, wenn die Familie groß war, taten sie selbst das nicht mehr. So mancher Bauer sah sich gezwungen, zusätzlich bei einem größeren Bauern als Tagelöhner zu arbeiten oder sogar eine feste Anstellung bei einem Handwerker anzunehmen.

Nach dem neuen Gesetz durfte also nicht mehr geteilt werden. Der Hoferbe brauchte seinen Geschwistern lediglich etwas auszuzahlen, etwa wenn eine Schwester heiratete oder wenn sich sein Bruder als Handwerker niederlassen wollte. Viel durfte das aber nicht sein, damit der Hof nicht ausblutete. Deshalb war es oft so, dass die Geschwister auf ein eigenes Leben verzichteten und als Arbeitskräfte auf dem Hof blieben. Der Einzelne galt damals nichts, da es ja galt, das Überleben der Familie zu sichern.

Unter dem Faschismus wurde dieses Gesetz im Jahre 1929 vorübergehend außer Kraft gesetzt. Die befürchtete Zersplitterung der Höfe blieb jedoch aus, weil die Bauern selbst so weit denken konnten, dass sie sich damit die Lebensgrundlage entziehen würden. So kommt es, dass die Form des geschlossenen Hofes – trotz vieler Änderungen und neuer Gesetze im Laufe der letzten Jahrzehnte – bis heute fortbesteht. Man darf also auch heute noch an dem Landbesitz, der zu einem Hof gehört, nichts verändern. Gewiss, man dürfte dazukaufen. Aber von wem? Die Nachbarn dürfen ja genauso wenig von ihrem Land verkaufen wie wir. Wenn man aus irgendeinem Grund wirklich mal ein Feld oder einen Wald verkaufen wollte oder müsste, muss man einen Antrag stellen an die Höfe-Kommission. Die prüft dann. Und wenn sie feststellt, dass der Hof dadurch zu klein und in seiner Existenz gefährdet würde, sagt sie nein. Daher kann man lediglich auf dem Wege des Tausches etwas an den Liegenschaften verändern. Aber wozu sollen wir tauschen? So, wie Feld und Wald seit Jahrhunderten um unseren Hof herumliegen, sind wir zufrieden. Zwar hätten wir lieber weiter unten gewohnt, damit man schneller im Dorf ist und näher bei der Kirche. Aber der Waldeckhof lag nicht weit vom Besitz meines Onkels Seppl weg, das war einer der Gründe, warum mein Vater gerade bei diesem Hof zugeschlagen hatte. Der andere Grund war, dass dieser Hof viel billiger war als jene, die sich in Dorfnähe befanden.

Schon bald merkten wir, dass es kein Fehler gewesen war, gerade dieses Anwesen zu kaufen. Rings um uns her gab es weit und breit keine bösen Nachbarn, im Gegenteil, alle Leute waren sehr nett. Hier hat nicht nur der eine dem anderen nichts Böses getan, sondern man war in der Nachbarschaft sogar darauf bedacht, einander zu helfen. Der eine konnte dieses besser, der andere jenes. Oder es gab Dinge zu tun, die ein Einzelner nicht hinkriegte, die man zu zweit aber leicht schaffte. Und dass man sich innerhalb der Verwandtschaft aushalf, war erst recht an der Tagesordnung.

Unser direkter Nachbar, Seppl, der Bruder meines Vaters, besaß bereits ein Ross, als wir noch keines hatten. Wie oft hat er mit diesem bei uns ausgeholfen! Und da er gelernter Maurer war, hat er für meinen Vater so manche Maurerarbeit gemacht. Im Gegenzug dafür hat mein Vater für ihn Holz geschnitten, oder er hat mich hinübergeschickt, damit ich Mägdedienste übernehme. Hilfsleistungen wurden also nicht mit Geld bezahlt, sondern mit Gegenleistungen. Bei diesem Onkel arbeitete ich äußerst gern, weil er ein netter Mensch war. Bald gab es auch noch mehr nette Verwandtschaft in der Umgebung, denn zwei Schwestern meines Vaters heirateten hierher. Die Rosa erreichte man in fünfzehn Gehminuten, die Marie in anderthalb Stunden.

Onkel Seppl hatte einen Knecht, der Erich hieß, der nur wenige Jahre älter war als ich und wie ich aus dem Gadertal stammte. Anfangs nahm weder ich von ihm noch er von mir viel Notiz. Eines Sonntags aber, als ich fein herausgeputzt auf dem Weg zur Kirche war, kam er mit großen Schritten hinter mir her. Erstaunt stellte er fest: »Ach, du bist's! Von hinten hab ich dich gar nicht erkannt. Du bist doch die Tochter vom Nachbarn, die schon ein paar Mal bei meinem Bauern ausgeholfen hat?«

»Stimmt. Dein Bauer ist mein Onkel. Er ist der Bruder meines Vaters.«

Den Rest des Weges gingen wir dann gemeinsam, und ich muss gestehen, seine Gesellschaft war mir nicht unlieb. In seinem Sonntagsstaat sah er richtig schneidig aus. Auch den Heimweg legten wir gemeinsam zurück, und der Gesprächsstoff ging uns nicht aus. Ab dieser Zeit ging ich noch lieber hinüber zum Onkel, um zu arbeiten. Bei den Mahlzeiten warfen der Erich und ich uns verstohlene Blicke zu, und wenn er arbeitete, so wusste er es oft so einzurichten, dass er in meiner Nähe zu tun hatte. Mir fiel auf, dass er nicht nur ein netter, umgänglicher Mensch war, sondern auch fleißig und stark. Das beeindruckte mich zusätzlich. Denn mittlerweile war ich in dem Alter, wo man sich schon mal nach einem geeigneten Bräutigam umschaut, zumal auch feststand, dass ich den heimischen Hof übernehmen würde. Da war es nicht verkehrt, wenn ich einen Mann daherbrachte, der von Landwirtschaft etwas verstand und der dazu fleißig und ehrgeizig war.

Nun ja, bald ergab es sich, dass wir beide mal allein beim Heuwenden waren. Da gestanden wir uns gegenseitig, dass wir einander gern hatten. Von da an trafen wir uns jeden Sonntag, um gemeinsam zur Kirche zu gehen und auch wieder zurück. Für den Weg hinunter brauchten wir eine halbe Stunde und für den Rückweg, da es doch recht steil bergauf ging, eine Dreiviertelstunde. Irgendwann auf dem Heimweg, als wir ein kleines Wäldchen durchschritten, zog er mich in seine Arme und gab mir den ersten Kuss. Von da an fühlte ich mich wie im siebten Himmel und betrachtete mich als seine heimliche Braut. Daheim mochte ich aber noch nichts davon sagen – nicht, weil ich dachte, meinen Eltern könne meine Wahl nicht recht sein, sondern weil ich noch nicht ganz achtzehn war. Da hatte es mit dem Heiraten noch Zeit.

Doch ehe wir überhaupt daran denken konnten, Zukunftspläne zu schmieden, brach der unglückselige

Zweite Weltkrieg aus. Und da der Erich jung und ledig war und für Deutschland optiert hatte – was es damit auf sich hatte, erkläre ich später –, gehörte er zu den Ersten, die eingezogen wurden.

Zum Abschied nahm er mich noch einmal in die Arme und küsste mich so leidenschaftlich, als sollte es das letzte Mal sein. Weinend und mit wehem Herzen blieb ich zurück. Ständig bangte ich um sein Leben und betete jeden Tag für ihn. Wenn eine Karte oder ein Feldpostbrief von ihm eintrafen, blühte ich für kurze Zeit auf. Doch schnell verfiel ich wieder in Trauer, weil die wenigen Zeilen mir ja nicht verraten konnten, ob er wirklich noch lebte und ob es ihm gut ging. Die Post war ja viele Tage oder gar Wochen unterwegs. In meiner Herzensnot vertraute ich mich endlich meiner Mutter an. Sie verstand es, mir immer wieder Mut zu machen, und brachte mich dahin, dass ich mich ganz dem lieben Gott anvertraute. Das half mir immer wieder für kurze Zeit über mein seelisches Tief hinweg.

Radio kannten wir in unserer Einöde noch nicht. Wenn aber in der Zeitung die Listen der Gefallenen veröffentlicht wurden, ging ich sie zagenden Herzens durch. Jedes Mal atmete ich auf, wenn ich am Ende angelangt war, ohne den geliebten Namen entdeckt zu haben. Einmal kam eine Karte aus einem deutschen Lazarett. Erich schrieb, dass er dort wegen einer geringfügigen Verletzung am Bein mehrere Wochen verbringen müsse. Nach seiner Genesung müsse er wieder an die Front.

Als der schreckliche Krieg endlich aus war, musste ich weiterhin viel Geduld aufbringen. Von niemandem konnte ich erfahren, ob Erich gefallen war oder ob er sich in Kriegsgefangenschaft befand. Ein halbes Jahr lang erreichte mich überhaupt keine Nachricht. Doch dann stand an einem Dienstagabend der Mann, um den ich so gezittert und für dessen Leben ich so inbrünstig gebetet hatte, plötzlich vor mir. Gott sei Dank, er lebte! Aber ich konnte über das Wiedersehen keine solche Freude empfinden, wie ich das all die Jahre erwartet hatte. Es war, als ob eine Wand zwischen uns stünde, und die alte Vertraulichkeit zwischen uns wollte sich einfach nicht wieder einstellen.

Der Mann, der vor mir stand und Erich hieß, war auf eine schwer zu erklärende Weise nicht mehr der, von dem ich mich sechs Jahre zuvor mit heißen Tränen verabschiedet hatte. Äußerlich war er unversehrt, aber er schien nicht nur um sechs Jahre gealtert zu sein, sondern um mindestens zwölf. Seine Gesichtszüge waren nicht nur ernster geworden, sie wirkten auch verhärmt. Er war mir fremd geworden. Gewiss, auch ich hatte mich in diesen Jahren harter Arbeit und der ständigen Bedrohung durch den Krieg verändert. Ich war nicht nur älter, sondern auch reifer und besonnener geworden. Aber das allein erklärte es nicht. Die Liebe zu ihm, die brennende Sehnsucht, hatte sich in der langen Zeit ja lebendig erhalten.

Er braucht eine Weile, um sich zurechtzufinden, sich wieder in das normale Leben einzufügen, redete ich mir gut zu. Als ich ihn aber am ersten Sonntag nach seiner Rückkehr zum Kirchgang – der uns vordem so lieb und vertraut gewesen war – abholen wollte, lehnte er schroff ab. Lass ihn, tröstete ich mich und ging alleine. Den zweiten und dritten Sonntag versuchte ich es erst gar nicht. Als er aber nach einem halben Jahr von sich aus noch immer keine Anstalten machte, mit in die Kirche zu gehen, fragte ich ihn: »Was ist los mit dir? Warum gehst du nicht mit in die Kirche? Willst du nicht endlich Gott dafür danken, dass du unversehrt nach Hause gekommen bist?«

Da platzte seine ganze aufgestaute Bitterkeit aus ihm heraus: »Ich glaube nicht mehr an Gott, also brauche ich ihm auch nicht zu danken. Daher kann ich mir das Kirchegehen ersparen.«

Ich fiel aus allen Wolken. »Aber Erich, wie kannst du so etwas sagen! Du hast doch allen Grund, Gott zu danken, dass er dich am Leben gelassen hat, dass du beide Beine hast behalten dürfen und beide Arme, und vor allem dein Augenlicht. Du hast zwei gesunde Hände, mit denen du ebenso arbeiten kannst wie vor dem Krieg.«

Sein Gesicht wurde abweisend. »Ich kann nicht einem Gott danken, den es nicht gibt!«, wiederholte er eigensinnig, aber er sah ein, dass er mir diese Meinung nun auch erklären musste. »Wenn es einen Gott gäbe«, belehrte er mich, »dann hätte er diese Gräueltaten doch gar nicht zugelassen. Gewiss, mir selbst ist nicht viel passiert, zumindest nicht äußerlich. Meine Verwundung war schnell verheilt. Aber was ich mit ansehen musste, was meine Kameraden erlitten haben und wie wir unsere Gegner zerfetzt haben, das war so grausam, so fürchterlich, das kann ich dir gar nicht beschreiben. Es verfolgt mich regelrecht. Bis heute verfolgt es mich! Den ganzen Tag werde ich diese Bilder nicht los, und selbst in der Nacht schrecke ich hoch mit diesen Bildern vor Augen. Nein, nein, ein Gott würde solche Grausamkeiten nicht zulassen.«

Erst jetzt erkannte ich, dass die Verletzungen an seinem Körper zwar verheilt waren, die an seiner Seele aber nicht. Wieder übte ich mich lange Zeit in Geduld. In dieser Zeit betete ich noch inbrünstiger für ihn. Irgendwann, dachte ich, würden auch seine seelischen Wunden vernarben. Aber die Wunden, die der Krieg in Erichs Seele geschlagen hatten, schienen unheilbar. Dass er nicht mehr mit mir in die Kirche ging, das hätte ich noch verwunden, dass er aber immer lästerte und spottete, weil ich weiterhin das Gotteshaus aufsuchte, das bedrückte mich schon sehr. Als er wieder mal aus tiefstem Herzen über Gott schimpfte und fluchte, hielt ich ihm vor: »Erich, das verstehe ich nicht, wie kannst du über einen Gott schimpfen, den es gar nicht gibt?«

Einen Moment stutzte er. Dann speiste er mich mit den Worten ab: »Ach, was verstehst du denn davon. Lass mich in Ruhe!«

Da gab ich es auf. Ich ließ ihn nun tatsächlich in Ruhe, denn ich zog mich vollkommen von ihm zurück. Wenn beim Onkel etwas zu arbeiten war, worum ich mich sonst gerissen hatte, schickte ich meine zweite Schwester, die Moidl, hin, denn meine älteste Schwester Ida war da bereits aus dem Haus, sie hatte noch vor Kriegsende einen Invaliden geheiratet. Theo, ihr Mann hatte ursprünglich das Schneiderhandwerk erlernt, aber noch vor Kriegsausbruch hatte er bei einem Arbeitsunfall auf dem elterlichen Hof die rechte Hand verloren und konnte seinen Beruf nicht mehr ausüben. Er hatte aber das Glück, in Brixen, im Spital, eine Anstellung als Portier zu finden. Seit ihrer Heirat lebte Ida mit ihm in Brixen.

Feinfühlig, wie meine Mutter war, bemerkte sie sehr bald, dass mit mir eine Veränderung vorgegangen war. Nachdem sie das einige Zeit mit angesehen hatte, sprach sie mich darauf an.

»Warum schaust du immer so traurig? Du müsstest doch jetzt glücklich sein, wo dein Erich wieder da ist.«

»Er ist nicht mehr mein Erich«, gab ich traurig zur Antwort.

Die Mutter horchte auf. »Wie? Hat er eine andere?« Ich schüttelte den Kopf. »Nein, er hat sich von Gott losgesagt. Er geht nicht mehr in die Kirche.« Ich schilderte ihr, was ich mit ihm erlebt hatte.

Zu meinem Erstaunen fand meine Mutter, das sei doch noch lange kein Grund, ihn nicht zu heiraten. »Gerade jetzt braucht er einen Menschen, der ihm Halt gibt«, mahnte sie stattdessen. »Vielleicht bist du diejenige, die ihn wieder auf den rechten Weg zurückführen kann.«

Aber ich war mir längst sicher, dass ich das nicht schaffen würde. »Das habe ich auch gedacht«, erklärte ich ihr. »Und ich habe es vorsichtig versucht, ihn wieder auf den rechten Weg zu bringen. Aber dann hat er nur noch schlimmer über Gott gelästert und geflucht.«

Meine Mutter redete mir weiter ins Gewissen. Ich könne doch nicht erwarten, dass die Schreckensbilder eines Krieges, der immerhin sechs Jahre gedauert hatte, in einem einzigen Jahr verwunden werden könnten. »Gib ihm noch ein bisschen Zeit«, schloss sie. »Die Hauptsache ist doch, er lässt dich deinen Glauben leben.«

Gerade daran, dass er das dulden würde, hatte ich aber immer mehr Zweifel bekommen. »Das ist es ja gerade, Mutter«, erklärte ich ihr. »Ich fürchte, wäre ich erst mal mit ihm verheiratet, würde er mir glatt verbieten, in die Kirche zu gehen, und unsere Kinder ließe er womöglich gottlos aufwachsen.«

Die Mutter zeigte sich einsichtig, konnte sich aber immer noch nicht so recht damit abfinden, ihren künftigen Schwiegersohn verloren zu haben. »Dabei hättet ihr so gut zueinander gepasst! Und für unseren Hof wäre er der richtige Mann gewesen.«

Das alles war mir bewusst. Aber wie hätte ich mit ihm glücklich werden können, da unsere Grundeinstellung nicht mehr übereinstimmte? Darauf hatte meine Mutter noch einen letzten Einwand: Es sei doch viel wichtiger, gemeinsam Zufriedenheit zu finden, als glücklich zu werden, und zufrieden werde man, wenn man gemeinsam für die Familie das Brot schafft.

»Aber ohne den Segen Gottes, ohne den nichts gedeihen kann, wie soll ich da Zufriedenheit erlangen können?«, fragte ich zurück. Das sah ich doch schon an Erich, den gar nichts mehr zufrieden stimmen konnte.

Das sah auch die Mutter so. »Überleg dir deinen Schritt gut«, warnte sie mich dennoch. »Der Krieg hat viele junge Männer hinweggerafft. Die Auswahl ist nicht mehr sehr groß.«

Dass es für eine Frau unmöglich war, einen Hof alleine zu bewirtschaften, war mir nur allzu klar. Aber wenn es Gottes Wille war, dachte ich, würde ich auch noch einen anderen Mann finden. Und lieber wollte ich allein unglücklich sein als mit einem Mann zusammenleben, der meinen Gott ständig beleidigte. Noch war der Vater ja rüstig genug, dass wir die Arbeit gemeinsam schaffen konnten. Später, dachte ich, konnte ich ja auch einen Knecht einstellen.

»Inzwischen hast du mehr Gottvertrauen als ich«, stellte die Mutter schmunzelnd fest.

Ein halbes Jahr nachdem ich mich von Erich zurückgezogen hatte, wanderte er nach Deutschland aus. Ich blieb mit Schuldgefühlen zurück: Hatte es ihm das Herz gebrochen, dass ich nichts mehr von ihm wissen wollte? Doch zwei Jahre später erschien er munter auf dem Hof meines Onkels und stellte uns freudestrahlend seine Frau vor, Annemarie, eine Deutsche. Wie war ich erleichtert! Noch erleichterter aber war ich, nachdem sie mir ihre Geschichte erzählt hatte. Sie war in einer bayerischen Kleinstadt in dem Lazarett als Krankenschwester tätig gewesen, in dem Erich ein paar Wochen gelegen hatte, und hatte ihn damals gepflegt. Nun hatte er sich in der Stadt, wo er im Lazarett gelegen hatte, nach einer Arbeit umgesehen und in einer kleinen Fabrik eine Anstellung gefunden. Anschließend hatte er damit begonnen, nach ihr zu suchen, denn er hatte sich ihren Namen gemerkt. In dem dortigen Krankenhaus war er tatsächlich fündig geworden.

Als ich meiner Mutter davon erzählte, fragte sie: »Und jetzt bist du recht traurig, weil er für dich endgültig verloren ist?«

»Im Gegenteil!«, konnte ich ihr ehrlichen Herzens versichern. Ich war ja erleichtert, dass er sich so schnell getröstet hatte. »Jetzt brauche ich doch wenigstens kein schlechtes Gewissen mehr zu haben. Und wer weiß, vielleicht ist ja Annemarie die Frau, die ihm seinen Glauben an Gott wieder zurückgeben kann.«

Von da an blieben wir stets in Verbindung. Zumindest an Weihnachten kreuzten sich Karten von Deutschland und Südtirol. Erich und Annemarie versäumten es auch nicht, jedes Mal bei uns hereinzuschauen, wenn sie auf der Durchreise zu seiner alten Heimat im Gadertal waren. Als sie aus Altersgründen das Reisen aufgegeben hatten, teilte man sich die wichtigsten Neuigkeiten in Briefen mit. Inzwischen ist Erich im Alter von fünfundachtzig Jahren gestorben, mit seinem Gott und den Menschen ausgesöhnt, wie Annemarie mir schrieb. Zwischen ihr und mir gehen zu Weihnachten noch immer Briefe hin und her.

Die Option

In unserer neuen Heimat, auf dem Waldeckhof, hatten wir zwar von den Nachbarn nichts zu befürchten, aber die große Politik holte uns auch hier wieder ein. Trotz aller Repressalien war es den faschistischen Machthabern bis dahin nämlich nicht gelungen, uns zu italienisieren. Da kam der italienische Ministerpräsident Benito Mussolini im Jahre 1939 zusammen mit seinem Freund, dem deutschen Führer Adolf Hitler, auf eine – für ihre Begriffe – ideale Lösung für Südtirol: die sogenannte Option. Damit war gemeint: Die deutschsprachigen Südtiroler mussten sich entscheiden, ob sie nach Deutschland auswandern oder ob sie in der Heimat verbleiben wollten.

Mussolini sah darin die Möglichkeit, die aufsässigen »deutschtümelnden« Südtiroler auf bequeme Weise loszuwerden. Und Hitler übernahm dieses »Fußvolk« bereitwillig, weil er in ihnen billige Arbeitskräfte und vor allem zusätzliche Soldaten für seinen Krieg sah. Die Südtiroler Bevölkerung aber wurde damit vor eine so schwere Wahl gestellt, dass es kaum in Worte zu fassen ist. Man wusste ja nicht so genau, was auf einen zukommen würde, falls man fürs Auswandern votierte. Ebenso wenig konnte man aber sicher sein, was einen nach der Abstimmung in der Heimat erwartete. Der Großteil der Menschen war während der drei Monate, die man vor seiner Entscheidung Zeit hatte, hin- und hergerissen und hätte sich am liebsten gar nicht entschieden.

Weg wollte eigentlich keiner, denn wir Südtiroler hängen - vielleicht sogar mehr als andere Menschen - an unserer Heimat, dem ererbten Grund und Boden, in dem Land, für das man Jahrhunderte gekämpft und viel Blut vergossen hatte. Ebenso hängen wir aber auch an unserer Sprache, unserer Kultur, unseren Sitten und Gebräuchen. Das alles hatten uns die Faschisten aber verboten. Wer sich für die Heimat entschied, der verlor seine Sprache und seine Kultur, weil ihm dann natürlich alles Italienische noch mehr als zuvor aufgepfropft werden würde. Wer also seine Sprache und gewachsene Kultur behalten wollte, sah sich eigentlich fast schon gezwungen, für Deutschland zu optieren.

Man muss außerdem ein weiteres Hindernis bei der Entscheidung bedenken: Zu dieser Zeit gab es in unserem Land noch eine Menge Leute, die weder lesen noch schreiben konnten. Sie erfuhren nur so viel, wie man den Gesprächen mit den Nachbarn entnehmen konnte, und deren Meinungen zur Option gingen weit auseinander. Das galt aber auch für die einzigen Personen, von denen man objektive Informationen erwartete, nämlich die Pfarrer und die - vom Faschismus aus dem Dienst entlassenen - Lehrer. Selbst die obere Schicht im Klerus war sich nicht einig, ob sie fürs Dableiben oder fürs Auswandern plädieren sollte. Die Nazis hatten natürlich genau gewusst, dass die Kirche in den ländlichen Gegenden Südtirols noch großen Einfluss besaß, und sich gesagt: Wenn die Menschen überhaupt jemandem glauben, dann am ehesten dem

Pfarrer. Deshalb bemächtigte sich ihre Propaganda-Maschinerie vor allem der Geistlichkeit. Schnell waren einige höher gestellte Geistliche der neuen Ideologie aufgesessen und empfahlen nun natürlich das Auswandern. Andere Geistliche ließen sich jedoch nicht blenden. Sie ermunterten ihre Schäfchen: »Wir bleiben da. Wir rühren uns nicht von der Stelle.«

Diese Zwiespältigkeit verunsicherte die Leute noch mehr. Bald flatterten einem Flugblätter ins Haus, Kettenbriefe und Schmähschriften, die einen auf Deutsch, die anderen in italienischer Sprache. Die einen befürworteten das Auswandern, die anderen das Dableiben. Nachdem man sie gelesen hatte – falls man überhaupt lesen konnte –, war man noch unsicherer als zuvor. Man änderte seine Meinung von Tag zu Tag, je nachdem, welche Information man gerade bekommen hatte. Endlich, als sich viele bereits dazu entschlossen hatten, nicht für Deutschland zu optieren, wurde ein Gerücht verbreitet: Wer fürs Dableiben stimmt, wird nach Sizilien umgesiedelt. Davor hatte die hiesige Bevölkerung verständlicherweise eine Heidenangst. Man konnte die italienische Sprache ja gar nicht oder nur mangelhaft, und man hatte bisher nur schlimme Sachen über Sizilien gehört. Man glaubte, die ganze Insel bestehe nur aus Mafia.

Gleichzeitig wurde Deutschland als das »Gelobte Land« hingestellt. Um den Bauern die Auswanderung schmackhaft zu machen, versprach man ihnen, dass sie draußen, also in Deutschland, die gleichen Höfe bekommen würden – oder noch viel schönere – wie hier. Unsere Leute lebten zum Teil aber in so armseligen Hütten, dass es für sie eigentlich nur besser werden konnte. Um ihnen zu zeigen, wie ernst diese Versprechungen gemeint waren, gingen die Nazis von Haus zu Haus und erfassten dort den Zustand des Anwesens. Es wurde alles genau vermessen – selbst die Türen und die Fensterrahmen –, und es wurde alles sorgfältig notiert. Sogar der Umfang ihrer Bäume wurde gemessen und protokolliert, und es wurde versprochen, dass sie in Deutschland einen gleichwertigen Wald erhalten würden.

Aber trotz dieser Lockangebote wussten viele Leute sogar am Wahltag noch nicht, wie sie sich entscheiden sollten. Ja, manche wussten es immer noch nicht, als sie bereits in der Schlange zum Wahllokal standen. Selbst als die Abstimmung bereits gelaufen war, gab es noch genug Leute, die weiter in demselben Zwiespalt steckten wie zuvor, nur konnten sie sich nun nicht mehr umentscheiden. Es hat zahlreiche Selbstmorde nach der Abstimmung gegeben, und noch Schlimmeres, denn die Bevölkerung war nach den drei Monaten Propaganda so aufgehetzt, dass sich Freunde zerstritten und Nachbarn gegenseitig die Häuser angezündet haben. Die »Dableiber« sind von den »Auswanderern« als »walsche Schweine« bezeichnet worden, und die »Optanten« wurden von den Dableibern als Landesverräter beschimpft. Sogar unwiedergutmachbare Familienkonflikte sind ausgebrochen. Tiefe Risse zogen sich durch so manche Familie, etwa wenn die Frau fürs Dableiben war und der Mann fürs Auswandern, oder zwei der Kinder waren fürs Dableiben und fünf fürs Auswandern.

Von einem Dorf, dessen Namen ich besser verschweige, weiß ich, dass die Anfeindungen ein ganz schlimmes Ausmaß angenommen haben. Bei der Fronleichnamsprozession war es damals noch üblich, dass die Jungfrauen, also die Mädchen, die über vierzehn waren, ihren Erstkommunionkranz trugen. Wenn eine aber schwanger war oder bereits ein uneheliches Kind hatte, durfte sie ihn natürlich nicht mehr tragen, und den Kranz nicht tragen zu dürfen galt als eine große Schande, das war schon fast so, als sei man halb in der Hölle. Nach der Abstimmung gingen nun die Anfeindungen in diesem Dorf so weit, dass sich die Dableiber und die Optanten unter den Mädchen während der Prozession die Kränze gegenseitig vom Kopf rissen.

Aber auch über diesen Extremfall hinaus entstanden durch die Hetze und Propaganda solche Risse und Klüfte in den Gemeinden, dass sie mancherorts bis jetzt noch spürbar sind. So drückt sich das heute noch im Gadertal, wo ich einmal zu Hause war, im Wahlverhalten aus. Dort gibt es Dörfer, da wählen die Dableiber die italienische Partei (Democrazia Cristiana) und die Optanten die Südtiroler Volkspartei oder die Freiheitlichen.

Wir selbst – meine Eltern, meine Geschwister und ich – hatten uns mit der Entscheidung auch ganz schwer getan, aber am Ende entschieden wir uns alle zusammen für das Auswandern. Den Ausschlag dabei hatte für uns die Befürchtung gegeben, nach Sizilien umgesiedelt zu werden. Nun war es aber nicht so, dass die Leute, nachdem sie sich fürs Auswandern entschieden hatten, gleich losziehen mussten oder konnten. Es hatten nämlich über 85 Prozent – womit niemand gerechnet hatte – für das Deutsche Reich optiert. So viele Menschen auf einmal konnte man dort aber gar nicht aufnehmen. Auch die italienischen Faschisten wollten nicht, dass Südtirol nun mit einem Schlag entvölkert würde. Von keiner Seite wurde also gedrängt. Das war uns ganz recht, denn wie die meisten Optanten wollten wir ja eigentlich gar nicht weg.

Fast alle versuchten, ihre »Abreise« so lange wie möglich hinauszuzögern. Waren die Wohnverhältnisse bei uns auch vielfach noch so erbarmungswürdig, es war immerhin die Heimat, und was einen in der Fremde wirklich erwartete, wusste man ja nicht. Die erste spürbare Auswirkung für die Optanten war aber, dass die Burschen sofort in den Krieg für Hitler ziehen mussten, obwohl wir eigentlich nichts damit zu tun hatten. Und auch die Mädchen kamen nicht ungeschoren davon. Sie mussten, ebenso wie die deutschen Mädchen, ein Pflichtjahr ableisten, wenn auch erst später.

Einige von denen, die ich kannte, sind zum Dienst in einem Spital oder Lazarett eingeteilt worden, andere kamen als Hausmädchen in eine kinderreiche deutsche Familie und damit in Regionen, wo Bombengefahr bestand. Meine Schwestern Ida und Moidl brauchten ihr Pflichtjahr nicht mehr abzuleisten, denn bis sie an die Reihe gekommen wären, ging eh schon alles drunter und drüber, und so blieben sie davon ganz verschont. Aber ich musste 1943 noch mein Pflichtjahr antreten. Dabei hatte ich noch großes Glück: Wenn ich auch von zu Hause wegmusste, wo man mich notwendig gebraucht hätte, so kam ich wenigstens auf eine Stelle, wo es mir gut ging, nämlich nach Brixen in den Haushalt einer Nazigröße. Dieser Mann war es, der die Geschicke der Menschen in unserer Region leitete.

Seine Spitzel waren überall, und man traute sich ihretwegen bald nicht mehr, mit jemandem zu reden. Sogar dann, wenn man sicher sein konnte, dass der Gesprächspartner kein Spitzel war, musste man zumindest befürchten, dass er an anderer Stelle unbeabsichtigt ein Wort fallen lassen könnte, das einen Kopf und Kragen kosten konnte.

Im Haus dieses Mannes ging es mir aber dennoch besser als vielen anderen Pflichtjahrmädchen. Ich wurde gut behandelt, was noch längst nicht alle Mädchen von sich behaupten konnten, und ich war sicher vor Bombenangriffen. Bei meinem Hausherrn gingen außerdem die Nazibonzen und die SS-Leute ein und aus, und diese Leute wurden natürlich bestens beköstigt. So lernte ich nebenbei auch noch die feine Küche – und das Schönste: Ich durfte von all den Köstlichkeiten mitessen. Das war ein Vorzug, den sicher nicht viele Pflichtjahrmädchen hatten.

In unserem Dorf gab es einen jungen Mann mit Namen Hermann Kofler. Er war einer, der selbst denken konnte und der sich nicht alles, was von »oben« kam, aufbinden ließ. Daher war er der erste seines Jahrgangs (1923) – genauer gesagt, überhaupt der erste aus unserer Region, der für Hitler in den Krieg geschickt wurde. Das war unter anderem das »Verdienst« meines Dienstherrn, der Nazigröße. Durch einen seiner Spitzel, die überall gegenwärtig waren, hatte er erfahren, dass der Hermann etwas gegen die neuen Machtverhältnisse geäußert hatte, und schon bekam er die Einberufung. Wider Erwarten hatte Hermann das Glück, lebend vom Krieg wieder heimzukehren, wenn auch schwer verwundet an Leib und Seele.

Der Verlobte seiner Schwester Trudi kam nicht so glimpflich davon. Der Hermann hatte neun Geschwister gehabt, darunter zweimal Zwillinge, alles Mädchen. Trudi war eine von den jüngeren Zwillingen. Sie hatte sich bereits vor dem Krieg mit Andi verlobt, einem tüchtigen Burschen aus ihrer Nachbarschaft. Er war nicht nur der älteste Sohn seiner Eltern, sondern auch ihre ganze Hoffnung, den Hof zu übernehmen. Sie hatten zwar noch vier weitere Söhne, aber alle vier waren von Geburt an taub und konnten infolgedessen auch nicht sprechen, und zwei von ihnen hatten noch zusätzliche Behinderungen.

Von Seiten der Naziherrschaft wurde darauf aber keine Rücksicht genommen. Schon gleich zu Kriegsbeginn zogen sie den gesunden Ältesten ein, wo er schon bald auf dem Schlachtfeld blieb. Für die Eltern des gefallenen Sohnes war das natürlich eine Katastrophe. Was sollte aus ihnen und den vier behinderten Söhnen werden? Das Schicksal meinte es mit ihnen aber dennoch gut. Es fand sich ein beherztes Mädchen aus der Nachbarschaft, das den Zweitältesten heiratete, obwohl er taubstumm war. Sie wurde eine resolute Bäuerin, die den ganzen Laden schmiss. Ja, sie betreute sogar die beiden mehrfach behinderten Brüder ihres Mannes bis an deren Lebensende mit. Der Jüngste von den vieren, der auch »nur« taubstumm – also: ansonsten gesund – war, heiratete bei einer tüchtigen Bäuerin ein, deren Bruder ebenfalls im Krieg gefallen war. Andis Braut aber, Hermanns Schwester Trudi, konnte seinen Tod nicht verwinden und ging in ein Kloster. Einige Jahre später trat ihre Zwillingsschwester ebenfalls in diesen Orden ein.

Die meisten von denen, die für Deutschland optiert hatten, stellten sich auf den Standpunkt: »Wir gehen erst, wenn wir unbedingt müssen«, und so bewegte sich in Richtung Deutschland so gut wie gar nichts, obwohl man seit der Abstimmung eigentlich nirgends mehr hingehörte. In dem Moment nämlich, wo man sich für Deutschland entschieden hatte, war man seiner italienischen Staatsbürgerschaft verlustig gegangen. Um die Südtiroler dazu zu motivieren, den endgültigen Schritt in Richtung Deutschland zu wagen, bot man ihnen von deutscher Seite her deshalb weitere Anreize. Es wurde etwa verkündet: »Diejenigen, die zuerst auswandern, erhalten die besten Höfe.«

Von dieser Propaganda haben sich letztlich einige doch begeistern lassen. Das waren vor allem diejenigen, denen es in den dreißiger Jahren besonders schlecht gegangen war, sei es wegen des Faschismus, der Weltwirtschaftskrise oder Missernten – oder allem zusammen. Aus ihrer Sicht konnte es ja mit der Auswanderung nur besser werden. Wer von ihnen der Propaganda Glauben schenkte, ließ sich oft sogar zu der Meinung verleiten, jenseits der nördlichen Grenze erwarte sie das Paradies. In der Vorfreude darauf vernachlässigten sie dann ihre Arbeit und ihre Höfe. Manche gaben sich so großspurig, dass sie mit Butterknollen kegelten, andere zündeten sich mit Geldscheinen die Zigarette an, und wieder andere bestellten im Gasthaus ein Schnitzel für ihren Hund.

Endlich war es dann so weit, dass wirklich die ersten Bauern wegzogen. Einer von ihnen, der sich von den großmäuligen Versprechungen hatte verlocken lassen, war ein direkter Nachbar von uns. Als er 1940 auswanderte, befand sich seine neunzehnjährige Tochter bereits in einem Lehrerinnenseminar in Vorarlberg. Mit seiner Frau, die gerade schwanger war, und seinen übrigen sechs Kindern, von denen das Jüngste gerade zwei Jahre zählte, verabschiedete er sich stolz von uns. Nur mit Handgepäck machten sie sich auf den Weg nach Deutschland. Sie kamen aber nicht weit. Am Bahnhof in Innsbruck gerieten sie bereits in einen Bombenangriff. Dabei hatten sie noch großes Glück. Sie kamen alle mit heiler Haut davon. Ihre Tochter in Vorarlberg kam am selben Tag durch Bomben ums Leben, wie sie später erfuhren. Da die Familie bei dem Angriff ihr gesamtes Handgepäck verloren hatte, kehrte sie reumütig um.

Trotz dieser Lektion hatten sie es noch immer nicht begriffen. Zwei Monate später unternahmen sie ihren zweiten Auswanderungsversuch, und diesmal klappte es. Sie wurden jedoch nicht, wie man es ihnen versprochen hatte, in Deutschland angesiedelt, sondern sie wurden gleich weitergeleitet in die Tschechei. Dort bekamen sie wirklich einen schönen großen Hof, wie uns der Nachbar in einem begeisterten Brief berichtete. Indem er davon schwärmte, wie gut es ihnen gehe und was sie alles hätten und dass er sogar Herr über einige Knechte sei – daheim hatte er sich keinen einzigen leisten können –, machte er Werbung bei den zurückgebliebenen Landsleuten. Manch einer ließ sich davon beeindrucken und machte sich ebenfalls auf die Reise ins »Gelobte Land«. Wie es dem Auswanderer in der Tschechei wirklich ergangen ist, erwähnte er in keinem seiner Briefe. Das sollten wir erst 1945 erfahren, nach dem endgültigen Zusammenbruch.

Wir gehörten nicht zu denen, die begierig waren, möglichst rasch fortzugehen, sondern sagten uns: »Wir gehen erst, wenn wir unbedingt müssen.« Im Laufe der Zeit wurde das dann mit dem Krieg so furchtbar, dass alles drunter und drüber ging und es für viele, darunter auch für uns, zu keiner Aussiedelung mehr kam. Es waren aber immerhin bis dahin mehrere Zehntausend Menschen ausgewandert, von denen die meisten, die den Krieg überlebten, reumütig zurückkamen, als man nach Kriegsende dann doch wieder zurückoptieren konnte. Zu diesen Heimkehrern gehörte auch unser Nachbar, also derjenige, der als Erster in der Tschechei angesiedelt worden war. Auf ihren alten Hof konnte die Familie aber nun nicht mehr, denn den hatten sie – zu einem Schleuderpreis – an die italienische Regierung verkauft. Arm wie die Kirchenmäuse zogen sie in ein Haus ein, das der Kirche gehörte. Sie lebten dann davon, dass sie über Jahrzehnte den Messnerdienst versahen. In der Fremde hatten sie noch zwei Kinder bekommen.

Vor der Umsiedlungswelle hatte man sich bei uns keine Gedanken darüber gemacht, wieso man unseren Auswanderungswilligen in Deutschland, in der Tschechei oder sonst irgendwo so schöne, große Höfe überlassen konnte. Dass da vorher auch Bauern gelebt hatten, die einfach vertrieben worden waren, davon hörten wir erst, nachdem der Krieg aus und unser Nachbar völlig entmutigt wieder in die Heimat zurückgekehrt war. Erst nach und nach rückten unsere früheren Nachbarn auch damit raus, dass es ihnen in der Tschechei keineswegs so rosig ergangen war, wie sie uns in ihren Briefen glauben gemacht hatten. Unter anderem erzählte dieser ehemalige Nachbar: »Der Bauer, der den Hof vor mir besessen hatte, war einfach von den Nazis enteignet worden. Dann hat man ihn gezwungen, bei mir als Knecht zu arbeiten. Es muss für ihn sehr bitter gewesen sein, für denjenigen zu arbeiten, der ihm seinen ganzen Besitz weggenommen hatte. Diesen Gedanken habe ich immer abzuschütteln versucht, trotzdem hat er mich all die Jahre belastet. Das könnt ihr mir glauben. Aber auch sonst haben wir viel mitgemacht, besonders als es aufs Kriegsende zuging. Wir mussten Hals über Kopf fliehen, als die Russen einmarschierten. Eingepfercht in Viehwaggons, ohne Essen und mit wenig zu trinken und ohne hinausschauen zu können, wurden wir tagelang auf dem Schienennetz hin- und hergeschoben.«

Angeblich waren zwischen 1939 und 1943 etwa 75.000 Südtiroler ausgewandert. Davon haben wir aber hier bei uns nicht viel mitbekommen. Das müssen in der Mehrzahl Bewohner aus den Städten gewesen sein, also besitzlose Menschen, die eh nichts zu verlieren hatten. Wir waren heilfroh, dass wir uns so zögerlich verhalten hatten, denn unsere heimlich Hoffnung, der Auswanderungsspuk werde eines Tages ganz plötzlich enden, erfüllte sich im September 1943, nachdem Mussolini gestürzt worden war und Deutschland Südtirol und Norditalien besetzte.

In der Regierungszeit von Mussolini hatte es bei uns zwanzig Todesopfer gegeben, die dem Regime anzulasten sind – als Opfer von Schlägertrupps, andere wurden hingerichtet, wieder andere starben nach Folterungen. Auf Hitlers Konto – beziehungsweise auf das seines Regimes – gehen zweihundert Tote, die Kriegsopfer nicht mitgerechnet. Der italienische Faschismus hat bei uns also längst nicht so brutal gewütet wie der deutsche Nationalsozialismus. Die Bilanz der Naziopfer sah so aus: Die meisten von ihnen waren nach Auschwitz transportiert worden, wo sie ihr Ende fanden. Darunter waren Juden, geistig oder körperlich behinderte Menschen und wirkliche oder angebliche Regimegegner, die oft genug Opfer von Denunzianten geworden waren, die sie aus irgendeinem Grund aus dem Weg haben wollten.

Dazu gibt es ein ganz krasses Beispiel aus unserer Gemeinde. Früher war es so, dass ein Vater seinen Hof erst dann seinem Erben übergeben hat, wenn es gegen das Sterben ging. In der Regel war das für die jungen Leute kein Problem. Die Menschen sind ja früher nicht so alt geworden, viele sind schon mit fünfzig, sechzig gestorben. Wenn ein Bauer wirklich mal siebzig wurde, war das schon eine Ausnahme. Im vorliegenden Fall dachte der Vater – er muss so zwischen sechzig und siebzig gewesen sein und war noch rüstig – nicht ans Übergeben. Seinem Sohn aber, der gerne endlich Herr auf dem Hof geworden wäre, war er deshalb im Weg. Er denunzierte ihn als Regimegegner und lieferte ihn den Nazis aus. Als man ihn abholen kam, wehrte sich der alte Bauer verständlicherweise mit Händen und Füßen. Das half ihm aber alles nichts. Er wurde auf einen Schlitten gebunden und gewaltsam nach Brixen geschafft. Man hat nie wieder etwas von ihm gehört.

Bombentote hat es in Südtirol auch gegeben, aber nicht direkt bei uns. Ich habe nur davon gehört, dass bei der Bombardierung der Eisenbahnbrücke, die über den Eisack führte, mehrere Todesopfer zu beklagen waren, die überwiegend von der anderen Seite des Tales stammten. Auf unserer Seite, auf dem Berg oberhalb unseres Hofes, ist allerdings gegen Ende des Krieges – es lag noch reichlich Schnee – ein amerikanischer Bomber abgestürzt. Die Flugabwehr hatte ihn abgeschossen. Das geschah zwar in der Nacht, aber die Besatzung hatte durch Feuer auf sich aufmerksam gemacht. Dieser Absturz war natürlich eine Sensation, besonders für die jungen Leute. In aller Herrgottsfrühe wanderte aus jedem Haus mindestens einer den Berg hinauf, um zu sehen, was passiert war. Ja, sogar aus dem weit unterhalb gelegenen Dorf strömten die Leute herbei.

Vier Besatzungsmitglieder hatte es gegeben, von denen zwei gleich tot waren. Der dritte starb in den frühen Morgenstunden noch an der Unfallstelle. Die Toten wurden zunächst an Ort und Stelle begraben, ihre Überreste sind dann in der sechziger Jahren in ihre Heimat überführt worden. Der vierte aber war mit geringfügigen Verletzungen davongekommen. Diesen Überlebenden hat der Bauer, auf dessen Alm die Unglücksmaschine niedergegangen war, mit in sein Haus genommen und hat ihn bis zum nahen Kriegsende versorgt. Bis heute hat dieser Amerikaner eine innige Beziehung zu seinem Retter und besucht ihn immer wieder.

Dass das Flugzeug bei uns abgestürzt ist, erwies sich geradezu als ein Segen für die Bergbewohner. Die

Leute pilgerten hinauf und holten alles, was noch irgendwie brauchbar war: Eisenteile, Schrauben, die Motoren. Diese Dinge waren in der armen Zeit unglaublich wertvoll. Von den Frauen wurde vor allem die Fallschirmseide als Schatz angesehen. Die war unglaublich haltbar. Vermutlich bestand sie damals schon aus Kunstfasern, denn sie wurde im Laufe der Jahre kein bisschen brüchig, wie das bei echter Seide der Fall ist. Reste davon habe ich heute noch, und sie ist noch immer reißfest. Einen Teil von dem, was ich erwischen konnte, habe ich in seine Fäden zerlegt und diese mit der eigenen Schafwolle zu Socken verstrickt, die wesentlich haltbarer waren als reine Wollsocken. An der abgeschossenen Maschine fanden wir auch Metallbehälter, von denen ich nicht weiß, wozu sie dienten. Einige vermuteten, es seien Bombenbehälter gewesen, andere meinten, man habe Sauerstoff darin aufbewahrt. Aber das alles kümmerte uns Hausfrauen nicht. Wir ließen sie von den Männern auseinanderschneiden, sodass aus jedem dieser Behälter zwei Töpfe entstanden, wunderbare Stahltöpfe, die wir verwendeten, um Marmelade darin zu kochen. Diese Töpfe habe ich heute noch. In dem einen kochen wir noch immer Marmelade, und in dem anderen heben wir das Hennenfutter auf.

Die Flugzeugmotoren hat man per Schlitten nach Brixen gefahren, denn in einem dortigen Kloster kannte man einen Pater, der technisch äußerst begabt war. Der hat an den Motoren eine große Freude gehabt und hat irgendetwas Brauchbares daraus gebastelt.

Die Eule

So sehr uns die große Politik in der Zeit der italienischen Faschisten Sorgen bereitete, daneben beschäftigten uns auch unsere alltäglichen Sorgen und Kümmernisse weiter. So seltsam das klingt, dabei spielte in der Zeit Ende der dreißiger Jahre eine Eule eine bedeutsame Rolle. Diese Eule hatte sich zur Überraschung der Bewohner in einem Hof in unserer Nachbarschaft unter dem Scheunendach eingenistet. Tagsüber störte das nicht weiter, aber sobald es dunkel wurde, ließ sie ihr schauriges Geheul ertönen. Nachdem das mehrere Tage so gegangen war, starb überraschend der Großvater des Hauses. Er war zwar schon längere Zeit krank gewesen, aber ans Sterben hatte man dabei noch nicht gedacht. Am Tage nach seiner Beerdigung war die Eule so plötzlich, wie sie aufgetaucht war, wieder verschwunden. Auf dem Hof waren sie erleichtert, weil sie sich nun das schaurige Geheul nicht mehr anhören mussten. Etwas Böses dachte da noch keiner.

Einige Wochen später fand auf dem Dorffriedhof wieder eine Beerdigung statt. Beim anschließenden Mahl im Gasthaus sprach man über dieses und jenes. So kam die Tochter des Verstorbenen auch darauf zu sprechen, dass sich kürzlich bei ihnen in der Scheune eine Eule niedergelassen habe. Ihr Sitznachbar, der auf dem Hof lebte, wo die Eule so plötzlich verschwunden war, horchte auf. »Weißt du noch, wann das war?«, wollte er wissen.

Die Frau rechnete zurück. »Das muss so vier bis fünf Wochen her sein.«

»Ja, das kommt hin. In der Zeit ist unsere Eule nämlich verschwunden.«

Weiter stellte man auch da noch keine Vermutungen an. Erst nach dem dritten Todesfall, wieder auf einem anderen Hof, begannen die Leute zu munkeln. Denn auch hier war einige Wochen vorher eine Eule aufgetaucht, die kurz nach der Beerdigung wieder verschwand. Der Herr Pfarrer nannte die Vermutungen, die sich um die Eule rankten, abergläubischen Unsinn, als man ihm diese merkwürdige Erscheinung vortrug. Zufall sei das, versicherte er, nichts als Zufall. Es sei doch ein Schmarrn, zu glauben, dass eine harmlose Waldeule schuld am Tod eines Menschen sein könne.

»Schuld nicht«, hielt ihm einer dagegen, »aber sie hat die Gabe, das vorauszusehen.«

»Auch das ist blanker Unsinn. Woher sollte ein primitives Waldtier eine solche Gabe haben?«

Nachdem aber weitere Todesfälle durch plötzliches Auftauchen dieser Eule in unserer Region angekündigt worden waren und das Tier jedes Mal ebenso plötzlich nach der Beisetzung verschwunden war, wurde es allen unheimlich. Da konnte der Herr Pfarrer sagen, was er wollte, von nun an rechnete man fest damit, dass es innerhalb weniger Wochen einen Todesfall in der Familie geben werde, wenn sich der bewusste Vogel in der Scheune eines Hofes einquartiert hatte. Allerdings ließ sich nicht voraussagen, wer von den Familienmitgliedern an der Reihe war. Es traf nämlich nicht immer die alten Leute. Einmal war es ein junger Familienvater, der beim Holzfällen von einem Baum erschlagen wurde, und ein anderes Mal war es sogar ein Kind, das an einem geplatzten Blinddarm starb. Dass die Eule mit ihrem Auftauchen nicht speziell ihren Tod ankündigte, war zumindest für die alten Menschen des Hauses einigermaßen beruhigend.

Eines Abends vernahm ich mit Erschauern, dass die Eule von unserer Scheune herunterschrie. Um niemanden im Haus zu beunruhigen, behielt ich diese Entdeckung für mich. Am folgenden Abend berichtete aber mein Vater, dass er die Eule bei uns vernommen habe. Obwohl es keines der Familienmitglieder zugeben wollte, waren wir alle doch ziemlich betreten. Erst einige Wochen später, als unser ungebetener Gast wieder mir nichts, dir nichts verschwunden war, ohne bei uns Schaden angerichtet zu haben, sprachen wir darüber und gestanden uns gegenseitig unsere Erleichterung ein. Am Tag darauf erhielten wir die Nachricht, dass mein Großvater im Gadertal, der Sägschneider Andreas Seeber, im Alter von sechsundsiebzig Jahren gestorben war. Gewiss, dieser Todesfall hatte sich nicht bei uns im Haus zugetragen, aber wir waren alle davon betroffen. Ab da war auch ich überzeugt, dass die Eule ein Todesbote sei.

Von unserem Haus aus muss die Eule geradewegs in der Scheune des Winklhofs gelandet sein, dessen Bauer so wohlhabend war, dass er sich mehrere Knechte leisten konnte. Als die das Geheul des unheimlichen Gastes vernahmen, sprachen sie zueinander: »Der werden wir schon Luft machen.« Sie bewaffneten sich mit Kübeln, Topfdeckeln und handlichen Schlagstöcken und spielten der Eule damit auf. Dieser Lärm muss ihr so unangenehm gewesen sein, dass sie kurz darauf ihre Schwingen ausbreitete und in die Abendluft entschwand. Die Knechte waren sehr zufrieden mit ihrem Werk, weil sie dachten, damit das Unheil von ihrem Hof abgewehrt zu haben. Die Vertreibung des Nachtvogels hatte jedoch nichts genützt. Wenige Tage, nachdem die Eule auf dem Hof erschienen und wieder verschwunden war, erlag der Bauer einem Herzschlag.

Man mag davon halten, was man will, fest steht, dass die Eule von diesem Tag an auf keinem der umliegenden Höfe mehr gesehen oder gehört wurde. Die Menschen aber starben trotzdem. Nur wusste man nicht mehr im Voraus, in welchem Haus der Boandlkrumer (der Knochenhändler, also der Tod) Einzug halten würde.

Hundefleisch und Wasserrecht

Nach dem Krieg war für uns alle eine schlechte Zeit. Die Städter muss es besonders hart getroffen haben, sie lebten nur von dem, was es auf Lebensmittelkarten gab. Aber auch wenn man Bauer war, ging es einem nicht viel besser, man hatte auch als solcher nur selten ein Stück Fleisch auf dem Teller. Es war ja alles rationiert, und es musste viel abgeliefert werden. Um wenigstens ab und zu einen Braten auf dem Tisch zu haben, kamen die Leute auf die Idee, auch Hunde und Katzen, die sich ohne Dazutun haltlos vermehrten, zu verzehren. Wenn man selber nicht genug Hunde hatte, schreckte man auch nicht davor zurück, einen streunenden Hund einzufangen.

Obwohl die Zeiten so schlecht waren, hatte ich eine abgrundtiefe Abneigung gegen Hundefleisch. Vielleicht lag es daran, dass ich schon als Kind immer einen Hund gehabt hatte und in diesem immer einen Freund gesehen hatte, einen verlässlicheren, als es Menschen jemals sein können. Lieber hungerte ich, als dass ich Hundefleisch gegessen hätte. Meine Eltern dachten ähnlich. Deshalb kam auch bei uns – und wenn die Not noch so groß war – nie Hund in den Topf.

In dieser Notzeit war es, dass meine Mutter mich für einige Wintermonate unten ins Dorf zu einer Schneiderin schickte, damit ich dort das Weißnähen lerne. Das sollte mich in die Lage versetzen, später für meine Familie wenigstens die Bettwäsche und die Unterwäsche nähen zu können. Im Haus meiner Meisterin, das hatte ich bald heraus, kam immer wieder mal Hund auf den Tisch. Damit das Fleisch nicht gar zu sehr nach Hund schmecken sollte, legte der Hausherr das abgehäutete Tier draußen in den Wassertrog, wo ständig Frischwasser nachfloss. Da ich bei dieser Familie während meiner »Lehrzeit« regelmäßig mitaß, boten sie mir natürlich auch von ihrem Braten an. Sie konnten ihn jedoch noch so gut und noch so lange im Brunnentrog gewässert und anschließend gewürzt haben, ich roch es gleich, wenn es Hund war. Lieber aß ich meine Kartoffeln oder meine Buchweizenknödel trocken, denn ich aß noch nicht mal von der Soße.

Einmal nun, an einem Sonntagvormittag, als ich auf dem Heimweg von der Kirche war, sollte ich bei einem Nachbarn etwas abgeben, das mir jemand aus dem Dorf für diesen mitgegeben hatte. Als ich die Stube betrat, wurde gerade das Essen aufgetragen.

»Willst du nicht mitessen?«, fragte mich die Bäuerin höflich, um sich für den Dienst, den ich ihnen erwiesen hatte, erkenntlich zu zeigen. Misstrauisch erkundigte ich mich: »Was esst ihr denn heute?«

»Ach«, antwortete der Bauer, »ein Kalbi haben wir geschlachtet.«

»Ein Kalbi? Ja, dann esse ich schon ein bissl mit.«

Die Hausfrau legte mir ein ordentliches Stück Braten auf und dazu einen Buchweizenknödel und ich aß mit gutem Appetit.

»Na, hat's geschmeckt?«, fragte mich der Bauer leutselig nach dem Mahl.

»Ja, gut war's und schön zart.«

Nun erklärte er lachend: »Das war aber kein Kalbi, das war Hund.«

In dem Moment hat es mir furchtbar gegraust. Ich sprang auf und stürzte aus dem Haus. Gerade noch rechtzeitig erreichte ich den Misthaufen, wo ich mich übergab.

Im Jahre 1943, nachdem der Diktator Mussolini gestürzt und gefangen genommen worden war, hatten wir gehofft, aufatmen zu können. Aber nichts besserte sich. Der unselige Zweite Weltkrieg, der so viel Leid über Europa gebracht hat, hatte auch uns weiterhin voll im Griff. Als er für uns am 29. April 1945 endlich zu Ende war, verschlechterte sich unsere Lage eher noch. Denn jetzt sahen sich die italienischen Besatzer auch noch genötigt, unsere Wasserrechte anzutasten.

Jeder einzelne Hof hatte von jeher seine eigene Trinkwasserversorgung. Über Jahrhunderte hatte das gut funktioniert. Mitte 1945 hieß es auf einmal, alle Gewässer und privaten Versorgungsanlagen müssten gemeldet werden, sonst würden sie vom Staat enteignet. Dieser Aufruf in der Zeitung war natürlich in Italienisch, wovon viele sicher nicht alles verstanden haben. Auch meine Eltern nicht, die ja der italienischen Sprache nicht mächtig waren. Ich erklärte ihnen, um was es ging und dass ich sofort nach Trient fahren müsse, wenn wir das Anrecht an unserem eigenen Wasser behalten wollten. In Trient gab es ein Amt mit dem Namen Genio Civile, bei dem man seine Rechte anmelden musste.

Für mich bedeutete das die reinste Weltreise. Eine so weite Fahrt hatte ich in meinem ganzen Leben noch nicht gemacht. Deshalb hatte ich schon mächtig Herzklopfen, als ich mich, angetan mit meinem besten Gewand, auf den Weg machte. Das Stück bis hinunter ins Dorf war mir vertraut, und auch noch der Weg bis zum nächsten größeren Ort. Den war ich ja schon oft genug gegangen, wenn ich etwas einkaufen musste. Ja, ins Gadertal war ich auch schon öfters gewandert, um Verwandte zu besuchen. Auch hatte ich schon die eine oder andere Wallfahrt in die nähere Umgebung mitgemacht. Das war ebenfalls alles zu Fuß gewesen. Jetzt musste ich auch zu Fuß bis Brixen wandern, denn ein Bus fuhr nach dem Krieg noch nicht.

Dieser Fußmarsch war jedoch nicht das Problem, das begann erst in Brixen am Bahnhof. An einem Schalter standen eine Menge Menschen an, die alle irgendwo hinfahren wollten. Zuerst hieß es, sich hinter eine lange Menschenschlange anzustellen, die alle vor einem Schalter standen. Das verlangte sehr viel Geduld von mir. Bis ich endlich meine Fahrkarte hatte, das war schon aufregend genug. Und dann erst das Bahnfahren! Die erste Fahrt meines Lebens! Wie schnell das alles an einem vorbeiflog! Der Zug war vollgestopft mit Menschen, die in verschiedenen Sprachen durcheinander schnatterten. Deutsche, ladinische und italienische Sprachfetzen drangen an mein Ohr. Ich hielt mich aber aus allen Gesprächen heraus; zu sehr war ich damit beschäftigt, die Landschaft zu betrachten. Die würde ich ja vermutlich nie wieder zu sehen kriegen. Außerdem musste ich darauf achten, dass ich am richtigen Bahnhof ausstieg.

Endlich stand ich in Trient vorm Bahnhof, hilflos wie ein kleines Kind. Ich wusste ja nicht, wohin. So eine große Stadt! Wie sollte ich da das Genio Civile finden? Aber die Leute waren alle sehr nett und hilfsbereit. Jeder, den ich nach dem Weg fragte, egal, ob auf Deutsch oder Italienisch, gab mir freundlich Auskunft. Die Trentiner sind wirklich nette Leute. Auf dem Amt kam mir dann zugute, dass ich fließend Italienisch sprach. Die Beamten waren davon sichtlich beeindruckt und daher sehr entgegenkommend. Sie waren es wohl gewöhnt, dass die Besucher normalerweise ihre Anliegen in gebrochenem Italienisch vorbrachten. Ich bekam von ihnen eine schriftlich Zusicherung meines Wasserrechts, und sie betonten, wie wichtig es gewesen sei, dass ich so bald erschienen war, sonst wäre unser Wasser enteignet worden. Von diesem Wasser leben wir heute noch.

Im Übrigen war die politische Lage für uns noch völlig unklar. Nach Kriegsende sollte es noch über ein Jahr dauern, bis in Italien die Monarchie abgeschafft und durch das »Pariser Abkommen« Klarheit für Südtirol geschaffen werden sollte. Da dieses Abkommen vom österreichischen Außenminister Gruber und seinem italienischen Kollegen De Gasperi unterzeichnet war, wurde es auch das »Gruber-De-Gasperi-Abkommen« genannt. Darin sicherte man den deutschsprachigen Südtirolern volle Gleichberechtigung mit den italienischsprechenden zu. In diesem Papier wurden uns eine autonome Gesetzgebungs- und Vollzugsgewalt zugestanden und Österreich als unsere Schutzmacht anerkannt. Verhaltener Jubel ging durch die Bevölkerung. Verhalten deshalb, weil uns klar war, dass diese Neuerungen nicht von heute auf morgen umzusetzen waren. Dass es aber noch so lange dauern würde, wie es dann in Wirklichkeit gedauert hat, konnte damals niemand ahnen.

Der Schneider

Zunächst aber war ich mit meinem Privatleben beschäftigt. Nachdem der Knecht Erich das Land verlassen hatte, traute ich mich wieder in das Haus meines Onkels, um da zu arbeiten. Dabei ließ es sich nicht vermeiden, dass ich den neuen Schneider kennenlernte, der aus einem Nachbartal stammte und beim Onkel auf Stör war. Das bedeutete, er ging in die Häuser, um das Gewand zu nähen, also die Kleidung für Mann, Frau und Kinder. Der alte Schneider hatte seinen Beruf aus Altersgründen aufgegeben. Sein Nachfolger Friedrich Thaler konnte aber noch mehr als Nähen. Deshalb war er bald in allen Höfen ein gerngesehener Gast. Er beherrschte nämlich auch die Kunst, aus Schafwolle, wie sie auf jedem Bauernhof produziert wurde, wunderbar festen Loden zu weben. Der war so strapazierfähig, dass er über Generationen hielt. Noch heute habe ich von diesem Stoff. Außerdem verstand er es auch, aus Flachs feines Leinen zu weben, aus dem Bett- und Tischtücher und Hemden genäht wurden. Verdient hat so ein Schneider, der auf Stör ging, nicht viel. Aber für die Zeit seines Aufenthaltes hatte er Kost und Logis frei, und viel mehr brauchte er ja nicht.

Bei den Mahlzeiten wurde kaum geredet, deshalb erfuhr weder ich viel über ihn noch er über mich. Da ich aber stets vor Einbruch der Dunkelheit verschwand, hatte der Schneider genügend Gelegenheit, sich beim Onkel und bei der Tante über mich zu erkundigen. »Die kann ich dir nur empfehlen«, pries mich der Onkel an. »Die ist geschickt und schafft für zwei«, wusste die Tante über mich zu sagen. »Und weil ihre Eltern keinen Sohn haben, wird sie als die Älteste mal den Hof übernehmen«, setzte der Onkel noch eins drauf. Die beiden wussten natürlich, was es mit solchen Fragen meistens auf sich hat, wie harmlos und beiläufig sie auch gestellt werden.

Nachdem Friedrichs Arbeit auf dem Prechtlhof beendet war, führte ihn sein Weg zu uns auf den Waldeckhof, wo es ebenfalls zu weben und zu nähen gab, so viel sogar, dass er einige Tage dafür brauchte. Während er bei uns still vor sich hinarbeitete, ließ er seine Augen umherschweifen und sperrte seine Ohren weit auf. Auch bei den Mahlzeiten war er sehr ruhig und hörte aufmerksam zu. Da er wohl mit dem, was er beobachtet und gehört hatte, zufrieden war, begann er, mich in Gespräche zu verwickeln, und bald machte er mir eindeutig den Hof.

Das gefiel mir ganz gut, zumal ich meinen Kummer um Erich längst überwunden hatte. Dennoch blieb ich zurückhaltend. Ich dachte, wenn er bei uns fertig ist, zieht er zum nächsten Hof und macht der Nächsten schöne Augen. Mittlerweile war ich ja keine junge Gitsch mehr, die einem, der schön daherzureden versteht, alles glaubt. Mit meinen siebenundzwanzig Jahren hatte ich genug Lebenserfahrung, um nicht auf ein paar Schmeicheleien hereinzufallen. Bevor der Friedrich jedoch sein Bündel wieder schnürte, nahm er mich zu einem ernsthaften Gespräch beiseite: »Lena, du gefällst mir. Nicht nur vom Äußeren her. Es gefällt mir auch, wie fleißig und umsichtig du bist. Und wie ich hörte wirst du eines Tages diesen Hof übernehmen. Du wirst bestimmt eine tüchtige Bäuerin. Deshalb möchte ich dich gern heiraten.«

Statt ihm eine Antwort zu geben, lachte ich nur.

»Da brauchst gar nicht zu lachen. Das ist mein voller Ernst. Übers Jahr komme ich wieder, dann ist Hochzeit.«

»Moment mal«, erwiderte ich, als mein Lachanfall vorüber war. »Zum Heiraten gehören zwei.«

»Dann passt's ja«, war seine schlagfertige Antwort. »Du und ich, das sind genau zwei.«

Ich lachte schon wieder. »Rein rechnerisch magst du recht haben. Es müssen aber zwei sein, die sich mögen.«

»Ich mag dich ja. Und ich habe den Eindruck, dass ich dir auch nicht ganz zuwider bin.«

In diesem Moment spürte ich, wie glühende Röte mein Gesicht überzog, und ich wurde ganz ernst. »Das stimmt, zuwider bist du mir nicht«, gab ich freimütig zu. »Aber versteh mich bitte nicht falsch. Du bist ein netter, humorvoller Mensch, das habe ich längst bemerkt. In deinem Beruf bist du sehr tüchtig, und auch vom Äußeren her gefällst du mir ...«

»Na, dann ist ja alles in Ordnung«, fiel er mir ins Wort und streckte die Arme nach mir aus, um mich an sich zu ziehen.

»Langsam, langsam«, wehrte ich ihn ab. »Wie du richtig bemerkt hast, werde ich eines Tages Bäuerin hier auf dem Hof sein. Ich brauche an meiner Seite also einen Bauern und keinen Schneider.«

Nun war es an ihm, zu lachen. »Wenn es weiter nichts ist! Mit einem Bauern kann ich dir dienen.«

»Wie? Was?«, neckte ich ihn. »Hast du etwa einen Zwillingsbruder?«

»Nein, nein«, antwortete er, »der Bauer bin schon ich selber.«

Skeptisch erwiderte ich: »Das kann jeder von sich behaupten, und nachher, wenn es an die Arbeit geht, stehst du da wie ein Kind beim Dreck.«

»Dann will ich dir mal was erzählen«, begann er. »Als ich zwei Jahre alt war ...«

»Moment mal«, unterbrach ich ihn. »Das musst du nicht zwischen Tür und Angel erzählen. Lass uns in die Stube gehen. Dort befindet sich um diese Zeit niemand.«

Wir ließen uns auf dem Diwan nieder. Er holte tief Luft und begann von Neuem: »Ich bin auf einem Bauernhof im Gadertal geboren, als jüngstes von zehn Kindern, die aber nicht alle überlebten ...«

Die Geschichte, die Friedrich mir erzählte, klang zunächst wie viele andere auch: Seine Familie war zwar arm gewesen, wie die meisten in der Gegend, aber sie hatten immer genug zu essen gehabt, und in Lumpen brauchten sie auch nicht zu gehen. Aber als er zwei Jahre alt war, traf sie ein schweres Unglück.

»Die beiden ältesten Geschwister arbeiteten bereits bei Großbauern im Pustertal«, erzählte er. »Alle anderen, einschließlich meiner Winzigkeit, waren gerade beim Heumachen. Ich selbst kann mich zwar an nichts mehr erinnern, aber die Mutter hat es mir oft genug erzählt.«

Während die Familie beim Heumachen war – der kleine Friedrich spielte am Wiesenrand –, zogen dunkle Wolken am Himmel auf, erste Blitze zuckten über den Himmel, aber es regnete noch nicht. Sie beeilten sich alle sehr, um die letzte Fuhre noch trocken einbringen zu können. Fieberhaft luden sie auf, den Blick zwischendurch immer wieder nach oben gerichtet. Plötzlich zuckte ein ganz greller Blitz auf, gefolgt von einem fürchterlichen Donnerschlag. Aber noch immer kam kein Regen.

Endlich war die letzte Gabel Heu aufgeladen, und sie trieben die Kühe an, damit sie sich mit dem Wagen in Richtung ihres Hofes bewegen sollten. In dem Moment bemerkten sie einen hellen Feuerschein über den Häusern. Mit ungutem Ahnungen näherten sie sich dem Dorf, und je näher sie kamen, umso heller und höher sahen sie die Flammen lodern. Noch hatten sie die Hoffnung, dass es nicht unbedingt ihr Haus sein müsse, in das der Blitz eingeschlagen hatte. Doch bald wurde es zur schrecklichen Gewissheit: Das Wohnhaus stand samt Stall und Scheune in hellen Flammen. Einige Kinder und ein paar alte Leute waren zusammengelaufen, konnten aber gegen die Flammen nicht das Geringste ausrichten. Da das Feuer im Wohnteil des Hauses ausgebrochen war, hatte ein beherzter Greis noch die beiden verschreckten Schweine aus dem Stall holen können, bevor das Feuer dorthin übergriff. Sie waren nun in seinem Stall in Sicherheit. Jammernd standen die betagten Menschen herum: »O Gott, o Gott! Wenn es doch endlich regnen tät ...«

Die jüngeren Leute, die genügend Kraft gehabt hätten, um eine Eimerkette zu bilden, waren ja alle ebenfalls gerade beim Heumachen oder befanden sich mit einer Fuhre auf dem Heimweg. Aber selbst wenn sie zur Stelle gewesen wären, gegen die Flammen hätten sie wohl nicht viel ausrichten können. Das Haus war ja aus Holz gebaut, und es war alles strohtrocken – was hätten da ein paar Eimer Wasser schon geholfen? Und auch der Himmel hatte noch immer kein Einsehen. Es setzte kein Regen ein, während Friedrichs Eltern hilflos zuschauen mussten, wie ihr Zuhause ein Fraß der Flammen wurde. Erst als das ganze Gebäude bis auf die Grundmauern niedergebrannt war, begann es doch noch zu regnen.

Alles, was die Familie besaß, war verbrannt, selbst das bereits eingebrachte Heu, das im kommenden Winter als Futter für die Tiere dienen sollte, war ein Raub der Flammen geworden, bis auf die eine Fuhre, die noch mit den Kühen davor weit genug vom Unglücksort entfernt stand. Die anderen Kühe befanden sich zu dieser Zeit auf der Gemeinschaftsalm, wo sie von einer Sennerin betreut wurden, und die Hühner waren zur Zeit des Blitzeinschlags eh auf dem Hof herumgelaufen und hatten sich vor Schreck in alle Richtungen geflüchtet.

Völlig verzweifelt wollte sich Friedrichs Vater in die letzten Flammen stürzen. Die Mutter aber hielt ihn mit den Worten zurück: »Mariangelus« – er trug denselben Vornamen wie mein Vater – »versündige dich nicht! Uns ist doch noch viel geblieben. Schau, keiner von uns ist zu Schaden gekommen. Und unser Vieh haben wir auch noch. Das Getreide steht noch auf dem Halm, und unsere Kartoffeln sind noch in der Erde.

Mit Gottes Hilfe werden wir unser Haus wieder aufbauen, schöner und solider als es vordem war.«

Sie bauten es tatsächlich wieder auf, aber nicht nur allein mit Gottes Hilfe, sondern auch mit der Hilfe sämtlicher Dorfbewohner. Vorerst aber standen sie da, mit sechs Kindern zwischen zwei und dreizehn Jahren, und waren obdachlos. Doch die Hilfsbereitschaft der Nachbarn erwies sich schon in dieser bedrückenden Lage: Von allen Seiten eilten sie herbei und boten an, eines der Kinder aufzunehmen, und auch die Eltern selbst fanden Zuflucht in einem Bauernhof. Es dauerte zwei Jahre, bis sie wieder in ihren Hof einziehen konnten. Dann holten sie die Kinder, die noch schulpflichtig waren, wieder zurück. Die anderen hatten inzwischen Stellen bei Großbauern im Pustertal angetreten.

»Nur mich ließ man bei dem Bauern, bei dem ich untergekommen war«, erzählte Friedrich mit einem Schmunzeln weiter. »Ich muss ein so herziges Kerlchen gewesen sein, dass die mich gar nicht mehr hergeben wollten.« Verwöhnt worden sei er aber nicht, versicherte er. Schon früh habe er – wie die eigenen Kinder des Bauern – mit aufs Feld gehen müssen, und auch im Haus seien ihm genügend Arbeiten zugewiesen worden. Das sei ihm aber nicht zuwider gewesen, er habe seine Freude daran gehabt, und als er im Alter von sieben Jahren dann doch wieder nach Hause zurückkehrte, wurde er auch dort in alle möglichen Pflichten eingespannt.

Nach seiner Schulentlassung sagte sein Vater zu ihm: »So, Bub, jetzt musst du dich für einen Beruf entscheiden.«

»Ich möchte gern Bauer werden«, antwortete Friedrich spontan.

Aber da konnte sein Vater nur bedauernd den Kopf schütteln. Den Hof sollte Leonhard, sein ältester Sohn bekommen, wie es der Brauch war. Friedrich war sehr enttäuscht. Leonhard kannte er außerdem kaum, denn er war schon aus dem Haus gewesen, als sein jüngster Bruder geboren wurde.

»Als der Vater sah, wie bekümmert ich darüber war, schlug er mir vor, ich könne mich ja irgendwo als Knecht verdingen, damit ich mit der Landwirtschaft zu tun haben würde. ›Und wer weiß‹, meinte er, ›vielleicht findest du als solcher mal eine Schöne, bei der du einheiraten kannst.‹«, erzählte Friedrich schmunzelnd weiter. »Aber die Mutter war bei dem Gespräch auch zugegen, und sie widersprach: ›Ach, was, setz dem Buben keine Flausen in den Kopf. Gitschen, bei denen man einheiraten kann, sind dünn gesät. Und wenn er sein Leben lang Knecht bleiben muss, wird er nicht zufrieden sein.‹ Von ihr kam der Vorschlag, zu einem Schneider in die Lehre zu gehen. ›Gewand braucht man immer, und es ist ein sauberer und angesehener Beruf‹, begründete sie das.«

So hatte Friedrich den Rat der Mutter befolgt und war zu einem tüchtigen Schneider in die Lehre gegangen. Dort lernte er nicht nur das Nähen, er wurde auch in die Kunst des Webens eingeführt.

»Beides bereitete mir Freude«, versicherte Friedrich, »und ich setzte allen Ehrgeiz hinein, ein guter Schneider und ein guter Weber zu werden. Bei allem hatte ich aber stets den Gedanken im Hinterkopf: Vielleicht findest du doch mal eine passende Bäuerin, bei der du einheiraten kannst. Dabei sah ich es als Vorteil, Schneider und Weber zu sein. Als solcher kam ich auf viel mehr Bauernhöfen herum, als wenn ich ein Knecht gewesen wäre. Auf meiner Wanderschaft habe ich also stets fleißig Ausschau nach ledigen Hoferbinnen gehalten. So manche Schöne habe ich gesehen, die sich für mich interessiert hätte. Wenn aber kein Hof im Hintergrund winkte, hielt ich mich mit Werben zurück.«

»Aha«, hakte ich ernüchtert ein. »Du interessierst dich nicht für mich, sondern nur für meinen Hof.«

»Das stimmt nicht!«, beteuerte Friedrich. »Gleich zu Anfang habe ich dir gesagt, dass du mir gefällst, so wie du ausschaust und wie du bist. Vor dir habe ich einige andere Bauerntöchter kennengelernt, die mir eine Einheirat geboten hätten, in größere und schönere Höfe. Die eine aber war recht schiach (hässlich), die zweite recht faul und eine dritte recht putzsüchtig. Eine vierte gab's auch. Bei der hätte alles gestimmt, aber sie war recht herrschsüchtig. Und ich hatte keine Lust, dauernd unterm Tisch zu sitzen. Bei keiner von denen hat mein Herz gesprochen, deshalb habe ich darauf verzichtet, um ihre Hand anzuhalten.«

Am Ende hatte er mich davon überzeugt, dass er es ehrlich mit mir meinte und nicht nur hinter meinem Anwesen her war. Als ich meinen Eltern davon berichtete, waren sie über diese Entwicklung nicht nur zufrieden, sie schienen sogar recht glücklich, dass ich doch noch einen mitbekommen sollte, wenn es auch »nur ein Schneider« war.

Im Januar darauf, zur üblichen Zeit, erschien Friedrich wieder im Hause meines Onkels. Dort begegnete ich ihm mit gemischten Gefühlen, denn außer einer Weihnachtskarte, auf der unter anderem der Satz stand: »Denk dran, Lena, im neuen Jahr heiraten wir«, hatte ich das ganze Jahr über kein Lebenszeichen von ihm erhalten. Zu meiner Überraschung fragte er nun aber tatsächlich: »Also Lena, in welchem Monat willst du zum Traualtar schreiten?« Demnach schien er es doch ernst mit mir zu meinen.

Als er dann wenige Tage später in unser Haus übersiedelte, um die angefallenen Web- und Näharbeiten zu erledigen, bat er meinen Vater um eine Unterredung. Bei dieser hielt er tatsächlich um meine Hand an, und der Vater muss sie ihm auch gleich zugesagt haben. Immerhin war ich nicht mehr die Jüngste, und er hatte – bevor der Schneider in mein Leben trat – den Gedanken daran, dass ich überhaupt einmal heiraten werde, schon fast aufgegeben. Nach einigem Besinnen muss er dann aber doch ausgerufen haben: »Was? In diesem Jahr wollt ihr noch heiraten? Das geht nicht. Ich habe für die Lena ja noch gar keine Bäume gefällt.«

Das muss ich erklären: Zwei Jahre, bevor eine Tochter zu heiraten gedachte, begann man normalerweise dafür zu sorgen, dass sie als Aussteuer wenigstens Möbel mitbekam, da ein Hof ja sonst nichts hergab. Sobald eine Tochter ihre Heiratsabsicht bekannt gab, hat ihr Vater in seinem Wald einen oder mehrere Bäume geschlagen und auf einer Sägmühle zu Brettern schneiden lassen. Wenn sie trocken genug waren, hat man sie zum Tischler geschafft, oder der ist mit dem notwendigen Handwerkszeug ins Haus gekommen und hat die gewünschten Möbel daraus gefertigt, zumindest aber ein Schlafzimmer.

»Das sehe ich nicht so eng«, entgegnete mein Schneider. »Da ich ja hier einheiraten werde, braucht die Lena keine eigenen Möbel. Wir werden mit euch in euren Möbeln leben.«

Daran erkannte mein Vater, dass der Friedrich ein ganz vernünftiger, praktisch denkender Mensch war. »Ist schon recht«, hatte mein Vater daraufhin geantwortet. »Aber ein eigenes Schlafzimmer soll die Lena schon haben.«

Wenige Tage darauf, als das Wetter es erlaubte, zog er mit dem Schneider in den Wald und fällte eine stattliche Lärche. Bei dieser Gelegenheit konnte er sich gleich selbst davon überzeugen, dass sich der Schneider auch bei einer solchen Arbeit gar nicht ungeschickt anstellte.

Mit der Hochzeit wollten wir jedoch nicht so lange warten, bis das Holz trocken genug und ein Schlafzimmer daraus entstanden war. Wir einigten uns auf den 12. Mai 1950, einen Freitag, als Hochzeitsdatum. Der Friedrich würde für die ersten zwei Jahre in meiner Kammer das Bett beziehen, das leer stand, seit meine Schwester Ida das Haus verlassen hatte.

Wie geplant, schritten Friedrich Thaler und ich am 12. Mai zum Traualtar. Es war ein wunderschöner Tag. Die Sonne lachte vom wolkenlosen Himmel, als wünsche sie uns für den Beginn unseres gemeinsamen Lebensweges alles Gute. Wenn ich mit meinen neunundzwanzig Jahren auch nicht mehr taufrisch war, so soll ich doch eine ansehnliche Braut gewesen sein, versicherte man mir von allen Seiten. Und mein Bräutigam, mit seinen sechsunddreißig Jahren immerhin schon ein gestandenes Mannsbild, sah in seinem Trachtenanzug, den er sich aus bestem Loden selbst genäht hatte, richtig schneidig aus.

Ich selbst trug zu meiner Hochzeit ebenfalls Tracht, das sogenannte Bayerische Gewand, wie man es im Pustertal und im Eisacktal zu tragen pflegte. Da man sich nach Beendigung des Faschismus wieder ungeniert in Tracht zeigen durfte, hatte ich mir in Brixen rechtzeitig entsprechende Stoffe gekauft. Obwohl mein Zukünftiger Schneider war und mir mein Hochzeitskleid leicht hätte nähen können, hatte ich darauf bestanden, das eigenhändig zu machen. Das tat ich nicht nur, weil die Meinung herrschte, ein Bräutigam dürfe das Brautgewand vor der Hochzeit nicht sehen, sondern auch, weil ich den Ehrgeiz hatte, so etwas allein zuwege zu bringen. Mir selbst und allen anderen wollte ich beweisen, dass ich während meiner kurzen »Lehrzeit« bei der Weißnäherin doch einiges an Handfertigkeit mitbekommen hatte. Sollte ich nicht weiterkommen, konnte immer noch meine Schwester Ida einspringen. Sie hatte ja immerhin eine »ernsthafte« Schneiderlehre gemacht. Es gab dann wirklich einige Finessen, die sie bereitwillig übernahm.

Das ganze Kleid war tiefschwarz. Es bestand aus einem knöchellangen, in der Taille stark gekräuselten Wollrock und einem eng anliegenden, langärmeligen Oberteil, das wir Tschoap nennen. Im V-Ausschnitt desselben trägt man einen Einsatz, den man Plastrondl nennt. Das mit Spitzen verzierte Teil umspielt Ausschnitt und Hals. Ausschließlich zur Hochzeit trägt man ein weißes Plastrondl, zu allen anderen Anlässen ein schwarzes. Zu dem Gewand hatte ich mir eine dunkelgrüne Schürze aus seidigem, changierendem

Material genäht. Auf dem Kopf trug ich den traditionellen Jungfernkranz, der aus künstlichen Myrten bestand, mit winzigen weißen Wachsblumen dazwischen. Der hatte in meiner Familie schon Generationen von Bräuten geziert.

Gewiss, es wäre sinnig gewesen, wenn ich zur Hochzeit das Bayerische Gewand getragen hätte, das schon meine Mutter zu ihrer Hochzeit geschmückt hatte. Aber erstens hat es mir nicht gepasst, weil ich größer war als sie, und zweitens wollte sie dieses, ihr Festtagsgewand, das ihr immer noch passte, anlässlich meiner Hochzeit selbst tragen.

Wir leisteten uns keine große Hochzeit. Nur die nächsten Nachbarn waren eingeladen sowie meine Schwestern mit ihren Ehemännern. Die Ida hatte bereits 1943 ihren Portier geheiratet. Kurz nach Kriegsende bekamen sie ihr erstes Kind, eine Rosmarie. Mein Vater, der wohl in der neuen Generation fest mit einem Buben gerechnet hatte, überspielte seine Enttäuschung, indem er sich zum Troste sagte: »Nun ja, da sie in der Stadt wohnt, ist das nicht so tragisch.« Ich dagegen freute mich bärig über das kleine Mädchen, weil ich seine Gotl (Patin) werden durfte. Schließlich war es die erste Patenschaft, die mir angetragen wurde. Wenn sie auch mit Geldausgeben verbunden war, so war ich doch mächtig stolz darauf, dass man mich gefragt hatte. Aber auch, wenn man über dieses Amt nicht begeistert gewesen wäre, hätte man auf keinen Fall ablehnen dürfen. Das wäre eine arge Kränkung für die betreffende Familie gewesen.

Später wurde ich in der Nachbarschaft noch öfters zur Patin gebeten, was ich immer mit einem stolzen

Gefühl annahm. Zur Taufe selbst schenkte man dem Kind einen religiösen Gegenstand. Das konnte ein Rosenkranz sein, ein Gebetbuch oder ein Weihwasserkessel. Sobald ein Patenkind alt genug war, um es zu begreifen, standen in jedem Jahr zwei Feste an, zu denen ein Patengeschenk fällig war. Das waren der Ostermontag und Allerheiligen. Die Gitschen bekamen an diesen Tagen von ihrer Gotl eine aus Weißbrotteig gebackene Gans, während die Buben von ihrem Göte ein gebackenes Ross oder einen Hasen bekamen. Diese Geschenke waren an dem betreffenden Tag persönlich abzuholen. Aus diesem Grunde hatte man früher, als die Familien noch nicht über ein Auto verfügten, die Paten so ausgewählt, dass die Kinder zu Fuß hingehen konnten. Heute ist das ja kein Problem mehr. Da nimmt man die Paten von Gott weiß woher. Ein besonders großzügiger oder finanziell besser gestellter Pate schenkte auch schon mal zusätzlich ein Kleidungsstück. Zu Weihnachten und zum Geburtstag gab es eigenartigerweise nichts. Nur an dem Tag, an dem ein Kind vierzehn wurde, bekam das Patenkind ein üppiges Geschenk, eine Uhr, die erste seines Lebens. Das war die sogenannte Auszahlung, also das letzte Geschenk des Paten.

Als die Ida zwei Jahre später wieder ein Mädchen zur Welt brachte, die Walburga, seufzte mein Vater: »Geht das schon wieder los, dass in dieser Familie nur Gitschen geboren werden?« Später schloss er seine zweite Enkelin aber doch fest in sein Herz.

Diese beiden Kinder nahmen an unserer Hochzeit nicht teil. Man hatte sie für einige Stunden zur Großmutter väterlicherseits gegeben.

Meine Schwester Moidl, die 1949 mit einem Bauernsohn aus der Umgebung den Bund fürs Leben geschlossen hatte, war zur Zeit meiner Hochzeit noch kinderlos. Da ihr Mann den heimatlichen Hof nicht bekommen konnte – der fiel an seinen älteren Bruder –, war er froh, in Bozen in einer Fabrik eine sichere Stelle zu haben. Die Frieda, meine jüngste Schwester, die behinderte, war ledig und ist das auch ihr Leben lang geblieben.

Nach dem Brautamt nahmen wir im Gasthaus ein einfaches Mittagsmahl ein. Danach ging jeder wieder an seine Arbeit. Warum sollten wir für eine Feier viel Geld ausgeben, das wir nicht hatten? Wenn die Feier auch äußerst bescheiden ausgefallen war, so war ich doch eine glückliche Braut und habe es nie bereut, meinen Schneider geheiratet zu haben.

Im Ehestand

Als ich heiratete, war meine Mutter noch rüstig genug, um weiterhin den Haushalt zu machen und sich um den Gemüsegarten zu kümmern. Daher konnten mein Vater und ich, wie bisher, die Stall- und Feldarbeit erledigen . Außer unseren fünf Kühen und dem Dutzend Hühnern fütterten wir zwei Schweine und bauten hauptsächlich Kartoffeln und Weizen an. Also blieb mein Ehemann frei für andere Aufgaben. Zur Zeit unserer Heirat besaßen wir etwa achtzig Schafe. Diese lieferten genau die Menge an Wolle, die wir für die Familie benötigten. Es wurde ja fast alles, was wir an Winterbekleidung brauchten, aus Wolle hergestellt: Socken, Strümpfe, Westen, Handschuhe, Schals. Die Rohwolle wurde von uns selbst versponnen und verstrickt. Natürlich wurden auch aus der selbst versponnenen Wolle die herrlichen, strapazierfähigen Lodenstoffe gewebt, aus denen die Oberbekleidung für Mann, Frau und Kinder genäht wurden.

Damit die Wolle der Schafe recht warm und robust wurde, mussten sie die meiste Zeit ihres Lebens im Freien verbringen. Deshalb kamen sie, sobald der Schnee geschmolzen war, auf die hausnahen Wiesen. Dort blieben sie bis Anfang Juni. Bevor es dann auf die Alm ging, wurden sie geschoren. Lange Zeit war das meine Aufgabe gewesen. Im ersten Ehejahr aber lernte ich bereits meinen Mann im Schafscheren an. Er zeigte sich so geschickt dabei, dass er mir diese Aufgabe bald ganz abnehmen konnte. Mit den frisch geschorenen Schafen und dem Galtvieh – so nennt man die jungen Rinder, die noch nicht trächtig waren – stieg er dann hinauf auf die Alm, wo er bis zum ersten Schneefall blieb. In seinem Rucksack nahm er sich haltbare Lebensmittel für die ersten Tage mit hinauf. Später musste ich alle paar Tage hinaufsteigen, um ihm Nachschub zu bringen. Das war mir aber nicht unangenehm. So sah ich doch wenigstens von Zeit zu Zeit meinen frisch angetrauten Ehemann wieder. Was er sonst noch zu seiner Ernährung brauchte, wie Milch, Butter und Käse, kaufte er sich von den Sennerinnen, welche die Kühe der Bauern aus dem Dorf auf der Gemeinschaftsalm betreuten. Unsere eigenen Kühe weideten in Hofnähe mit den Kühen der anderen Bergbauern auf der Niederalm, damit sie jeden Morgen und jeden Abend zum Melken in den heimischen Stall gehen konnten. Wir brauchten nicht nur ihre Milch als Hauptgetränk für die Familie, sondern wir stellten für den Hausgebrauch auch selbst Butter und Käse her. Auch war es besser, die Kühe – weil sie meist trächtig waren – in Hausnähe zu haben, weil man ihnen dort, falls es notwendig war, besser beim Kalben beistehen konnte.

Normalerweise waren die Tiere tagsüber auf der Weide und nachts im Stall. An sehr heißen Tagen aber behielten wir sie im Stall und ließen sie nur nachts hinaus. Merkte man rechtzeitig, wenn eine Kuh zum Kalben kam, behielt man sie im Stall, um ihr helfen zu können, falls Probleme auftauchen sollten. Besonders, wenn es sich um eine Kalbin handelte – so nennt man ein Jungtier, das zum ersten Mal trächtig ist –, war größte Aufmerksamkeit geboten. Man wusste ja nicht, wie sie sich in der neuen Situation verhalten würde, und ob der Geburtsweg weit genug war für das Kalb. Da musste man schon manchmal helfend eingreifen. Oft war es aber so, dass, wenn das Vieh morgens oder abends zum Melken angetrottet kam, ein frisch geborenes Kalb hinter einer Kuh herlief. Das hatte sie auf der Weide völlig problemlos und unbemerkt in die Welt gesetzt.

In meinem ersten Ehejahr, schon bald, nachdem mein Mann mit seinen Schafen zur Alm aufgebrochen war, fehlte einmal, als die Kühe abends zum Stall kamen, eine von ihnen, eine Kalbin. ›O weh‹, dachte ich, ›die hat sich verlaufen. Da musst du gleich losziehen und sie suchen.‹ Deshalb bat ich meinen Vater, er möge das Melken für mich übernehmen.

Da die Kühe damals noch auf natürliche Weise befruchtet wurden, nämlich vom Stier des Nachbarn, der ebenfalls mit auf der Weide war, wusste man nicht genau, wann der Geburtstermin sein würde. An dem betreffenden Morgen, als ich meine Tiere aus dem Stall gelassen hatte, war mir bei dieser Jungkuh noch nicht die geringste Vermutung gekommen, dass sie bald kalben würde. Deshalb dachte ich zunächst überhaupt nicht an diese Möglichkeit. Während ich suchend umherlief, rief ich immer wieder ihren Namen. Aber keine Kuh kam auf mich zu. Leider konnte ich auch kein Geläut hören, denn bei uns trug nur die Leitkuh eine Glocke.

Endlich erblickte ich von Ferne ein braunes Etwas im Gras. Das musste unsere Melle sein. Erneut rief ich ihren Namen. Da wendete sie mir ihren Kopf zu, aber so träge, dass ich den Eindruck gewann, sie müsse sehr erschöpft sein. Beim Näherkommen sah ich, dass sie am Kalben war, zwei Haxen ragten schon heraus. ›Dann kann es nicht mehr lange dauern‹, redete ich mir ein. ›Gut, dass du rechtzeitig gekommen bist, um ihr seelischen Beistand zu leisten.‹ Ich begab mich zu ihrem Kopf, tätschelte ihr den Hals und sprach ihr Mut zu. Sie mühte sich und mühte sich, aber es ging nichts weiter, und das Tier wurde zusehends erschöpfter und apathischer. Vielleicht quälte es sich ja auch schon seit Stunden. Bald war mir klar, Zuspruch allein half hier nicht. Da musste mein Vater her mit dem »Geburtshelfer«, einem Gerät, das aus einem Eisenrohr und Kälberstricken bestand, mit dem man einer Kuh beim Kalben helfen konnte.

Bevor sich mein Vater mit dem Geburtshelfer auf den Weg machte, schickte er mich zum Haus seines Bruders Seppl mit dem Auftrag: »Der junge Seppl soll bittschön mitkommen, um mir zu helfen. Allein pack ich das vielleicht nicht mehr.«

Etwa zehn Minuten nach meinem Vater traf ich mit meinem Vetter Seppl bei der kalbenden Kuh ein. Da hatte der Vater bereits die Stricke um die Fußgelenke des Kalbes gelegt. Dann zogen der alte und der junge Mann aus Leibeskräften. Aber nichts rührte sich. Schnaufend legten sie eine Pause ein. »Onkel, ich glaub, das wird nichts«, keuchte mein Vetter. »Wir sollten den Tierarzt holen. Wir schinden die Kuh ja zu Tode.«

»Wo denkst du hin, Bub!«, lehnte mein Vater dieses Ansinnen vehement ab. »Ihr jungen Leute seid immer schnell mit dem Viechdoktor bei der Hand. Solche Probleme haben wir immer selbst bewältigt.«

Nun sah ich mich genötigt, ebenfalls für den Tierarzt zu plädieren: »Vater, du siehst doch, wie sich die arme Kuh quält. Lass mich doch den Tierarzt holen.«

»Nein, Lena, das ist nicht nötig. Das würde mich nur einen Haufen Geld kosten. Außerdem, bis der hier wäre, das würde mindestens auch eine Stunde dauern. Bis dahin haben wir das Kalb längst geholt.«

Sie starteten einen zweiten Versuch. Sie zogen, bis ihnen die Schweißtropfen von der Stirn perlten. Die geschundene Kuh schaute sich um, gab aber keinen Laut von sich.

»Lena,«, gab mein Vater endlich zu, nachdem er wieder zu Atem gekommen war, »ich glaub, der Seppl hat doch recht. Lauf ins Dorf und ruf den Viechdoktor.«

Zum Glück war der daheim, als ich ziemlich außer Atem sein Haus erreichte. Er nahm mich auf seinem Motorrad mit. Zum ersten Mal in meinem Leben saß ich auf einem solchen Fahrzeug und starb fast vor Angst, als mir der Wind um die Ohren pfiff, zumal eine Kurve nach der anderen kam und das Motorrad sich fast auf die Seite legte. Aber das war immer noch bequemer und schneller, als wenn ich den ganzen Heimweg hätte zu Fuß machen müssen. Den Vorteil eines Zweirades erkannte ich, als der Arzt damit bis fast zu der Kuh fahren konnte. Mit einem Auto wäre er nur bis zu unserem Hof gekommen. Es war bereits neun Uhr, als wir beide bei unserer Patientin ankamen.

Da es Ende Juni war, war es trotz der späten Stunde noch so hell, dass der Doktor bei seiner Arbeit noch genug sehen konnte. Bei der Melle hatte sich noch nichts bewegt, obwohl die beiden Männer weiterhin versucht hatten, das Kalb mit Gewalt zu holen.

»Das ist nicht nur eine komplizierte Steißlage«, diagnostizierte der Tiermediziner, nachdem er in die Kuh hineingelangt hatte, »das Kalb ist auch außergewöhnlich groß und hat ungewöhnlich breite Hüften.«

»Ja, und was machen wir jetzt?«, wollte mein Vater wissen.

»Leider hat das Kalb die lange Prozedur nicht überlebt. Der Geburtskanal bei der Kalbin ist noch nicht so weit entwickelt, dass wir ein so großes Kalb hindurchkriegen. Ich muss es im Mutterleib zerstückeln, damit wir es überhaupt hinausbringen. Auf diese Weise können wir wenigstens die Kuh retten.«

Aus seinem Medizinkoffer holte er eine Säge und machte sich damit im Inneren der Kalbin zu schaffen. Sie gab keinen Mucks von sich. Geduldig ließ sie alles über sich ergehen. Nach kurzer Zeit förderte der Arzt ein Bein zutage, das er mitsamt der Hüfte abgesägt hatte. Das Übrige des Kalbes kam dann ganz von selbst.

Da die Melle nach dieser schwierigen Geburt zu erschöpft war, um aufzustehen, und da die Dunkelheit sich langsam herniedersenkte, ließen wir sie auf ihrem Platz liegen, als wir uns auf den Heimweg machten. Der Tierarzt packte seinen Koffer aufs Motorrad und brauste zu Tal. Ich schleppte den Geburtshelfer zu unserem Haus, und die beiden Männer mühten sich gemeinsam mit dem Kalb ab, das gut und gerne seine vierzig Kilo wog. Später kehrte ich noch einmal zu der Kuh zurück und brachte ihr einen Eimer Wasser, nebst einem Büschel Heu, damit sie wieder zu Kräften komme.

Am folgenden Morgen, nachdem ich meine Kühe gemolken hatte, begab ich mich mit ihnen hinaus auf die Weide, um nach unserer Melle zu sehen. Sie lag aber nicht mehr auf dem Fleck, an dem wie sie zurückgelassen hatten. Dort fand ich nur noch den leeren Eimer und sah, dass das Heu restlos aufgefressen war. Die Kalbin selbst lag etwa zehn Meter näher zu unserem Haus zu. Sie war also aufgestanden. Warum aber hatte sie sich wieder hingelegt? Ich redete ihr gut zu, tätschelte sie, konnte sie aber nicht dazu bewegen, aufzustehen. ›Zu ihrer Erschöpfung kommt bestimmt noch die Trauer um das verlorene Kalb hinzu‹, versuchte ich mir die Sache zu erklären. Ich ließ sie also liegen und ging nach Hause, wo eine Menge Arbeit auf mich wartete. Um die Mittagszeit suchte ich die Melle abermals auf, wieder mit einem Bündel Heu und einem Eimer Wasser. Sie lag schon wieder ein Stück näher zu unserem Hof, wirkte aber sehr apathisch und war durch nichts zum Aufstehen zu bewegen. Das machte mir große Sorgen. Daheim redete ich mit meinem Vater darüber und bat ihn darum, nochmals den Viechdoktor rufen zu dürfen. »Ja, wenn du meinst, dann sollten wir ihn doch noch mal kommen lassen.«

Wieder hatte ich Glück. Denn nachdem ich nur wenige Minuten an seinem Haus gewartet hatte, kam er von einem »Patientenbesuch« zurück. Ein zweites Mal wurde mir das »Vergnügen« zuteil, auf dem tierärztlichen Motorrad mitfahren zu dürfen. Ich muss sagen, so langsam empfand ich das aber wirklich als Vergnügen. Wir fuhren wieder direkt zu der Kuh, bei der mein Vater uns bereits erwartete. Der Arzt tastete die Hüften des Tieres ab und stellte eine niederschmetternde Diagnose: »Sie hat die linke Hüfte gebrochen. Was das bedeutet, brauch ich euch ja nicht zu erklären.«

Schuldbewusst fragte mein Vater: »Kann das durch das kräftige Ziehen passiert sein?«

Der Tierarzt nickte: »Da bin ich mir ziemlich sicher.«

Uns war klar, was das bedeutete. Wir hatten keine Wahl. Sobald der Tierarzt ihr die erlösende Spritze gegeben haben würde, mussten wir die Kuh ebenso vergraben wie das Kalb am Tag zuvor. Denn weder von einem Kalb noch von einer Kuh, die infolge der Entbindung sterben, ist das Fleisch genießbar. Durch die Geburt ist es zu sehr mit Hormonen belastet.

Ja, das war ein immenser Schaden für uns. Wir hatten das kräftige weibliche Kalb verloren, wir hatten eine Arztrechnung für einen zweimaligen Besuch zu begleichen, und nun verloren wir auch noch die schöne junge Kuh.

So etwas sollte uns nicht ein zweites Mal passieren. Deshalb waren wir beim nächsten kritischen Fall auf der Hut. Das war einige Jahre später. Als sich abermals eine problematische Entbindung anbahnte, bestellten wir den Tierarzt wesentlich schneller. Auch sonst hatte sich einiges geändert. Inzwischen war es mein Vater, der mit den Schafen und dem Galtvieh auf der Hochalm war, und mein Mann war es, mit dem ich die Landwirtschaft am Hof betrieb.

Der Juli hatte einige heiße Tage gebracht, sodass wir die Kühe nur nachts hinausgelassen hatten. Eines Morgens nun, als ich zur gewohnten Zeit mit meinem Melkeimer an der Stalltür erschien, war von unseren Kühen, die sonst schon immer ungeduldig davor standen, nichts zu sehen oder zu hören. Ich stellte den Eimer ab und ging in Richtung Gemeinschaftsalm. Da sah ich schon bald eine Kuh im Gras liegen, und einige andere, die um sie herumstanden. So etwas hatte ich noch nie gesehen, und es beeindruckte mich stark, dass die Kühe so etwas wie ein soziales Empfinden an den Tag legten. Sie leckten der liegenden Kuh das Fell, sie machten sich an ihrem Kopf zu schaffen, als ob sie ihr gut zureden wollten, oder sie stupsten sie mit dem Maul, als ob sie das Tier zum Aufstehen bewegen wollten. Mit einem Blick erkannte ich, dass das alles unsere Kühe waren. Und diejenige, die am Boden lag, war Enzian, eine Kalbin, hochträchtig. An ihrem Hinterteil hing bereits ein Hax heraus. ›Eigenartig, dass es nur eine Klaue ist‹, dachte ich. Egal, ob Kopf- oder Steißlage, normalerweise erschienen die Kalbsfüße paarweise. Eine Weile beobachtete ich die kalbende Kuh, aber es ging nicht voran.

›Ehe ich hier etwas falsch mache und ehe wir den Geburtshelfer ansetzen, um das Kalb mit Gewalt zu holen, rufe ich lieber den Tierarzt‹, nahm ich mir vor.

Anscheinend hatten meine Viecher begriffen, dass ich mich ab sofort um ihre hilfsbedürftige Kameradin kümmern werde. Sie hörten damit auf, sie zu »bemuttern« und bewegten sich freiwillig in Richtung Stall.

Ich folgte ihnen. Da außer der kalbenden Enzian eine weitere Kuh trocken stand, hatte ich nur drei zu melken. Ehe ich jedoch damit begann, berichtete ich meinem Mann, was ich beobachtet hatte, und bat ihn, den Tierarzt zu holen.

Nach einer knappen Stunde erreichte er mit diesem den Hof, wo der sein Auto abstellte, das er sich inzwischen zugelegt hatte. Das letzte Stück des Weges legten wir also zu dritt zu Fuß zurück. Die Kalbin lag noch immer auf demselben Platz, auf dem ich sie verlassen hatte, und außer der einen Klaue war noch nichts weiter von dem Kalb zu sehen. Der Tierarzt griff in die Kuh, tastete darin herum und machte ein verblüfftes Gesicht. »Sonderbar«, äußerte er. »Da stimmt etwas nicht. Das Kalb liegt richtig, aber es scheint missgebildet zu sein.«

Er langte ein zweites Mal hinein, drückte und schob etwas zurecht und brachte endlich einen zweiten Hax zum Vorschein. Nun lief alles normal. Die Kuh mühte sich, und in kurzer Zeit wurde mehr von dem Kalb sichtbar, bis es schließlich ganz aus ihr herausflutschte. Nun konnten wir anderen auch sehen, was den Tierarzt so in Erstaunen versetzt hatte: Das Neugeborene hatte nicht vier, sondern fünf Beine. Es war ein voll ausgebildetes Kalb. Vier seiner Beine, auf denen es sogleich – wie alle neugeborenen Kälber – wacklige Stehversuche machte, hatten die normale Länge und befanden sich genau an der richtigen Stelle. Das fünfte Bein aber ragte aus der linken Hüfte heraus, war ebenfalls voll ausgebildet, aber kleiner als die übrigen. Dieses Bein hatte im Mutterleib so sperrig gesessen, dass nichts vorwärts gegangen war. Per Hand hatte es der

Doktor in eine solche Lage gebracht, dass es die Geburt nicht weiter behindert hatte.

Als wir uns vom ersten Schreck und vom Staunen erholt hatten, erklärte uns der Arzt: »Das Kalb ist zwar lebensfähig. Aber was will man mit solch einem missgebildeten Tier? Mein Vorschlag: Ich schläfere es an Ort und Stelle ein und nehme es mit zur Tierklinik, damit die Studenten daran forschen können.«

Damit waren wir einverstanden. Der Verlust war auch nicht allzu groß, weil es ein Stierkalb war. Gewiss, eine Arztrechnung war auch zu zahlen, aber nur für einen Besuch. Vor allem aber war unsere Kuh Enzian gerettet, und sie hat noch viele schöne, gesunde Kälber hervorgebracht.

Einige Zeit vor meiner Heirat hatte ich davon gehört, dass man unten im Dorf die Elektrizität eingeführt hatte. Wenig später bekam ich mit, dass man mit der Verlegung der Leitungen immer weiter den Berg hinaufwanderte und dass sich ein Berghof nach dem anderen an das Netz anschließen lasse. Meine Eltern und ich hielten zunächst nichts von diesem »neumodischen Glump« und beantragten zunächst keinen Anschluss ans Stromnetz. Bis dahin waren wir ja ganz gut ohne Strom ausgekommen und würden das, so dachten wir, gewiss auch weiterhin tun. Meine Eltern wollten außerdem vorsichtig sein mit dieser Neuerung, die ja auch unbekannte Gefahren in sich bergen konnte. Außerdem hätte uns diese Installation einen Haufen Geld gekostet, das wir nicht hatten.

Nach meiner Heirat aber machte ich einmal Besuch bei einem Bauern, der weit unterhalb von uns wohnte.

Während wir uns unterhielten, begann es in der Stube dämmrig zu werden. Da trat er an die Tür, drehte an einem Schalter, und schon strahlte der Raum in so hellem Licht, dass man dabei hätte stopfen und lesen können. Ich war beeindruckt: Das war doch etwas anderes als der schwache Kerzenschein oder die Petroleumfunzel! Von Stund an hatte ich keine Abneigung mehr gegen die Elektrizität, im Gegenteil. Nun war ich dafür Feuer und Flamme und schilderte meinen Eltern deren Vorzüge in den leuchtendsten Farben. Meinem Ehemann brauchte ich gar nichts davon vorzuschwärmen, der war schon längst davon überzeugt, dass man mit der Zeit gehen müsse und dass dem elektrischen Strom die Zukunft gehöre. Um meine Eltern von den Vorteilen des elektrischen Stromes zu überzeugen, schwärmten wir ihnen gemeinsam etwas vor. Wir erklärten ihnen, dass der Strom nicht nur Licht mache, sondern dass man damit auch kochen und bügeln könne und dass er einem auf vielfältige Weise die Arbeit erleichtere. Sie hatten uns den Hof zwar schon längst übergeben, aber eine so wichtige Sache wollte ich nicht ohne ihr Einverständnis machen. Schließlich hatten wir sie überzeugt und stellten einen Antrag auf die Verlegung.

Während dann die Monteure bei der Arbeit waren, beobachtete ich mit wachsendem Interesse, wie die Masten immer weiter den Berg hinaufwanderten. Als die Installation endlich im Hause begann, kannte meine Neugier keine Grenzen. Nicht nur, dass ich mit meiner Nase überall dabei war, ich half auch tatkräftig mit. Das beschleunigte die Sache nicht nur, es ersparte uns auch Kosten, und ich lernte eine Menge dabei. Ich bohrte Löcher in die Wände, ich half Kabel durchziehen und Leitungen an den Wänden zu befestigen. Ich schaute dem Elektriker nicht nur auf die Finger, ich fragte ihn auch nach allem Möglichen aus, und er gab mir bereitwillig zu allem Antwort. »Ich wäre froh, wenn mein Lehrbub so viel Interesse bekunden würde wie du«, sagte er anerkennend. »Schad, dass du ein Weibermensch bist, aus dir wäre ein guter Elektriker geworden.«

Dieses Lob freute mich natürlich. Mit seiner Hilfe eignete ich mir auf diesem Gebiet ein Wissen an, das nicht nur meiner Familie zugutekommen sollte. Auch die Nachbarn profitierten davon. Wenn bei ihnen in der Anfangszeit, als sie mit der Elektrizität noch nicht so vertraut waren, eine Glühbirne defekt oder eine Sicherung durchgebrannt war, riefen sie mich um Hilfe. Später kamen die Leute dann schon selbst damit zurecht. Aber auch bei einem Wackelkontakt oder einem Kurzschluss setzte man so viel Vertrauen in mich, dass man mich zu Hilfe rief. Ich reparierte sogar Steckdosen und Bügeleisen und wusste den Plus-, den Minus- und den Nullleiter richtig mit einer Klemme anzuschließen. Mein Mann staunte nur so über meine Fähigkeiten auf diesem Gebiet, rührte aber selbst keinen Finger in dieser Hinsicht.

Wenn er auch mit der Elektrizität nicht viel am Hut hatte, es zeigte sich jedoch, dass er ein guter Bauer war, und es war für mich sehr angenehm, in ihm einen kräftigen jungen Mann bei der Feldarbeit zur Seite zu haben. Und was die Waldarbeit anging, so war ich ab sofort davon freigestellt. Bisher hatte ich, da meinem Vater ja der Sohn fehlte, immer wie ein solcher im

Wald beim Holzmachen mithelfen müssen. Bei dieser Arbeit war mir klargeworden, warum sich die Bauern immer so sehr einen Sohn wünschten. Es ging nicht nur um Stolz und um die Erhaltung des Namens, es ging mit Gewissheit auch darum, dass sich der Bauer in seinem Sohn einen Gehilfen heranzog für die schweren Arbeiten. Deshalb war ich selbst bald sehr daran interessiert, einen Sohn zu bekommen.

Meine Eltern erkannten ebenfalls bald, dass der Friedrich wirklich etwas von der Bauernarbeit verstand. Sollten sie vielleicht noch Vorbehalte gehabt haben, so waren diese nach wenigen Wochen völlig ausgeräumt, und sie waren mit ihrem Schwiegersohn mehr als zufrieden. Dass er nebenbei bald wieder zu schneidern anfing, lag aber nicht daran, dass er das unbedingt wollte, sondern es lag an seiner ehemaligen Kundschaft. Die wollten auf ihren geschickten Schneider und Lodenweber nicht verzichten. Immer wieder bedrängte ihn einer, etwas für ihn zu nähen oder zu weben. Wenn er einwandte: »Ich habe keine Zeit, ich muss meine Feldarbeit machen«, antwortete man: »Mach dir deswegen keine Sorgen. Die erledige ich, während du nähst.«

So ließ er sich immer wieder überreden. Auch Flachs hat er noch eine Zeitlang zu Leintüchern und Hemdenstoff verwebt, bis es für die Hausfrauen einfacher und billiger war, diese fertig im Geschäft zu kaufen. Er ging aber nicht mehr in die Häuser wie vordem, sondern die Leute kamen zu uns ins Haus. Er hatte nämlich keine Lust, seine schwere Schneidermaschine oder seinen zusammenlegbaren Webstuhl wie früher auf seinem Handkarren von Haus zu Haus zu ziehen. Die

Schneidermaschine hatte natürlich ein ganz anderes Gewicht als die Nähmaschinen, die man üblicherweise in den Bauernhäusern vorfand. Seine Maschine musste ja in der Lage sein, bis zu sechs Schichten der schweren Lodenstoffe zusammenzunähen.

Im Winter machte mein Mann Holz, wie das alle anderen Bauern auch taten. Aber auch diese Arbeit wurde ihm oft von freiwilligen Helfern abgenommen, damit ihm Zeit blieb, für sie zu nähen oder zu weben. Das war ihm gar nicht so unangenehm. Statt bei Minusgraden im Wald zu arbeiten, konnte er in der warmen Stube an seiner Nähmaschine sitzen, und gerade sein erster Winter bei uns, der von 1950 auf 1951, war sehr kalt und sehr schneereich.

Die Lawine

Im Januar 1951 schneite es tagelang ohne Unterlass, sodass man glaubte, es wolle nimmer aufhören. Die Last auf den Dächern war immer wieder so schwer geworden, dass man sie bereits mehrmals abgeschöpft hatte. Dadurch türmte sich der Schnee um die Häuser dermaßen hoch, dass man wochenlang aus keinem Parterrefenster mehr hinausschauen konnte. Nachdem der Himmel ein paar Tage lang den Atem angehalten hatte, setzte Anfang Februar erneut heftiger Schneefall ein. Davon bekamen wir aber zunächst nichts mit, weil wir – wie gesagt – nicht hinausschauen konnten. In der Frühe des 13. Februar, nachdem wir die Stallarbeit erledigt hatten, saßen wir gerade beim Frühstück, da stürmte plötzlich unser Nachbar von oberhalb zu uns in die Küche. »Ja, Friedrich«, stieß er ganz außer Atem hervor, »hast du das nicht mitgekriegt? In der Frühe ist eine mächtige Lawine dicht an eurem Haus vorbeigedonnert.«

Wir hatten tatsächlich beide nichts davon mitbekommen. Der Schneewall um unser Haus hatte, wie es schien, nicht nur die Sicht versperrt, er hatte auch die Geräusche geschluckt. Bei unserem Nachbarn lag zwar ums Haus herum ebenso viel Schnee wie bei uns, aber bei denen befand sich im Erdgeschoss der Kälber- und Schweinestall. Sie selbst wohnten in dem Stockwerk darüber. Dadurch hatten sie in den frühen Morgenstunden das Rumpeln und Grollen der Lawine mitbekommen und hatten gleich bei Tagesanbruch ihre verheerende Spur gesehen. Oberhalb der Waldgrenze war ein riesiges Schneebrett abgebrochen und hatte alles mit sich gerissen, was sich ihm in den Weg gestellt hatte.

»Komm, Friedrich, lass uns nachschauen, ob jemand zu Schaden gekommen ist.«

Mein Mann sprang sofort auf, griff nach seiner alten Lodenjoppe und verschwand mit dem Nachbarn. Da ich mein erstes Kind erwartete und die Schwangerschaft schon ziemlich weit fortgeschritten war, fielen meine Bewegungen verständlicherweise etwas langsamer aus. Also keuchte ich, nachdem ich mir auch was Warmes übergezogen hatte, hinter den beiden Männern her. Mein Mann, der das hörte, wandte sich um: »Lena, du kehrst sofort um. Helfen kannst du in deinem Zustand eh nicht. Und selbst wenn du nur dabeistehst, ist das für dich und das Kind zu gefährlich. Zum einen könntest du dich verkühlen, und zum andern könnte noch eine Lawine nachfolgen.«

Ich sah ein, dass er recht hatte. Also gehorchte ich, ging nach Hause an meine Arbeit und ließ mir später alles haarklein berichten. Der Hof unterhalb von uns, der von meinem Onkel Seppl, hatte ebenfalls Glück gehabt, und auch der nächstgelegene unter diesem. Die Lawine, die zusehends an Größe gewonnen hatte, war ganz knapp an ihm vorbeigerauscht. Den folgenden aber, der auf ihrem zerstörerischen Weg lag, hatte sie voll erwischt. Da, wo das Haus gestanden hatte, war es nicht mehr, die Lawine hatte es komplett mitgerissen.

Die Männer fanden nur noch ein Stück von der Holzstiege und zwischen ihren Stufen wunderbarerweise ein lebendiges Huhn, das dort eine sichere Zuflucht gefunden hatte.

Diese Henne war das einzige Lebewesen, das man an der Stelle fand, wo einst der stolze Bacherhof gestanden hatte. Weder Menschen noch weitere Tiere waren zu entdecken. Etwa dreihundert Meter weiter unten fand man schließlich Überreste des Hauses, einzelne Bretter und Balken, die aus der Schneemasse herausragten. Da man sofort mit Graben anfing, fand man einige Kadaver von Kühen, Kälbern und Schweinen. Wo aber waren die Menschen geblieben? Der Bacher hatte schließlich mit seiner Frau und den drei Kindern in diesem Haus gelebt. Sollten sie etwa in dem Schneeberg begraben sein, der weitere zweihundert Meter unterhalb auf einem relativ ebenen Stück des Weges zum Stillstand gekommen war?

Dieser Schneeberg hatte nicht nur den Weg in voller Breite eingenommen, er dehnte sich zu beiden Seiten des Weges weit aus, auf einer Länge von mindestens hundert Metern. Wollte man also künftig ins Dorf, musste man über diesen Schneehügel steigen. Es schien aussichtslos, in dieser Masse von Schnee noch Überlebende zu finden. Dennoch wollte man nichts unversucht lassen. Während man noch darüber diskutierte, wie man am besten mit den Grabungen vorgehen sollte, erschien plötzlich von der Talseite her ein Kopf über dem Schnee. Er gehörte dem Besitzer des fortgerissenen Anwesens. Wenig später stand der Bacher in seiner vollen Größe unversehrt vor den staunenden Männern. Diese glaubten zunächst, einen Geist vor sich zu sehen. Als sie endlich ihre Sprache wiedergefunden hatten, prasselten die Fragen nur so auf ihn nieder: »Was?« – »Du lebst?« – »Wie hast du das geschafft, dich aus der Lawine zu befreien?«

Der Bacher verstand nicht so recht. »Ich komme von drunten, vom Dorf«, gab er aber bereitwillig Auskunft. »Dort habe ich die letzten Tage bei meinem Vetter verbracht.«

»Da hast du aber ein Sauglück gehabt«, stellte einer der Männer fest. »Dem Himmel sei Dank!«, sagte ein anderer. »Aber deine Frau und deine Kinder? Die sind wohl ...«

Keiner traute sich, das Schreckliche auszusprechen.

»Denen geht's gut. Die sind noch im Dorf bei den Verwandten.«

Ein Aufatmen ging durch die Reihen.

Offensichtlich immer noch ahnungslos fuhr der Bacher fort: »Von dort komme ich gerade. Ich will meine Tiere versorgen.«

Nun wurden die Männer wieder ernst: »Da ist leider nichts mehr zu versorgen.«

Man zeigte ihm die Bretter, die aus dem Schnee ragten. »Also doch«, war sein erster Kommentar, als er begriff, dass dies die Überreste seines Hauses waren.

»Wie? Alles weg?«, brachte er als nächstes tonlos hervor. Da ihm alle Farbe aus dem Gesicht wich, fürchtete mein Mann, er könne zusammenklappen, und nahm ihn in den Arm, um ihm Halt zu geben.

»Ja«, bestätigte man ihm. »Die Lawine hat das ganze Haus samt Stall und Scheune mitgerissen.«

Einer der Nachbarn klopfte ihm tröstend auf die Schulter: »Nimm's nicht so schwer, Bachbauer. Wir helfen alle zusammen, dass du wieder zu einem Haus kommst.«

»Bei allem hast du noch ein Schweineglück gehabt«, konstatierte ein anderer. »Oder einen guten Schutzengel«, vermutete ein Dritter. »Wärt ihr daheim gewesen, wärt ihr jetzt alle mausetot.«

»Ja, einen guten Schutzengel hatten wir«, bestätigte der Bacher, immer noch weiß wie ein Leintuch im Gesicht. »Er ist fünf Jahre alt und heißt Toni.«

Verständnislos schauten ihn die anderen an, und der Bauer fing an zu erzählen. Als Ende Januar das Schneien endlich aufgehört hatte, berichtete er, und man wieder bis zum Gipfel des Berges sehen konnte, war ihm ein Schneebrett aufgefallen, das frei in der Luft hing, und ihm war klar, dass es riesige Ausmaße haben musste, denn sonst hätte er es von seinem Haus aus gar nicht sehen können. An den folgenden Tagen warf er immer wieder ängstliche Blicke nach oben, denn jetzt, wo die Sonne darauf schien, befürchtete er, es könnte sich in Bewegung setzen. Und dann würde die Lawine wahrscheinlich genau auf sein Haus zudonnern.

Seine Frau versuchte, seine Bedenken zu zerstreuen. »Seit dreihundert Jahren steht das Haus auf diesem Fleck, und nie ist eine Lawine über es gekommen. Warum sollte gerade jetzt so etwas passieren?«

Von dieser Feststellung ließ er sich zunächst beruhigen, aber der Anblick des Schneebretts löste schon am folgenden Tag erneut Besorgnis bei ihm aus. Er stieg ins Dorf hinab und besuchte seinen Vetter Gabriel.

»Frau, wir können hier nicht bleiben«, lauteten seine ersten Worte, nachdem er wieder heimgekommen war. »Es ist einfach zu gefährlich, wenn die Lawine kommt, werden wir alle lebendig begraben. Pack das Notwendigste für uns ein, wir gehen für ein paar Tage ins Dorf hinunter.« Das nämlich hatte er mit seinem Vetter zu besprechen gehabt: dass er ihn und seine Familie für ein paar Tage aufnehmen würde, bis die größte Gefahr vorüber war.

Lustlos packte die Bacherin, die eigentlich viel lieber dageblieben wäre, ein paar Kleidungsstücke und Wäsche für sich, ihren Mann und für die Kinder zusammen, und dann marschierten sie hinab ins Dorf. Die größeren Kinder waren begeistert. Sie freuten sich, dass sie nun für einige Zeit einen kürzeren Schulweg haben würden. Aber auch der Kleine, der Toni, fand in den beiden Jüngsten des Vetters, die vier und fünf Jahre alt waren, so ideale Spielkameraden, dass er am liebsten für immer dort geblieben wäre.

»Da unsere Anwesenheit schon viel Unruhe ins Haus brachte, half meine Frau der Ursula – so weit sie es zuließ – im Haushalt mit«, erzählte der Bacher weiter. »Ich aber bin jeden Morgen und jeden Abend zu meinem Hof hinaufgestiegen, um meine Kühe, Schweine und Hennen zu versorgen. Jedes Mal sah ich zu dem Schneebrett oberhalb der Baumgrenze hinauf. Dann schneite es aber wieder so stark, dass man den Berg nicht mehr sehen konnte, und das Schneebrett sah ich dann natürlich auch nicht mehr. Gestern nun hatten wir endlich wieder freie Sicht, und ich stellte fest, dass sich noch immer nichts bewegt hatte. Deshalb dachte ich, dass ich wohl doch zu schwarz gesehen hätte. Wir waren jetzt immerhin schon seit zehn Tagen drunten und fielen Gabriel und seiner Frau zur

Last! Als ich wieder ins Dorf abgestiegen war, sagte ich also zu meiner Frau: ›Da oben ist noch immer alles ruhig. Da passiert schon nichts. Pack deine Sachen wieder zusammen. Heute Nachmittag, wenn die Kinder aus der Schule zurück sind, gehen wir miteinander heim.‹«

Ein Raunen ging durch die Gruppe der Nachbarn.

»Aber dann seid ihr doch nicht heimgegangen?«, erkundigte sich Friedrich.

Der Bacher schüttelte den Kopf.

»Meine Frau freute sich und fing sogleich an zu packen«, erzählte er weiter. »Wer darüber aber gar nicht erfreut war, war unser Jüngster. ›Nein! Ich will nicht nach Hause!‹, protestierte er. ›Ich will hierbleiben! Daheim ist es langweilig! Da habe ich niemanden zum Spielen!‹ Er machte ein bockiges Gesicht, und um seinen Worten Nachdruck zu verleihen, stampfte er sogar mit dem Fuß auf. ›Aber Toni, so sei doch vernünftig‹, redete meine Frau ihm gut zu. ›Wir können nicht für immer hierbleiben, das weißt du ganz genau. Wir sind der Ursula und ihrer Familie schon lange genug zur Last gefallen.‹ Nun versuchte es der Kleine mit Betteln: ›Aber noch eine Nacht, Mama. Bitte, bitte! Nur noch eine einzige Nacht.‹ Er machte ein so verzweifeltes Gesicht dabei, dass sich nun auch die Ursula für ihn ins Zeug legte. ›Ihr seid mir gar nicht lästig. Macht doch dem Kind die Freude, und bleibt noch bis morgen.‹ Als ich auch zustimmend nickte, gab meine Frau nach: ›Also gut, noch eine Nacht. Aber dann ist endgültig Schluss. Dann hilft auch kein Betteln mehr.‹«

Als der Bauer, ein Mann wie ein Bär, mit seinem Bericht so weit gekommen war, versagte ihm die Stimme, und Tränen traten ihm in die Augen. Die Umstehenden waren ebenfalls ergriffen. »Mein Gott«, brachte der Bacher schließlich hervor, indem er sich die Augen wischte, »durch seinen Eigensinn hat der Bub uns allen das Leben gerettet.«

Nachdem der Bauer die Überreste seines Hauses auch noch mit eigenen Augen angesehen und sich davon überzeugt hatte, dass alle seine Tiere, bis auf die eine Henne, umgekommen waren, kehrte er in das Haus seines Vetters zurück.

Später erzählte mir die Bacherin, wie ihr Mann an diesem Tag heimgekommen war und ihr und den atemlos lauschenden Verwandten berichtet hatte, dass sie in dieser Nacht ihrer gesamten Habe – bis auf den Grundbesitz – beraubt worden waren. Der kleine Toni habe nicht gewusst, wie ihm geschah, als sie ihn plötzlich in die Arme riss, unter Tränen sein Gesicht küsste und ein ums andere Mal ausrief: »Lieber Gott, ich danke dir, dir und meinem kleinen Eigensinn!«

Als der Bacher mit seiner Familie bei seinem Vetter »für ein paar Tage« eingezogen war, hatte niemand ahnen können, dass daraus viele Monate werden sollten. Sie waren obdachlos und auf einen Schlag bettelarm geworden, aber eine wunderbare Fügung Gottes hatte ihm und den Seinen das Leben gerettet. Er war unverletzt und hatte zwei gesunde Hände. Mit denen, das stand für ihn fest, würde er für sich und seine Familie wieder ein neues Zuhause schaffen. Aber dabei stand er auch nicht allein. Wie es ihm seine Nachbarn am Tag nach dem Lawinenunglück versprochen hatten, waren alle zur Stelle, als es galt, den Hof wieder aufzubauen. In jener Zeit war man ja noch nicht gegen solche Naturkatastrophen versichert. Allein hätte der Bacher es nie und nimmer geschafft, sein verlorenes Gut wieder zu ersetzen. Hier zeigte sich der Wert einer gut funktionierenden Gemeinschaft ganz besonders. Einer stand für den anderen ein, in dem Bewusstsein, dass das Unglück ja ebenso jeden der anderen hätte treffen können.

Man riet dem Bacher dringend davon ab, das Haus wieder an die alte Stelle zu bauen. Da er aber sonst kein geeignetes Gelände besaß, schenkte ihm ein Nachbar einen Baugrund an einer Stelle, die nach menschlichem Ermessen nicht lawinengefährdet war. Allerdings konnte man mit dem Neubau erst beginnen, nachdem der Schnee geschmolzen war. Dann ging es aber zügig voran. Die einen schenkten ihm Baumaterial, die anderen halfen tatkräftig mit, und wieder andere halfen durch Geldspenden. Als im Oktober endlich Haus und Wirtschaftsgebäude fertig waren, nahm die Hilfe aber immer noch kein Ende. Die Leute spendeten Möbelstücke sowie anderen Hausrat, und auch Tiere schenkte man den Bachers: Kühe, Kälber, Schweine, Hennen. Futter hingegen hatte er für die Tiere genug, denn im Sommer hatte er ja ungehindert ernten können.

Friedl oder Heindl?

Zwei volle Sommer brauchte die Schneemasse der Lawine, um auszuapern – also, um völlig wegzuschmelzen. Wollte man ins Dorf, musste man wohl oder übel über den Schneeberg steigen. Wer nicht unbedingt ins Dorf musste, blieb deshalb lieber daheim. Manchmal aber hat man keine Wahl. Von diesem Klettern über den Schneeberg war mein Ehemann an dem Tag betroffen, als bei mir – in aller Herrgottsfrühe – die Wehen einsetzten. Das war ziemlich genau zwei Monate, nachdem die Lawine niedergegangen war. Da man im Jahre 1951 bei uns noch kein Telefon hatte, blieb meinem Friedrich gar nichts anderes übrig, als über die Lawine zu steigen, um im Dorf die Hebamme zu holen. Hinaufzu musste er zusammen mit ihr das Hindernis aus Schnee abermals überwinden. Beim Aufstieg hielt er krampfhaft die schwere Tasche der Hebamme in der Hand.

Die Geburtshelferin kam genau rechtzeitig an, um mir zu einem kräftigen Stammhalter zu verhelfen. Nicht nur mein Ehemann war glücklich, auch mein Vater war es. Hätten ihn seine steifen Knochen nicht daran gehindert, er hätte vor lauter Freude wohl einen Luftsprung gemacht. Stattdessen begnügte er sich also mit dem Ausruf: »Dem Allmächtigen sei Dank, dass ich das noch erleben darf! Ein Bua auf meinem Hof geboren!«

Ein halbes Jahr später sollte er dann einen weiteren Enkel bekommen, die Moidl brachte nämlich ebenfalls einen Sohn zur Welt. Der Michael sollte ihr einziges Kind bleiben. Meine Schwester Ida dagegen bekam noch zwei weitere Töchter, eine Frieda und eine Johanna.

Aber zurück zu meinem Stammhalter. Während die Hebamme nach der Entbindung an meinem Bett wachte, entbrannte unter meinen Familienmitgliedern eine heftige Diskussion über den Namen, den der Kleine kriegen sollte. Da mein Vater gar so stolz auf ihn war, schlug ich vor, ihn nach ihm Mariangelus zu nennen.

»Auf keinen Fall«, lehnte mein Vater entschieden ab. »In dieser Gegend ein Kind so zu nennen, geht nicht. Da würde er nur zum Gespött seiner Mitschüler. Außerdem ist der Name zu lang. Der passt doch kaum in ein Formular.«

Das musste er natürlich am besten wissen. Er hatte ja oft genug welche ausfüllen müssen.

»Natürlich muss er Friedrich heißen, nach seinem Vater«, meldete sich jetzt meine Mutter zu Wort.

»Nein«, wandte mein Ehemann in aller Bescheidenheit ein. »Nicht Friedrich. Ihr müsst ihn Heinrich nennen, nach meinem Bruder, der ja Göte (Pate) werden soll.«

Diesem Vorschlag stimmte auch mein Vater zu. Meine jüngste Schwester aber, die Frieda, hielt voll zur Mutter und plädierte ebenfalls für Friedrich. Somit stand es 2:2. Ich enthielt mich der Stimme, weil ich es weder mit der einen noch mit der anderen Seite verderben wollte. Außerdem gefielen mir beide Namen gleich gut.

»Ja, was ist jetzt?«, drängte die Hebamme. »Ich muss endlich was in mein Tagebuch schreiben, damit ich das Kind ordnungsgemäß beim Standesamt anmelden kann.«

Diese Anmeldung überließ man ihr nur zu gern, das ersparte meinem Mann einen zusätzlichen Weg ins Dorf. Da die Hebamme die Anmeldung übernehmen wollte, genügte es, dass er ihr den Koffer über den Schneeberg trug und dann wieder umkehrte. Angesichts des großen Schneebergs auf dem Weg verzichteten wir auch darauf, dass die Hebamme sich täglich zur Wochenpflege herbemühte. Meine Mutter war ja erfahren genug, um diese Aufgabe zu übernehmen. Nur für den Fall, dass etwas Unvorhergesehenes passieren sollte, versprachen wir, ihr sofort Nachricht zu geben.

Damit sich die gute Frau nun endlich auf den Heimweg machen konnte, entschied ich halbherzig: »Also gut, schreib halt Heinrich hin.«

Auf diesen Namen wurde der Bub einige Tage später in der Pfarrkirche im Beisein seines Patenonkels Heinrich getauft. Somit hatten wir also einen kleinen Heinrich. Das glaubten wir zumindest, bis der Bub in die Schule kam. An seinem ersten Schultag kam unser Heindl, wie wir ihn liebevoll nannten, ganz verstört nach Hause. »Mama«, stieß er hervor, »wie heiße ich?«

Lachend nahm ich ihn in die Arme. »Aber geh, Heindl, wie kommst du auf eine so dumme Frage?

Natürlich heißt du Heinrich, wie dein Göte. Weil wir dich aber sehr lieb haben, nennen wir dich Heindl.«

»Der Lehrer sagt aber Friedrich zu mir.«

Für einen Moment fehlten mir die Worte. Dann legte ich los: »Wie kommt der auf einen solchen Unsinn? Seit sechs Jahren heißt du Heinrich. Das habe ich doch damals der Hebamme selbst gesagt. – Moment mal ...«

Auf einmal kam mir ein Verdacht, der mich verstummen ließ. Hatte sie etwa auf dem Standesamt etwas anderes angegeben?

»Heindl, jetzt wartest du mal ab, bis ich meine Nachforschungen gemacht habe. Dann reden wir weiter«, sagte ich, denn ich hatte mich entschlossen, bei der nächsten sich bietenden Gelegenheit zum Standesamt zu marschieren und Einblick in die Bücher zu nehmen. Zu meinem Erstaunen entdeckte ich dort tatsächlich im Geburtsregister bei meinem erstgeborenen Sohn den Namen Friedrich. Nun wurde ich misstrauisch und ließ mir – noch ehe ich den Gedanken zu Ende verfolgt hatte, wie es zu diesem falschen Eintrag gekommen sei – auch das Geburtsregister von 1955 zeigen. Dort stand mein zweiter Sohn richtig verzeichnet, mit dem Namen Johann, nach seinem Taufpaten, einem anderen Bruder meines Mannes. Ob er sich erklären könne, wie es zu dem falschen Eintrag bei meinem älteren Sohn gekommen sei, fragte ich den Standesbeamten.

»Bei uns liegt der Fehler nicht«, verwahrte er sich. »Wir tragen gewissenhaft ein, was uns der Kindsvater oder die Hebamme angeben.«

Wenn also im Standesamt alles mit rechten Dingen zugegangen war, musste der Fehler bei der Hebamme zu suchen sein. Vielleicht hatte sie, nachdem es bei uns zu Hause mit der Namenssuche hin- und hergegangen war, nicht mehr gewusst, für welchen Namen wir uns letztlich entschieden hatten. Dann kam mir aber folgender Satz von ihr in Erinnerung: »Ja, was ist jetzt? Ich muss endlich was in mein Tagebuch schreiben.«

Demnach konnte sie sich ja gar nicht geirrt haben. Sie hatte den Namen schwarz auf weiß in ihrem Tagebuch gehabt. Jetzt wollte ich es genau wissen und lenkte meine Schritte umgehend zum Haus der alten Geburtshelferin, die inzwischen im Ruhestand war. Sie war gar nicht mal überrascht, mich zu sehen.

»Seid's endlich dahintergekommen?«, fragte sie mit einem verschmitzten Lächeln.

»Jetzt bist du mir aber eine Erklärung schuldig.«

»Das ist leicht zu erklären. Schau, ich habe schon ein paar Tausend Kinder auf die Welt geholt, und fast jeder Vater hat gewollt, dass der Erstgeborene seinen Namen trägt. Die wenigen, die nicht darauf bestanden haben, bedauerten das später und haben den zweiten nach sich benannt. Ein solches Bedauern wollte ich deinem Mann ersparen, zumal es ja nicht gewiss war, ob noch ein zweiter Bub folgt. Wenn dein Mann sich bei der Namenssuche auch gegen seinen Namen ausgesprochen hat, so habe ich ihm doch angesehen, dass er es eigentlich doch gern gehabt hätte, dass man den Stammhalter nach ihm benennt. So habe ich ein bisschen Schicksal gespielt und kurzerhand Friedrich in mein Tagebuch geschrieben. Unter diesem Namen habe ich ihn dann angemeldet.«

Über dieses freimütige Geständnis war ich zunächst sprachlos. Dann musste ich aber eine Frage loswerden: »Hast du dir gar nicht überlegt, dass du dich mit einer falschen Angabe strafbar machst?«

Sie winkte ab. »Der Gedanke ist mir nie gekommen. Im Gegenteil, ich dachte, spätestens wenn der Bub in die Schule kommt, werdet ihr draufkommen. Dann würde sich sein Papa freuen und ihr alle mit.«

Da war ich mir aber noch gar nicht sicher, ob sich alle freuen würden.

»Der Bub war todunglücklich, als er von der Schule heimkam, weil ihn der Lehrer Friedrich genannt hatte«, klärte ich sie auf.

»Daran wird er sich gewöhnen«, war der einzige Trost, den mir die Hebamme für meinen Sohn mitgeben konnte.

Ja, wer konnte einer so alten Frau schon etwas wollen? Sie musste längst auf die achtzig zumarschieren. Und geschädigt worden war ja niemand. Nur lag vor mir die schwere Aufgabe, meinen armen Buben zu trösten.

»Du heißt tatsächlich Friedrich«, teilte ich meinem Erstgeborenen mit, der schon gespannt auf meine Heimkehr gewartet hatte. »So steht es in dem großen Buch auf dem Standesamt.«

»Ich will aber nicht Friedrich heißen!«. Trotzig stampfte er mit dem Fuß auf den Boden, um seinem Unwillen Nachdruck zu verleihen. Deshalb sah ich mich genötigt, ihn in den Arm zu nehmen und ihm mit begütigender Stimme in kindgerechter Weise zu erklären, wie es zu dem falschen Eintrag gekommen war. Davon ließ er sich jedoch nicht beruhigen. Deshalb erklärte ich ihm: »Schau mal, Heinrich und Friedrich sind zwei gleich schöne Namen, deshalb waren wir uns damals auch nicht einig, welchen von beiden wir nehmen sollten.«

»Das ist mir egal. Ich bin euer Heindl und will auch euer Heindl bleiben.«

»Also gut«, schlug ich ihm einen Kompromiss vor. »In der Schule bist du dann halt der Friedrich und bei uns zu Hause bleibst du weiterhin der Heindl.«

Damit war er vorerst zufrieden. Nach ein paar Wochen aber schmiegte er sich, nachdem ich ihn zu Bett gebracht hatte, an mich und flüsterte: »Es ist doof, wenn ich auf zwei verschiedene Namen hören muss. Friedrich gefällt mir jetzt ganz gut, zumal es so in dem großen Buch steht. Außerdem heißt der Papa auch so, deshalb sollt ihr mich jetzt alle Friedrich nennen.«

Es dauerte eine ganze Weile, bis wir uns umgestellt hatten, aber nicht auf Friedrich, sondern auf Friedl, damit es keine Verwechslung mit seinem Vater gab, und so wurde er in der Schule auch bald genannt.

Was unseren zweiten Sohn anbetrifft, den Johann, von uns Hans genannt und vier Jahre nach dem ersten geboren – mit seinem Namen hatten wir keinerlei Probleme, aber viele mit seiner Gesundheit. Von Geburt an war er ein zartes Kind und häufig krank. Manchmal war ich schon ganz verzweifelt und dachte, den bringe ich nicht durch. Als er zwei Jahre alt war, wurde es besonders schlimm. Da hatte er mal eine Weile im nassen Gras gesessen, ohne dass ich es bemerkt hatte. Dadurch zog er sich eine Muskelerkältung zu. Unter der litt er sehr lange. Aber auch nachdem die Krankheit längst ausgeheilt war, hatte er noch jahrelang unter ihren Folgen zu leiden, denn seine Beinmuskeln waren so schwach, dass er hinkte. Nun wurde von ihm und von uns viel Geduld verlangt. Immer wieder musste ich mit ihm zum Arzt. Zur Krankengymnastik zu gehen oder zur Massage war von uns aus nicht möglich. Also musste er daheim sehr viel üben und trainieren.

Da Hans nicht wie andere Kinder draußen herumtoben und Sport treiben konnte, förderten wir seine Liebe zur Musik, indem wir ihm eine Ziehorgel (Ziehharmonika) kauften und ihn zum Unterricht schickten. Gewiss hat auch diese gezielte Bewegung der Finger und der Arme zur Stärkung seiner Muskeln beigetragen. Von den Krankheitsfolgen blieb dann letztlich nichts mehr übrig. Als er älter wurde, war der Hans genauso kräftig und stark wie sein großer Bruder. Der hingegen beneidete den kleinen immer ein bisschen darum, dass dieser ein Instrument lernen durfte und er nicht. Friedl war sicher genauso musikalisch wie der Hans, aber Musikunterricht für zwei hätten wir uns nicht leisten können. Außerdem hatte er dafür gar keine Zeit, denn er war ja von klein auf in die Landwirtschaft eingespannt, die er einmal übernehmen sollte.

»Bombenstimmung«

Nach dem Zweiten Weltkrieg hatten die Leute gehofft, nun würde für uns in Südtirol alles besser werden. Schließlich sah man, dass die Ausgewanderten wieder zurückströmten, man wusste Mussolini gestürzt, und der Faschismus hatte offiziell ausgedient. Als dann noch das Pariser Abkommen zustande gekommen war, glaubten wir, endgültig aufatmen zu können, sicherte es uns deutschsprachigen Einwohnern doch nicht nur die volle Gleichberechtigung mit den italienischsprachigen zu, sondern auch Autonomie. Unsere Ämter sollten wieder mit deutschsprachigen Südtirolern besetzt werden. Auch war es vorgesehen, dass Südtirol zu Österreich kommen konnte, wenn es das wünschte.

Aber das alles ist von Italien dann nicht umgesetzt worden. Unsere Vertreter konnten in Rom vorsprechen, so oft sie wollten, es nützte alles nichts. Wir als Nation waren halt zu klein und zu schwach. Hätte Amerika hinter uns gestanden, hätte das wohl geklappt. Die Amerikaner wollten aber nichts gegen Italien entscheiden, denn man brauchte Italien als Standort für geplante Atomstützpunkte. Ganz in der Nähe unseres Wohnortes hatten sie bereits einen Berg dafür vorbereitet. Er war um dreißig Meter abgetragen worden, und im Inneren wurde eine sehr effiziente Radaranlage gebaut, die bis in die neunziger Jahre erhalten blieb. Dass letztlich doch kein Atomstützpunkt daraus geworden ist, liegt daran, dass es aufgrund der geografischen Gegebenheiten unmöglich war, Waffen und Geräte dahin zu liefern. Logistisch war das Gelände völlig uninteressant, weil man nicht mit Lastwagen hinfahren konnte. Diesen Fehler haben die Zuständigen zu spät bemerkt.

Aber auch von Seiten Österreichs wurde nichts forciert. Dort gab es nämlich eine sozialistische Regierung, und die war nicht daran interessiert, dass die 400.000 Südtiroler in Österreich mitwählten. In Südtirol lebte hauptsächlich Bauernbevölkerung, und Bauern wählen keine Sozialisten, die wählen katholisch. Deshalb legte man keinen Wert auf Südtiroler Wähler. Weil also weder Österreich noch Amerika Grund hatten, sich für sie einzusetzen, waren die Südtiroler alleingelassen und damit den Italienern ausgeliefert, die genauso weitermachten wie die faschistische Regierung: Sie bauten Fabriken und versuchten weiterhin, uns zu italienisieren. Gegen den Aufbau einer massiven Industrie hätten wir ja noch nicht mal etwas einzuwenden gehabt, wenn sie unseren jungen Menschen Arbeit und Brot gegeben hätte. Aber die neuen Stellen wurden alle mit Süditalienern besetzt, die man massenweise ins Land schleuste. Für sie baute man auch Hunderte und Tausende von Wohnungen, was noch mehr von ihnen ins Land lockte. Damit man Bauplätze für Wohnungen und Fabriken hatte, wurden unsere Bauern eiskalt enteignet.

Nichts wurde von dem Gruber-de-Gasperi-Abkommen umgesetzt. Die Vertreter meines Volkes haben immer wieder interveniert, unsere Führungskräfte sind immer wieder nach Rom gepilgert, haben dort gebettelt und gedroht, das hat alles nichts gefruchtet. Nichts war mit Selbstbestimmungsrecht, nichts mit Gleichberechtigung der deutschen Sprache. Jahrelang haben wir im Stillen die Hoffnung genährt, dass man uns die zugesagten Rechte doch in absehbarer Zeit zugestehen werde. Als aber bis zum Jahre 1959 in dieser Hinsicht immer noch nichts geschehen war, riefen wir in unserer Not die UNO, also die Vereinten Nationen, an. Weil sich aber auch danach nichts zu unseren Gunsten bewegte, geschah das, was bei einem Dampfdrucktopf passiert: Wenn der Druck im Innern zu groß wird, explodiert er. So muss man sich das auch bei uns vorstellen.

Geduldig hatte man in Südtirol alles hingenommen, bis Anfang der sechziger Jahre das Maß für viele Südtiroler zu voll geworden war. Unter ihnen verbreitete sich das Gefühl, man müsse sich gegen die Politik Italiens zur Wehr setzen, besonders unter jungen Männern, die keine Arbeit fanden. Um die Bevölkerung zu informieren und wachzurütteln, verfassten sie Briefe, verteilten Flugblätter und hielten Reden. Sie hofften auf eine Rückgliederung an Österreich, um die zugesagten Rechte endlich zu erlangen. Als das aber alles nichts nützte, sann man über wirkungsvollere Maßnahmen nach. Wollten sie erreichen, dass sich an der Situation etwas änderte, so überlegten die jungen Männer jetzt, dann musste man etwas tun, das Italien bis ins Mark traf. Dabei fiel ihr Augenmerk auf die oberitalienischen Industrieanlagen. »Wenn wir sie lahm legen«, so entwickelten sie ihre Pläne, »dann ist

Italien bis in den Nerv getroffen. Dann muss es uns Zugeständnisse machen.«

Dazu muss ich noch eine Erklärung nachreichen: Zur Zeit des Faschismus, also schon lange vor Beginn des Zweiten Weltkrieges, hatten die Italiener unsere Gletscher genutzt, um Strom zu produzieren. Dazu hatte man riesige Stauwerke gebaut, ohne Rücksicht darauf, ob da jemand wohnte oder nicht. Von den Einheimischen ist auch niemand gefragt worden, ob es ihm recht sei. Wenn die Zuständigen eine Stelle fanden, wo viel Wasser zusammenfloss und sich leicht eine Staumauer errichten ließ, weil das Flusstal eng genug war, wurde den Bewohnern einfach eine Frist gesetzt: Bis dann und dann habt ihr eure Häuser zu räumen und zu verschwinden, weil das Wasser im Tal gestaut wird. Für die Menschen bedeutete dies, ihre Felder und ihre Höfe, auf denen sie seit Generationen gesessen hatten, innerhalb weniger Wochen zu verlassen. Gewiss, es wurde ihnen als Ersatz dann ein anderer Hof zugewiesen, aber oft mit minderwertigen Böden.

Die meisten kamen dieser Aufforderung fristgerecht nach. Es gab aber auch einige, die sich nicht von der Stelle bewegten. Sie konnten es nicht glauben, dass man einfach ihre Dörfer unter Wasser setzen werde. Manche blieben, bis das Wasser schon halbhoch in ihrer Küche stand oder bis sie gewaltsam weggeholt wurden. So gab es z. B. am Reschen ein Dorf, das man rücksichtslos überflutet hat, nur der Kirchturm soll heute noch herausragen. So hat man es mir erzählt, selbst bin ich nie dort gewesen. Auch im Ultental soll es Höfe gegeben haben, die man einfach unter Wasser gesetzt hat, weil man dort stauen wollte. Zum Ersatz gab man den Bauern, die zuvor schöne Tallagen gehabt hatten, Höfe und Wiesen an den Hängen, wo es für sie sehr viel schwieriger zu arbeiten war.

Der elektrische Strom, den man mit den neuerbauten Stauwerken erzeugt hat, ist aber nicht bei uns im Land geblieben, sondern wurde nach Mailand und in andere oberitalienische Industriezentren gelenkt. Diese Ungerechtigkeit kam also auch mit ins Spiel, als der Dampfdrucktopf nahe ans Platzen geriet. Man sagte sich: »Die haben hier in unserem Land Ortschaften überflutet. Dadurch erzeugen sie Strom, von dem wir nichts haben, aber die verbrieften Rechte gesteht man uns auch nicht zu. Jetzt ist Schluss! Jetzt sollen die auch keinen Strom mehr von uns kriegen.«

An verschiedenen Orten traten junge Männer zusammen und schmiedeten »Schlachtpläne«. Eine nicht zu unterschätzende Rolle spielten dabei die Hausierer, auf deren sonstige Rolle in unserem Alltag ich später noch näher eingehen will. Dieser Personenkreis konnte am unverdächtigsten Kurierdienste übernehmen und bildete deshalb die unentbehrlichen Verbindungsleute zwischen den Akteuren, ohne aber selbst ins Geschehen einzugreifen. Ob sie die Nachrichten schriftlich übermittelten oder nur mündlich, ist mir nicht bekannt. Auch weiß ich nicht, ob sie überhaupt eingeweiht waren in das, was sie taten. Ich könnte mir vorstellen, dass die Nachrichten, die sie übermittelten – ob mündlich oder schriftlich – verschlüsselt waren.

Während der Planungsphase dieser Aktion habe ich jedenfalls absolut nichts davon mitbekommen. Dazu lebten wir viel zu abgelegen, noch dazu war ich ja voll damit beschäftigt, meinen Sieben-Personen-Haushalt in Gang zu halten und dem Boden das tägliche Brot abzuringen. Es dauerte jedoch nicht lange, da wurde ich voll in das Geschehen hineingezogen.

Es war am Morgen des Herz-Jesu-Festes, was bei uns ein sehr hoher Feiertag ist. Dieses Fest fiel im Jahre 1961 auf den 12. Juni. Mein Mann befand sich bereits im Stall, und ich schickte mich gerade an, ebenfalls dorthin zu gehen. Da hörte ich ein Klopfen am Hintereingang. Zögernd schob ich den Riegel zurück, da stürzte auch schon jemand an mir vorbei, drängte mich beiseite und schob mit Schwung den Riegel wieder vor. Noch ehe ich den Eindringling erkannt hatte, war er in die Küche gestürmt und hatte sich erschöpft auf die Bank fallen lassen.

»Ach du bist's, der Hermann«, stellte ich erleichtert fest. Der Kofler-Hermann war aus dem Dorf, ich habe ihn schon erwähnt. Zu jener Zeit war er Ende dreißig.

»Ja, Lena. Kann ich mich ein paar Tage bei euch verstecken?«

»Aber gewiss, Hermann. Wo brennt's denn?«

»Ja, brennen tut's wirklich, an mehreren Stellen.« Bitter lachte er auf. »Denen werden wir's schon zeigen.«

Immer noch war bei mir der Groschen nicht gefallen, aber inzwischen hatte ich Gelegenheit gehabt, mir den Eindringling näher anzuschauen. »Ja, Hermann, wie schaust du denn aus? Du blutest ja im Gesicht, und Brandspuren hat es auch. Und deine Kleidung! Deine Hose ist auf der linken Seite von oben bis unten versengt und deine schöne Trachtenjoppe ebenfalls.«

Der Hermann winkte ab. »Das ist nur ein kleines Malheur. Bei allem hab ich ein Riesenglück gehabt. Beinah hätte es mich doppelt erwischt.«

Weil ich ihn immer noch verwirrt ansah, wurde er endlich deutlicher. »Ich hatte Glück, dass ich bei dem Attentat überhaupt mit dem Leben davongekommen bin. Und hernach bin ich nur mit knapper Not den Carabinieri ausgekommen.«

Ein Attentat? Ich war mir nicht sicher, ob ich wirklich richtig gehört hatte. Aber eine nähere Erklärung konnte noch warten. »Wichtig ist erst mal, dass ich dir deine Wunden versorge« – darin hatte ich ja, wie erwähnt, einige Übung –, »und dann müssen wir sehen, dass du aus dem versengten Zeug kommst. Zum Anziehen bring ich dir was von meinem Mann.«

»Ja, und mein Zeug schiebst am besten gleich in den Ofen.«

Um die ziemlich neue Joppe, die nur wenig versengt war, was man leicht hätte ausbessern können, war es eigentlich schade, aber auch ohne Erklärung verstand ich, dass es besser war, sie verschwinden zu lassen, wenn die Carabinieri hinter Hermann her waren. Obwohl es ein heißer Tag zu werden versprach, schürte ich im Küchenherd tüchtig ein und schob die Sachen vom Hermann hinein. Dann machte ich mich daran, seine Wunden zu reinigen, eine selbstgemachte Salbe aufzutragen und zu verbinden. Mit den Worten »Du siehst aus, als ob du die ganze Nacht kein Bett gesehen hättest«, schob ich ihn aus der Küche hinaus und in die Kammer meines Vaters hinein. Die stand zu der Zeit nämlich gerade leer. Meine Mutter war zu Beginn des Jahres ganz plötzlich an Herzversagen gestorben, und mein Vater befand sich mit meiner Schwester Frieda und unseren Schafen auf der Hochalm.

Im Stall berichtete ich meinem Mann von unserem überraschenden Gast. Der war gar nicht so erstaunt, wie ich das erwartet hatte, nur erschrocken. »Um Gottes willen! Hat es ihn schlimm erwischt?«, wollte er wissen.

»Wobei überhaupt?«, fragte ich zurück.

»Bei dem Anschlag auf die Masten, über die unser Strom nach Italien fließt. Das war schon seit Wochen geplant.«

Ich fiel aus allen Wolken. »Woher weißt denn du davon?«

»Im Gasthaus haben sie darüber geredet, aber nur hinter vorgehaltener Hand.«

»Und warum hast du mir nichts davon erzählt?«

»Warum solltest du dich ängstigen? Jetzt hast du früh genug davon erfahren. Gut, dass du den Hermann aufgenommen hast. Hier bei uns werden sie kaum nach ihm suchen.«

Nachdem unser Gast einige Stunden geschlafen hatte, brachte ich ihm das Essen aufs Zimmer und verband seine Wunden neu. Dabei erzählte er mir nun endlich, was genau passiert war. Zu den führenden Köpfen, die die Aktion vorbereitet hatten, gehörte der Hermann nicht, aber dafür verstand er etwas von Pulver und vom Sprengen. Schließlich war er im Krieg bei einem Sprengkommando eingesetzt gewesen. So war er es, der die Durchführung der Anschläge geleitet hatte.

»Für diese Nacht hatten wir uns zwanzig Hochspannungsmasten vorgenommen«, erzählte er mir. »Leider ist mir dabei ein Fehler unterlaufen. Eine der Bomben ist zu früh losgegangen und hat außer den Masten auch mich erwischt. Deshalb muss ich mich für einige Tage unsichtbar machen. Denen« – er meinte die Carabinieri – »ist nämlich bekannt, dass in meiner Nachbarschaft ein Aktivist wohnt, und in den nächsten Tagen wird es dort nur so von ›Spürhunden‹ wimmeln. Wenn die mich dann mit meinem verbrannten Gesicht sehen, wissen sie gleich, dass ich auch dabei war. Drum muss ich so lange untertauchen, bis es einigermaßen verheilt ist.«

Der Hermann erklärte mir auch, dass man für den Anschlag ausgerechnet diesen Festtag gewählt hatte, weil dann bei uns rundum die Herz-Jesu-Feuer angezündet werden. So hatte man seine Vorbereitungen treffen können, ohne dass vorher etwas aufgefallen war.

Unser nächstes Problem war, Hermann vor unseren Kindern verborgen zu halten, damit sie nicht versehentlich etwas ausplauderten. Den lieben langen Tag in der Kammer verstecken wollte er sich ja auch nicht. Aber auch das schafften wir. Am Montagmorgen musste der Friedl eh zur Schule. Da bat ich ihn, seinen kleinen Bruder mitzunehmen und ihn bis zum Mittag bei meinem Onkel zu lassen. Das war nichts Außergewöhnliches. Der Onkel hatte inzwischen auch einige Enkelkinder, mit denen der Hans manchmal spielte. Am Nachmittag schickte ich meine beiden Söhne auf die Alm, damit sie ihrem Großvater, den sie liebevoll

Nene nannten, und ihrer Tante Frieda Proviant bringen sollten. Das taten sie mit Begeisterung.

Somit war die Luft rein. Der Hermann erging sich nicht nur im Hof, er machte sich sogar nützlich, indem er unser Holz für den nächsten Winter hackte. Unser Hof lag ja so abseits, dass so gut wie keiner vorbeikam. Und selbst wenn ein Nachbar ihn gesehen hätte, so hätte man ihm nur zu erklären brauchen, was wirklich passiert war. Ich bin überzeugt davon, jeder von ihnen hätte den »Attentäter« genauso versteckt, wie wir das getan haben. Denn inzwischen war die Sache mit der Option, jedenfalls bei uns in der Gemeinde, längst vergessen. Einer traute dem anderen wieder, und wir alle waren uns einig, dass wir uns unsere Rechte, die man uns nicht zugestehen wollte, auf ungewöhnliche Weise einfordern mussten.

In den Tagen, in denen ich den Kofler-Hermann gepflegt und bewirtet hatte, habe ich nicht ahnen können, dass er mal der Schwiegervater von einem meiner Söhne werden sollte.

Nach vier Tagen kehrte der Hermann wieder zu seiner Familie zurück. Die Wunden in seinem Gesicht waren zwar noch nicht ganz verheilt, aber es war ihnen nicht mehr anzusehen, dass sie von einer Verbrennung herrührten. Damals war es gerade aufgekommen, dass man Langholz per Seilwinde vom tiefer gelegenen Graben zu den Höfen hinauf beförderte. Da der Stand der Technik und die Sicherheitsvorkehrungen noch nicht so ausgereift waren, passierten immer wieder Unfälle mit diesen Einrichtungen. Deshalb war es durchaus glaubhaft, als der Kofler jedem, der ihn nach seiner Verletzung fragte, erklärte: »Beim Holzhochziehen bin ich zu nah an das Seil geraten.«

Nichts kam auf – der Hermann hatte Glück gehabt. Einige Monate später – es hatte immer wieder Bombenanschläge an unterschiedlichen Orten gegeben – hatte er erneut und geradezu unverschämtes Glück. Die Verschwörer versammelten sich eines späten Abends in Hermanns Nachbarhaus, vermutlich in dem des Aktivisten, den er seinerzeit bei mir erwähnt hatte. Dummerweise hatte dieser eine Liste aufgestellt, die alle Namen der bei den Attentaten Beteiligten enthielt. Da der Kofler nicht auf dieser Liste stand, aus welchem Grund auch immer, hatte man vergessen, ihn zu dieser Versammlung zu bitten. Noch ehe die Diskussion jedoch begann, fiel einem der Anwesenden Hermanns Abwesenheit auf. Da er ihn bei der Besprechung unbedingt dabei haben wollte, ging er mit einem Kameraden ins Haus Kofler, um den Hermann dazuzubitten.

Dieser wollte auch bereitwillig mitgehen. Da kriegte er aber von seiner Mutter was zu hören!

»Was fällt dir ein?«, zeterte sie. »Du kannst doch deine Frau in dem Zustand nicht allein lassen!«

Seine Frau war nämlich gerade hochschwanger mit dem zweiten Kind. Sie stimmte ihrer Schwiegermutter zu. »Es kann doch jeden Moment losgehen. Was machen wir dann? Wer soll dann die Hebamme holen?«

»Uns in dieser Situation allein zu lassen, wäre verantwortungslos!«, übernahm die Mutter wieder das Wort. Besonders ihr war es zu danken, dass der Hermann an diesem Abend daheim blieb, denn sie war eine sehr resolute Person, vor der er auch als gestandener Mann noch Respekt hatte. Was genau sie an diesem Abend alles gesagt hat, ist mir nicht bekannt, aber Sätze wie die erwähnten waren darunter. Bei den beiden Frauen war es in dem Moment aber weniger die Angst, dass die Entbindung plötzlich losgehen könne – das hatten sie nur vorgeschoben –, als vielmehr die Angst, er könne erwischt werden. Denn zu jenem Zeitpunkt stand es schon sehr, sehr brenzlig um die Attentäter.

Obwohl der Hermann liebend gern mitgegangen wäre, ließ er sich am Ende umstimmen und sagte bedauernd zu den beiden anderen: »Tut mir leid, Kameraden, ich wäre gerne dabei gewesen. Aber ihr seht es selbst, gegen diese Übermacht komme ich nicht an.«

Dass er nicht mitgegangen war, sollte ein Riesenglück für ihn sein. Ja, das hat ihm vermutlich sogar das Leben gerettet. In diese Versammlung hatte sich nämlich ein Spitzel vom italienischen Geheimdienst eingeschlichen. Außer einer ganzen Menge an Informationen, die er erlauscht hatte, fiel ihm auch die Namensliste in die Hände, und in den Tagen darauf erfolgte eine große Verhaftungswelle. Alle, die an jenem Abend anwesend gewesen waren, landeten im Gefängnis. Der Nachbar ist dort an Misshandlungen gestorben, und einer seiner Freunde später ebenfalls. Viele andere haben bis zu ihrem Lebensende unter den Folgen der Folter, der sie dort ausgesetzt waren, zu leiden gehabt. Gerade der Hermann hätte das mit Sicherheit nicht lebend überstanden, da er von der russischen Kriegsgefangenschaft schon mit schweren gesundheitlichen Schäden heimgekehrt war. Später konnte man von ihm immer wieder den anerkennenden Ausspruch hören: »Die Weiber haben mich nicht gehen lassen, und das ist mein Glück gewesen.«

Dass diese Geschichte für die Südtiroler Bauern so tragisch geendet hat, lag daran, dass sie so naiv gewesen sind. Sie waren ja keine geübten Terroristen. Sie waren nur einfache Leute, die der Überzeugung waren, in Notwehr zu handeln – und handeln zu müssen, weil man uns unsere Rechte vorenthielt. Für meine Begriffe sind sie Helden. Denn unter Einsatz ihres Lebens haben sie tatsächlich für uns alle eine Besserung der Situation herbeigeführt. Natürlich geschah das aber nicht von heute auf morgen.

Nach der großen Verhaftungswelle war zwar eine Zeitlang Ruhe mit Anschlägen, später ging es aber hier und dort weiter. Ab 1967 war jedoch mit einem Schlag Schluss mit den Attentaten, denn bis dahin hatten sie tatsächlich die Wirkung gezeigt, die man sich von ihnen erhofft hatte: Die italienische Regierung war endlich zu Verhandlungen bereit. In unserer politischen Führung, also, von Südtiroler Seite her, hat es zwei Gruppen gegeben: Es gab die »Verhandler« und es gab die »Handler«. Letztere meinten, mit Verhandeln käme man bei den Italienern nicht weit, da helfe nur Handeln.

Unser Landeshauptmann, ein Südtiroler, war ein sehr guter Diplomat; er war deshalb fürs Verhandeln. Mit einigen anderen fädelte er ein, dass das Problem Südtirol vor die UNO kam, weil Italien sich bis dahin an nichts gehalten hatte. Nun trat man endlich in ernstzunehmende Verhandlungen ein, denen wir es zu verdanken haben, dass wir in Südtirol heute deutschsprachige Schulen haben, dass wir die Ämter deutschsprachig haben, dass die Südtiroler, ihrer Bevölkerung gemäß, Anrecht auf Staatsstellen haben, dass die Italiener auch Deutsch können müssen, wenn sie eine öffentliche Stelle bekleiden wollen, so wie die Deutschen auch Italienisch können müssen, um eine öffentliche Stelle zu bekommen.

Seit 1972 haben wir endlich auch die versprochene Autonomie, und dieser haben wir vieles zu verdanken. Ein großer Teil unserer Steuergelder fließt wieder zurück in unser Land. Wir haben großenteils Selbstverwaltung. Wir können nach dem Pakt wieder unser Deutsches, bzw. Südtiroler Volkstum pflegen. Unter dem Faschismus waren ja alle Brauchtumsvereine verboten worden, als da waren Volkstanz, Musikkapellen, Trachtenvereine. Heute sind wir weder Italiener noch Österreicher – das ist festzuhalten – wir sind deutschsprachige Südtiroler mit italienischer Staatsbürgerschaft. Daneben gibt es noch die ladinischsprachigen Südtiroler und die italienischsprachigen. Das sind die Italiener, die hier angesiedelt wurden und bleiben wollen, egal ob sie aus Süditalien hergewandert sind oder aus dem Trentino. Viele von Letzteren fühlen sich allerdings als Italiener, was man verstehen kann. Es gibt aber auch eine ganze Reihe von ihnen, die darauf bestehen, Südtiroler zu sein.

Herz-Jesu-Feuer

Der Herz-Jesu-Sonntag war in Südtirol immer einer der höchsten Feiertage. Für die jungen Leute, insbesondere die Burschen, lag der besondere Reiz dieses Festes darin, am Vorabend auf den Bergen rundum Feuer zu entfachen. Vermutlich geht dieser Brauch auf die aus dem Heidnischen stammenden Sonnwendfeuer zurück. Weil sich trotz Ausbreitung des Christentums dieser alte Götterkult nicht unterdrücken ließ, machte die Kirche wohl vor langer Zeit das Zugeständnis, sie als Herz-Jesu-Feuer durchgehen zu lassen.

Nachdem aber in der Nacht zum Herz-Jesu-Fest 1961 die ersten Bombenattentate auf die Strommasten erfolgt waren, wurden für die Zukunft alle Herz-Jesu-Feuer verboten. Die Einhaltung dieses Verbotes wurde von der italienischen Polizei, den Carabinieri, streng kontrolliert. Dennoch gab es einige Burschen in unserer Region, die sich diese Hetz (gleich Gaudi, Vergnügen) nicht nehmen lassen wollten. Schon tagelang vorher hatten sie heimlich trockenes Holz auf unseren höchsten Berg getragen und es im Unterholz versteckt. Am Samstag vor dem Herz-Jesu-Sonntag schlichen sie im Schutz der Dunkelheit hinauf, richteten auf einer Bergwiese eine Art Scheiterhaufen auf und entzündeten ihn, als es völlig dunkel geworden war. Die hell lodernden Flammen waren weithin sichtbar. Wir, die

Bewohner auf den Berghöfen ringsum, standen vor unseren Häusern und hatten unsere Freude daran. Ja, der Feuerschein muss sogar unten im Städtchen von der italienischen Obrigkeit gesehen worden sein. Ihnen war aber klar, dass es nichts nützen würde, in der Nacht noch einige Carabinieri hinaufzuschicken. Bis die oben angekommen wären, hätten sie nur noch erloschene Feuer und keinen der Übeltäter mehr vorgefunden. Die Spuren, die sie hinterlassen hatten, würde man aber auch am folgenden Morgen noch untersuchen können. Anhand dieser würde man der »Brandstifter« schon habhaft werden und sie ihrer verdienten Strafe zuführen, so glaubte man.

Am nächsten Morgen wurden also vier junge Carabinieri dazu verdonnert, der Sache nachzugehen. Im Schweiße ihres Angesichtes – das Bergsteigen waren sie nicht gewöhnt – stiegen sie den Berg hinauf, und nach mehreren Stunden hatten sie den Brandherd erreicht, wo es unter der Asche noch glühte. Aber sonst war keine brauchbare Spur zu entdecken, die sie hätte zu den Tätern führen können. Sie schauten sich suchend um und entdeckten eine Sennhütte, die sich auf einer Gemeinschaftsalm in der Nähe befand. Vielleicht, dachten sie, steckten die »Verbrecher« dort, oder man konnte zumindest eine Auskunft bekommen, wo weiter zu suchen sei.

Ohne vorheriges Anklopfen polterten sie in die Hütte hinein. Es war um die Mittagszeit, und die brave Rosi, eine rundliche Sennerin von etwa sechzig Jahren, war gerade dabei, ihr Mittagessen zu richten. Sie erschrak gewaltig über den Lärm und den Anblick der vier bewaffneten Männer. Ihren Gesichtsausdruck deuteten die Uniformierten als Schuldgefühl, das sie wiederum der Tatsache zuschrieben, dass beide Hände der weiblichen Person gerade in einer Schüssel steckten, in der sich ein mysteriöses graues Pulver befand.

»Halt! Was machst du da?«, riefen sie auf Italienisch, was die Rosi aber nicht verstand, weil sie diese Sprache nicht gelernt hatte. Da die Bewaffneten aber auf ihre Schüssel zeigten, vermutete sie, dass es etwas mit deren Inhalt zu tun haben könne. In ihrer Schüssel hatte die Sennerin nichts anderes als Buchweizenmehl, das sie gerade mit etwas Roggenmehl vermischte, weil sie sich fürs Mittagessen Knödel daraus machen wollte. Die jungen, aus Süditalien stammenden Männer hatten jedoch in ihrem Leben noch kein Buchweizenmehl gesehen. Deshalb hielten sie das graue Zeug für Schießpulver. Sie befürchteten, die Sennerin sei damit beschäftigt, für ihre Komplizen explosives Material zu basteln.

Die Rosi stotterte auf Deutsch eine Antwort heraus, die aber verstanden die Carabinieri nicht. Das merkte sie und deutete mit den Händen das Formen von Knödeln an. Das erschreckte die Carabinieri aber noch mehr, weil sie bei Rosis Handbewegung an Munitionskugeln dachten. Nur bei ihrem Anführer fiel der Groschen, denn auch wenn er selbst noch nie Knödel gegessen hatte, wusste er doch, dass es so etwas gab. Aber er blieb misstrauisch. Er deutete auf das Mehl, er deutete auf seinen Mund und dann auf den der Sennerin. Damit wollte er ihr sagen, sie solle etwas davon essen. Diese Geste missdeutete wiederum sie und erschrak, denn sie glaubte, er wolle sich und die ganze Bande bei ihr zum Mittagessen einladen. Dafür hätten ihre Zutaten nicht ausgereicht. Deshalb schüttelte sie energisch den Kopf.

Der Anführer sah darin nicht nur Widerstand gegen die Staatsgewalt, sondern ihre Weigerung, von dem Mehl zu essen, verstärkte seinen Verdacht, dass es sich wirklich um Schießpulver handeln müsse. Um seiner Forderung Nachdruck zu verleihen und wohl auch aus nackter Angst zog er seinen Revolver. Mit diesem deutete er auf den Inhalt in Rosis Schüssel und dann auf ihren Mund. Diese Geste verstand sie nun offensichtlich richtig. Vor Angst zitternd führte sie etwas von dem Mehl zu ihrem Mund, während der junge Mann die Waffe auf sie gerichtet hielt. Ängstlich beobachtet von vier Augenpaaren versuchte die arme Sennerin das Mehl trocken herunterzuwürgen. Als sie aus der bereitstehenden Tasse Wasser trank, um das trockene Zeug hinunterzuspülen, sprangen die Ordnungshüter einige Schritte zurück. Vermutlich befürchteten sie, die Frau werde im nächsten Augenblick mit lautem Knall explodieren. Da aber nichts dergleichen geschah, näherten sie sich wieder zaghaft.

Rosi fasste nun genügend Mut, um vor den Augen ihrer interessierten Zuschauer unter Zugabe von Wasser, etwas Salz, gehackter Zwiebel und kleingeschnittenem Porree einen Teig zu kneten, daraus Knödel zu formen und diese in einen Topf zu werfen, dessen Wasser mittlerweile auf der offenen Feuerstelle zum Kochen gekommen war. Nachdem sie die fertigen Knödel aus dem Wasser gefischt hatte, legte sie einen davon auf einen kleinen Teller und zerlegte ihn in vier Teile mit der Bemerkung: »Den einen könnt ihr probieren. Aber die anderen esse ich schon selber.«

Nachdem die Rosi einen Teil ihres ersten Knödels verdrückt hatte, führte auch jeder der Carabinieri sein Viertel zum Mund. Die ungewohnte Speise schien ihnen zu schmecken, zumal sie seit Stunden nichts mehr gegessen hatten. Da sie nun die Geste des Trinkens machten, führte die Sennerin sie hinaus an den Brunnen: »Da schaut's, Buam, da könnt's so viel trinken wie ihr wollt.«

»Nix vino?«, fragte einer.

»Nix vino«, antwortete die Rosi, denn diese Frage hatte sie verstanden. Dann machten sich die jungen Männer gründlich über das Brunnenwasser her. Nicht nur von dem ungewohnten Aufstieg in der Sommerhitze waren sie durstig geworden, der Knödel war auch gut gesalzen gewesen. Darüber vergaßen sie ganz, sich nach den Burschen zu erkundigen, die das nächtliche Feuer entfacht hatten – oder vielleicht hatten sie zwischendurch sogar danach gefragt, aber die Rosi hatte sie nicht verstanden. Offenbar sahen sie endlich ein, dass sie sich auf dem Holzweg befanden und machten kehrt. Was sie nach ihrem Abstieg ihrem Vorgesetzten berichtet haben, ist leider nicht bekannt geworden.

Im Jahr darauf waren die Herz-Jesu-Feuer noch immer verboten. Davon ließen sich die jungen Burschen jedoch wieder nicht abschrecken. Wieder suchten sie schon tagelang vorher trockenes Holz zusammen und versteckten es im Wald, nahe der oberen Baumgrenze. Die Carabinieri hatten aber auch etwas dazugelernt. Sie vermuteten, dass man auch in diesem Jahr nicht auf das beliebte Feuer verzichten wollte. Hätten sie abgewartet, bis es erst brannte, wären sie wieder zu spät gekommen, um die Täter zu fassen. Es hieß also, ihnen zuvorzukommen.

»Denen werden wir das Handwerk legen«, müssen sie zueinander gesagt haben. »Diesmal sind wir vor ihnen zur Stelle und werden sie auf frischer Tat schnappen.«

Sie »schlichen« also schon am helllichten Tag keuchend den Berg hinauf bis zum Gipfel. Wenn vier uniformierte und bewaffnete Männer den Berg »hinaufschleichen«, so bleibt das natürlich nicht unbemerkt. Einer der Burschen, die das Herz-Jesu-Feuer anzünden wollten, hatte sie zufällig entdeckt und war ihnen ein Stück weit gefolgt, ohne von ihnen selbst entdeckt zu werden. Sofort alarmierte er seine Kameraden, und die lachten sich ins Fäustchen. »Noch besser«, sagten sie sich. »Wenn die auf dem Gipfel sind, kommen die uns nicht in die Quere. Das erspart es uns sogar, das Holz bis zum Gipfel hinaufzuschleppen. Außerdem brauchen wir nicht so früh loszumarschieren, weil wir nicht so hoch hinauf wollen.«

Sie machten sich also erst bei einbrechender Dunkelheit auf den Weg. An ihren Holzvorräten angelangt, packte sich jeder von ihnen ein Bündel und trug es etwa vierzig, fünfzig Meter weiter den Berg hinauf, also weit genug weg, damit für den Wald keine Gefahr bestand und dass es so frei zu liegen kam, dass man das Feuer vom Dorf und von den Berghöfen aus sehen können sollte. Dort schichteten sie es zu einem ordentlichen, hohen Stoß auf, den sie erst entzündeten, als es richtig schön dunkel war. Das Wetter war ihnen ebenfalls hold, kein Regentropfen trübte ihre Freude. Nur die Sterne blinkten, und die schmale Sichel des Mondes ließ sich blicken. Durch einen leichten Wind kam das Feuer so richtig schön in Gang, sodass es weithin sichtbar war. Wir Bergbewohner und die Leute aus dem Dorf, die dieses Schauspiel bereits mit Spannung erwartet hatten, traten rechtzeitig vor die Haustür, um nur ja nichts davon zu verpassen.

Das Feuer wurde natürlich auch von den Ordnungshütern auf dem Berggipfel gesehen. Sie müssen ganz schön geflucht haben, als sie plötzlich weit unter sich die Flammen auflodern sahen. Nachdem sie schon stundenlang untätig auf dem Berg herumgehockt hatten, ohne dass sich eine Menschenseele hatte blicken lassen, hatten sie schon geglaubt, sie hätten sich die Mühe des Aufstiegs völlig umsonst gemacht. Wutentbrannt stürmten sie nun nach unten, soweit das Gelände und die Dunkelheit für Ortsunkundige ein rasches Tempo zuließen. Aber sie kamen auch diesmal zu spät. Das Feuer loderte zwar immer noch hell in den nächtlichen Himmel, von den Tätern fehlte jedoch jede Spur. Fluchend umrundeten sie mehrmals den Scheiterhaufen, bewegten sich auch etliche Schritte davon weg, fluchten und beklagten ihr Schicksal und begaben sich endlich zu Tal.

Woher ich das alles so genau weiß? Die jungen Burschen, die damit gerechnet hatten, dass die Carabinieri das Feuer von ihrer hohen Warte aus auch sehen würden, hätten Zeit genug gehabt, ihre Flucht nach unten anzutreten. Die dachten aber gar nicht daran. Das Schauspiel, wie die jungen Polizisten reagieren würden, wenn sie siegesgewiss am Tatort eintrafen und sich die Täter in Nichts aufgelöst hatten, wollten sie sich nicht entgehen lassen. In aller Seelenruhe waren sie zum Waldrand geschlendert und waren, als sie es für an der Zeit hielten, auf die Bäume geklettert. Jeder hatte von seinem Logenplatz aus eine ungehinderte Aussicht auf das Feuer und die herannahenden Carabinieri. Der Feuerschein war hell genug, dass sie jeden Einzelnen beobachten konnten. Einige von unseren Burschen hatten im Italienischunterricht gut genug aufgepasst, um ihre Flüche zu verstehen und was sie sonst noch so von sich gaben.

Das Geheimnis des Schweinetrogs

Über die Carabinieri einmal so richtig lachen zu können, das tat uns Südtirolern damals besonders gut. Eigentlich hielten wir uns sonst schon an Recht und Gesetz, jedenfalls die meisten. Wie zu allen Zeiten gab es aber auch bei uns ein paar Gesetze, bei denen das nicht jeder so eng gesehen hat. Das galt vor allem für das Wildern, das bei uns recht verbreitet war. Mehr noch, bei uns wilderten nicht bloß die Wilderer, sondern auch die Jager. Das kam so: Ein Jager durfte nur eine festgelegte Anzahl von Tieren schießen, und diese durften nur ein bestimmtes Alter haben, und es durfte auch nur innerhalb einer gewissen Zeit im Jahr gejagt werden. Weil ihnen das nicht ergiebig genug war, hielten sich daran nicht alle.

So ist mir eine Geschichte zu Ohren gekommen von zwei Brüdern, die beide die Jagerprüfung hatten und kurz vor Weihnachten unerlaubt ein Reh im Staatsforst schossen. Einer von den beiden versteckte es dann in seinem Keller. Dieser Keller hatte einen geheimen Zugang. Es gab zwar auch einen offiziellen Kellereingang, aber das sah schon ein Blinder, dass der seit Jahren nicht mehr benutzt worden war. Er war nämlich mit allem Möglichen zugestellt, und es hätte Stunden gedauert, bis man das ganze Geraffel weggeräumt hätte. Wo sich der zweite Zugang befand, war das Geheimnis des Brüderpaares.

Als sie ihr gewildertes Reh dort versteckten, ahnten sie nicht, dass zwei wachsame Augen sie beobachtet hatten. Nun gab es noch zwei andere Brüder, »echte« Wilderer, die hatten irgendwie mitbekommen, dass die beiden Jagerbrüder ein Reh gewildert hatten. Ihnen war klar, dass es sich nur in dem bewussten Keller befinden konnte, und sie beschlossen, es zu stehlen. Aber wie? Hier konnte nur einer helfen, nämlich der Seppi. Dieser Bub, ein Bauernsohn aus dem Dorf, arbeitete seit einigen Wochen bei dem Jager, in dessen Keller das Reh lag, als Jungknecht. Also pirschten sich die beiden Wilderer an den Seppi heran und baten ihn, auszuspionieren, wo der geheime Kellerzugang sei.

Das brauchte der erst gar nicht auszuspionieren. Es war nämlich kein anderer als der Seppi gewesen, der die beiden Jager beobachtet hatte, als sie das Reh versteckten. Dieser Bub war aber nicht auf den Kopf gefallen. »Was springt für mich dabei heraus, wenn ich den Kellereingang finde?«, fragte er forsch. Die Wilderer beratschlagten eine Weile, dann drückten sie dem Buben einige Lire in die Hand. Der schaute darauf und schüttelte den Kopf. Da legten sie noch einige Scheine zu. Dann antwortete der Seppi munter: »Das brauche ich nicht ausfindig zu machen, wo der Zugang ist, das weiß ich längst. Wenn ihr nach Einbruch der Dunkelheit kommt, zeig ich's euch.«

Das ließen sich die beiden Gauner nicht zweimal sagen. Pünktlich waren sie zur Stelle und ließen sich zum versteckten Kellereingang führen, der sich im Schweinestall befand.

»Der Eingang ist da drunter«, erklärte ihnen der Seppi, als sie vor dem Schweinetrog standen. »Ihr müsst ihn nur hochkippen. Ich hab's schon probiert, aber ich schaff das nicht.«

Der Seppi war nämlich von kleiner und schmächtiger Gestalt, die beiden Brüder dagegen waren Kerle wie Bäume. Jeder von ihnen hätte das auch alleine spielend geschafft. Sie klappten den Futtertrog also hoch und standen nun vor einem weiteren Problem: Die Treppe, die hinunter führte, war so eng, dass weder der eine noch der andere der Brüder auf ihr hinabsteigen konnte. Ein paar weitere Lire mussten fließen, dann war der Bub bereit, für sie in den Keller zu schlüpfen. Von dort reichte er den beiden Wilderern das Reh nach oben. Gierig griffen sie danach und entfernten sich hastig mit ihrer Beute. Den Buben ließen sie einfach im Keller zurück. Für den war es jedoch kein Problem, sich genauso wendig, wie er sich nach unten geschlängelt hatte, auch wieder nach oben zu schlängeln. Nun stand er aber vor dem Problem, den Trog wieder so zu platzieren, dass seinem Herrn nichts auffiel. Das Runterkippen des Schweinetrogs erwies sich dann aber doch als wesentlich leichter als das Hochkippen, und mit einiger Mühe gelang es ihm.

Weil die beiden Jager ihr Reh einfach in den Keller hinuntergelassen hatten, ohne sich Gedanken darüber zu machen, wie sie es wieder heraufbekommen sollten, standen sie dann ebenfalls vor einem Problem, als sie die Beute aufteilen wollten: Beide waren zu dick, um in den Keller hinabsteigen zu können. Sie sahen keinen anderen Ausweg, als den Seppi in ihr Geheimnis einzuweihen. Der stieg auch scheinheilig hinab und rief aus dem stockfinsteren Keller hinauf: »Was soll ich da finden, ein Reh? Da ist keines.«

»Das gibt es doch nicht, dummer Bub. Fühl doch mal richtig hin. Es muss doch gleich an den Treppenstufen liegen.«

»Da liegt aber nichts«, klang es aus dem Keller herauf. Da holte der Hausherr eine Taschenlampe und leuchtete hinunter. »Da liegt tatsächlich nichts«, fauchte er seinen Bruder an. »Du hast es heimlich herausgeholt! Gib es zu!«

Empört fragte der andere zurück, wie er das denn gemacht haben sollte, da er ja gar nicht durch das Loch hinunterpasste. »Gewiss hast du es dir schon längst vom Seppi rausholen lassen«, verdächtigte er wiederum den ersten.

Seppi beteuerte wahrheitsgemäß, dass er weder für den einen noch den andern der beiden das Reh heraufgeholt habe. Dass er stattdessen es für jemand anders herausgeschafft hatte, sagte er natürlich nicht. Die beiden Brüder beschuldigten sich noch einen Weile gegenseitig, sich das Tier unter den Nagel gerissen zu haben, während der kleine Jungknecht sich eins grinste. Von ihm habe ich diesen Teil der Geschichte erfahren.

Die beiden Wilderer hingegen hatten nun zwar das Reh, aber sie wussten nicht, wohin damit. Weder bei dem einen noch bei dem anderen konnten sie es verstecken, denn sie waren bekannt als Wilderer, und bei ihnen waren schon öfter deswegen Hausdurchsuchungen durchgeführt worden. Hinzu kam, dass der eine der direkte Nachbar des Aufsichtsjagers war. Und der war ein ganz Kritischer. Was also tun? Da fiel ihnen der Kofler-Hermann ein. Der hatte noch nie etwas mit

Wildern oder unerlaubtem Jagen zu tun gehabt. Bei dem würde bestimmt keiner nachsuchen. Im Schutz der Dunkelheit schlichen sich also die Wildererbrüder in dessen Scheune und versteckten das tote Tier im Roggenstroh.

Das war am 23. Dezember. Am Morgen des Heiligen Abends begab sich der Hermann nichts ahnend in seinen Stadl, um Roggenstroh zu häckseln. Das pflegte man unter das Heu zu mischen, um es ein bisschen zu strecken. Allein lässt sich das nicht gut machen. Seine Kinder aber waren noch zu klein dazu, und auch seine Frau konnte ihm nicht helfen, da sie gerade das dritte Kind erwartete. Deshalb hatte er für diese Arbeit den Toni, einen Nachbarbuben angestellt. Der sollte das Stroh vom Stapel herunterziehen und ihm zureichen. Plötzlich stockte der Toni mit der Arbeit. »Hermann, komm mal her«, rief er aufgeregt. »Da ist etwas. Etwas Weiches.«

Der Hermann brauchte nicht lange hinzufühlen, um zu erkennen, dass das Hindernis ein Rehfell war. Geistesgegenwärtig erklärte er dem Buben: »Toni, du kannst jetzt heimgehen. An der Maschine ist was kaputt. Das muss ich erst flicken.« Als Arbeitslohn drückte er dem jungen Helfer ein paar Lire in die Hand. »Ich wünsch dir frohe Weihnachten. Und wenn ich dich wieder brauche, rufe ich dich.«

Kaum dass der Bub verschwunden war, wandte sich der Kofler der überraschenden Fundsache zu und zerrte sie aus dem Stroh. Nun stand er da mit einem ausgewachsenen Rehbock und wusste sich nicht zu helfen. So einen unverhofften Fund – geradezu ein Weihnachtsgeschenk – wollte er natürlich behalten. Da er ihn in seinem Stadl, in seinem Stroh gefunden hatte, sah er sich als den rechtmäßigen Eigentümer an. Aber wohin damit? Er versteckte das Tier hier, er versteckte es da und war mit jedem neuen Versteck genauso unzufrieden wie mit dem vorherigen.

Endlich glaubte er, den idealen Platz gefunden zu haben. Doch mitten in der Nacht schreckte er hoch, weil ihm der Platz doch nicht geheuer schien. Er stand auf, kleidete sich an und holte das Reh aus seinem letzten Versteck hervor, weil ihm ein viel besseres eingefallen war. Unter dem Weg vor seinem Haus befand sich ein Wasserschacht. Mit seiner Beute auf dem Rücken stieg er rückwärts in diesen hinunter und legte sie dort ab. Seiner Frau erzählte er von der ganzen Aktion nichts. In ihrem Zustand wollte er sie nicht aufregen. Es genügte ja schon, dass er sich aufregte!

In der folgenden Nacht sprang er aber erneut aus seinem Bett, weil ihm dieser Platz auch nicht sicher genug schien. Er zerrte das Wild aus dem Schacht und überlegte erneut, wo es am sichersten sein könnte. Weil ihm partout nichts einfiel, legte er es unter sein Bett. Nach einer unruhigen Nacht überlegte er: ›Da kann es auch nicht bleiben. Beim Putzen würde meine Frau es entdecken und sich zu Tode erschrecken.‹ Außerdem wurde es allmählich Zeit, es zu verarbeiten. Aber etwas anderes überlegte er sich außerdem noch: ›Es wird doch sicher bald jemand in meine Scheune kommen, um sich seine Beute zu holen.‹ Er hatte auch schon einen gewissen Verdacht, wer das sein könnte.

Mittlerweile war es Stephanstag geworden, also der 26. Dezember. Am Spätnachmittag schneite dem Hermann tatsächlich einer von den Wildererbrüdern ins Haus, um sich Stricke zu leihen. Er müsse damit Heu oder Holz vom Waldrand herunterfahren, behauptete er. Eigentlich war das nicht ungewöhnlich. Das tat er relativ oft, sich etwas ausleihen, weil er selbst kein »Handwerkszeug« hatte, während Hermann dagegen alles an Werkzeugen besaß, was ein Bauer so brauchte. Es kam ihm aber komisch vor, dass dieser Nachbar ausgerechnet am zweiten Weihnachtstag, und dann auch noch kurz vor Einbruch der Dunkelheit, eine solche Arbeit machen wollte. Es war nämlich jedem bekannt, dass der das Arbeiten nicht erfunden hatte. Deshalb behielt der Hermann ihn im Auge, als er sich mit den Stricken verabschiedet hatte.

Und tatsächlich: Zuerst tat der Nachbar so, als gehe er heim, doch dann schwenkte er plötzlich nach links, genau in die Richtung, in der sich der Scheuneneingang des Kofler befand. Der Hermann, nicht faul, schlich vom Inneren seines Hauses her in die Hütte, wo sein Brennholz gelagert war. Dort legte er sich auf die Lauer, denn von da hatte er einen wunderbaren Einblick in seinen Stadl, ohne selbst gesehen zu werden. Er brauchte nicht lange zu warten, da tauchten die beiden Wildererbrüder auf. Trotz der Dämmerung konnte er jede ihrer Bewegungen erkennen. Eifrig fingen sie an, von dem Stroh zu schöpfen, zweifellos auf der Suche nach dem Reh. Als sie sich schon tief in das Stroh hineingegraben hatten, ohne ihr Wild zu finden, warf der eine dem anderen vor: »Du hast es weggeschafft, und jetzt suchst du scheinheilig danach, damit ich keinen Verdacht haben soll.«.

Darauf der andere: »Nein, verflucht! Gib zu, dass du es beiseite geschafft hast und mich jetzt für dumm verkaufen willst.«

Weil einer dem anderen nicht traute, artete das in einen handfesten Streit aus, und der Hermann amüsierte sich köstlich. Ob es auch zu Handgreiflichkeiten kam, konnte er nicht erkennen, denn inzwischen war es in der Scheune schon ziemlich dunkel geworden. Deshalb lohnte es sich nicht mehr, weiter auf dem Beobachtungsposten zu verharren. Doch als er sich geräuschlos zurückziehen wollte, stolperte er über ein Stück Holz, was ein ganz schön lautes Geräusch verursachte. Erschrocken hielten die beiden Streithähne inne, und plötzlich war Totenstille in der Scheune.

Nun wurde dem Hermann die Sache mit dem Reh aber zu heiß. Die Brüder würden womöglich vermuten, dass er es hatte. Also war es ratsam, es schnellstens zu verarbeiten, damit es ihm nicht mehr gestohlen werden konnte. »Abgehangen« war es ja mittlerweile lange genug.

Der Kofler war ein Fuchs, das zeigte sich in diesem Fall wieder einmal. Er verarbeitete nämlich nicht nur das Reh, er schlachtete auch ein Schwein. Dann machte er zweierlei Sorten Wurst, die eine bestand nur aus Schweinefleisch, die andere gemischt aus Reh und Schwein.

Bei uns war es der Brauch, dass man, wenn einer geschlachtet hatte, hinging, um von der Wurst zu kosten. Natürlich hätte jeder, der ein bisschen Erfahrung hatte, das Reh aus der gemischten Wurst herausgeschmeckt. Wie der Hermann erwartet hatte, kam zwei Tage später der Wilderer-Nachbar rüber, um sich wieder etwas auszuleihen. Selbstverständlich ließ der Kofler ihn auch von der Wurst kosten, aber natürlich nur von der reinen Schweinswurst. Nun war der Wilderer völlig verunsichert. In den nächsten Tagen hatte er immer wieder einen Vorwand, um in das Haus des Kofler-Hermann zu kommen. Aber er konnte nichts herausfinden. So schlief die Sache allmählich ein.

Im März, also fast drei Monate später, war eine Gemeinschaftsversammlung der Almbauern. Die fand zwar, wie stets, in einem Gasthaus statt, aber die Bauern hatten nicht das Geld, um sich da eine Mahlzeit zu kaufen. Deshalb war es Sitte, dass mal der eine und mal der andere von den Mitgliedern etwas zu essen mitbrachte. Da muss den Hermann der Teufel geritten haben, denn er brachte von seinen Würsten solche mit, die gemischt aus Schwein und Reh bestanden und schnitt sie auf. Alle aßen davon. Jeder schmeckte sogleich, dass da Reh mit drin war, und lobte den vorzüglichen Geschmack. Der bewusste Nachbar befand sich auch in der Versammlung. Er verlor jedoch kein Wort über die Wurst, als er davon aß. Ein anderer aber zeigte großes Interesse daran: »Ja, Hermann, wie kommst du an das Reh? Bist du neuerdings auch unter die Wilderer gegangen?«

»Oder hat es dir der Förster geschenkt?«, fragte ein anderer.

»Der verschenkt gewiss nichts«, antwortete der Gefragte. »Und das Wildern hab ich nicht nötig. Das Reh habe ich in meinem Stadl gefunden. Es hatte sich ins Roggenstroh verirrt.«

»So viel Glück möchte ich auch mal haben«, seufzte einer der Bauern. Dann brachen alle in lautes Gelächter aus.

Diese Geschichte war anschließend tagelang Ortsgespräch und machte den Bewohnern riesigen Spaß, denn jeder konnte sich denken, auf welche Weise sich das Reh in Koflers Stadl verirrt hatte.

Nun hatten die wildernden Brüder, denen das Reh durch die Lappen gegangen war, noch einen weiteren Bruder. Der war aus einem ganz anderen Holz geschnitzt. Er befand sich zu der fraglichen Zeit in einem Kloster und war in der Vorbereitung, ein Geistlicher zu werden. Als der auf Osterurlaub kam und von der Geschichte erfuhr, lachte er sich halbtot und kam auf eine geniale Idee. Es ist üblich, dass derjenige, der ein Wild erlegt hat, die Vorderläufe als Trophäe aufhebt. Deshalb ging der Student zum Hermann und erbat sich die Läufe. Die nagelte er an die Linde, die vor der Kirche steht, und hängte ein Plakat dazu, auf dem er in schönster Kunstschrift die ganze Geschichte aufgeschrieben hatte, sodass jedermann im Dorf, der sie noch nicht genau kannte, nachlesen konnte.

Alle im Dorf lachten sich über diesen Streich kaputt. Es gab nur vier Personen, die nicht darüber lachen konnten – und unser eigener Gemeindepolizist. Der sah sich genötigt, die Sache den Carabinieri im nahegelegenen Städtchen anzuzeigen. Die rückten auch sogleich an und wollten wissen, wer das Plakat und die Läufe aufgehängt habe. Aber das ganze Dorf hielt dicht. Jeder, den sie befragten, zuckte nur mit den Schultern und tat so, als habe er keine blasse Ahnung.

Sie kamen dem Täter aber doch auf die Spur. Die Carabinieri waren nämlich schlauer, als man gedacht hatte, oder vielleicht hatte auch unser Ordnungshüter sie darauf gebracht. Als sie das Plakat sahen, war ihnen klar, dass niemand von den Dorfbewohnern in der Lage war, in solch schöner Schrift zu schreiben. Das konnte also nur der Studierte gemacht haben. Schnell hatten sie heraus, wo der junge Mann studierte, und machten Besuch bei den Patres. Sie holten den Übeltäter mitten aus dem Unterricht heraus. Zuerst wurde er vom obersten Carabinieri vernommen, und als er geständig war, knöpfte ihn sich der Ordensobere auch noch vor.

Eigentlich hätte der Student wegen dieses Vergehens von der Ordensschule fliegen müssen. Die Statuten sahen nämlich vor, dass jeder, der mit den Ordnungshütern in Konflikt gerät, die Schule zu verlassen habe. Unser Student aber hatte Glück. Nachdem er seinem Ordensoberen die Geschichte haargenau geschildert hatte, hielt der sich den Bauch vor Lachen. »Ist das eine Hetz!«, gluckste er lachend, »davon muss ich meinen Patres berichten. Die werden dann über deinen Verbleib oder deinen Rausschmiss befinden.«

Diese bogen sich ebenfalls vor Lachen und befanden: »Der Student darf bleiben.«

Er ist später ein guter Pater geworden.

Da unser fleißiger ortseigener Ordnungshüter jeden Dreck anzeigte, waren die armen Carabinieri – sehr zu ihrem Leidwesen – alle paar Tage bei uns oben und dadurch den Dorfbewohnern bestens bekannt. Sie besaßen in der damaligen Zeit ja noch keine Fahrzeuge und mussten immer zu uns hinaufstiefeln. Das hat sie sehr geärgert, weil jeder Einsatz ihren geruhsamen Büroaufenthalt unterbrach.

Die Hausierer

Von den Hausierern wollte ich auch noch erzählen. Aus meiner Kindheit und Jugend sind sie gar nicht wegzudenken und auch nicht aus der Zeit danach. Es gab sie in unserer Region, so lange ich zurückdenken kann. Sie hatten die unterschiedlichsten »Unternehmen«. Die einen boten ihre Waren an, die anderen ihre Dienste. Einige der fliegenden Händler, die man bei uns Tatlkrumer nannte, trugen einen gewichtigen Bauchladen vor sich her, aus dem man sich bequem an der Haustüre das aussuchen konnte, was man brauchte. Andere schleppten ihre Waren in einer Krax auf dem Rücken. Diese Händler musste man ins Haus bitten, wo sie auf dem Küchentisch ihre Waren ausbreiteten. Für uns Kinder war das immer total spannend. Aber auch als ich bereits erwachsen war, hatte das nichts von seinem Reiz verloren. So brauchte man außerdem zum Einkaufen nicht extra in die Stadt und ersparte sich viel Zeit.

Die Hausierer boten Schuhbänder und Strumpfbänder an, Seidentüchlein in grellen Farben, Knöpfe, Nähgarn und Nähnadeln und was man sonst noch brauchen konnte. Manche hatten ihre Sachen auch in einem Tuch zu einem Ballen zusammengerollt. Wenn sie diesen auf dem Küchentisch ausrollten, um ihre Waren feilzubieten, war man überrascht, was da alles zum Vorschein kam. Es gab aber auch Landstreicher und Wanderer, die von Haus zu Haus gingen und ihre Dienste anboten. Das waren Kesselflicker, Scherenschleifer oder Männer, die man zu allen möglichen Arbeiten anstellen konnte. Auch sie waren willkommen, weil sie billige Arbeitskräfte waren. Meist begnügten sie sich mit einem Teller Suppe und einem Schlafplatz für die Nacht. Mit der Zeit kannte man seine Leute schon. Man wusste, wer frei von Läusen und Flöhen war, dem konnte man ein Bett anbieten. Die anderen mussten in der Scheune im Heu oder im Stroh nächtigen. Diese Leute machten immer eine bestimmte Runde und kamen mit schöner Regelmäßigkeit auch zu uns.

Wie mir meine Mutter erzählte, waren die Hausierer schon vor dem Ersten Weltkrieg gern gesehene Gäste. Sie versorgten die abgelegenen Bauernhöfe nicht nur mit Waren, die man dringend brauchte, aber nicht selbst herstellen konnte, sondern auch mit Neuigkeiten aller Art. Zwischen den beiden großen Kriegen blühte ihr Geschäft wieder auf, wovon ich mich selbst überzeugen konnte. Einer war dabei, den betrachteten nicht nur die Kinder mit einem wohligen Grausen ob seiner kuriosen Angewohnheit, sondern auch die Erwachsenen. Er fing Mäuse – wie er das machte, blieb sein Geheimnis – und pflegte sie dann vor unser aller Augen lebendig zu verspeisen. Wenn er mal eine Blindschleiche erwischte, aß er sie ebenfalls. Das war besonders gruselig anzusehen, wie ihr langer Körper immer weiter in seinem Mund verschwand. Ob ihm diese Tiere besonders gut schmeckten oder ob er seine Zuschauer nur schockieren wollte, weiß ich nicht. Dass er es aus Hunger tat, ist unwahrscheinlich. Denn solange er bei uns arbeitete, bekam er ja reichliche drei Mahlzeiten am Tag.

Einer der bekanntesten und beliebtesten Hausierer war der Neuhauser, der zu denen gehörte, die schon vor dem Zweiten Weltkrieg gekommen waren und nach diesem auch wieder. Er stammte aus einer ganz armen Gegend, und ich erinnere mich, dass er immer dieselbe schwarze Joppe trug, die mit der Zeit immer öliger und schmieriger wurde – er hatte ja nichts zum Wechseln. Weil er sich mit allem, was mit Mechanik zu tun hatte, gut auskannte, wurde er oft schon sehnsüchtig erwartet. Denn auf einem Bauernhof gab es immer etwas zu reparieren. Besonders wenn die Zentrifuge nicht mehr funktionierte, war das ärgerlich. Wenn sich der Rahm nicht mehr von der Milch trennen ließ, konnte man keine Butter mehr machen. Mit ein paar Handgriffen kriegte es der Neuhauser immer wieder hin.

Er gehörte zu der Sorte, die im Wohnhaus übernachten durften, und er bekam auch ein gutes Essen, dazu ein bisschen Tabak für seine Pfeife und vielleicht noch ein paar Lire, wenn er seine Sache besonders gut gemacht hatte. Wir Kinder liebten es, wenn er abends noch mit uns in der Küche sitzen durfte, denn er erzählte immer spannende Geschichten. Die waren oft so abenteuerlich, dass ich, als ich älter wurde, nicht mehr glaubte, dass er sie wirklich erlebt hatte. Vermutlich hat er sie sich ausgedacht, oder zumindest hatte er einiges dazuerfunden. Das tat unserem Interesse aber keinen Abbruch. Es gab ja sonst nicht viel Unterhaltung.

Viele Buben suchten sich aber auf Kosten der braven Hausierer noch eine zusätzliche Unterhaltung zu verschaffen. Sie hatten nichts anderes im Sinn, als sie zu tratzen (necken, ärgern). So ist auf einem der Nachbarhöfe mal Folgendes passiert: Dort befand sich in einiger Entfernung zum Bauernhaus ein Birnbaum, unter dem eine Ruhebank stand. Froh, sich nach der langen Wanderung für einige Zeit seiner schweren Krax entledigen zu können, stellte ein Tatlkrumer sie dort ab. Er begab sich ins Haus, um die Bewohner zur Bank zu bitten, damit sie sich dort seine Waren – es war ein schöner Tag – in aller Ruhe ansehen konnten. Nachdem er seine Geschäfte abgewickelt hatte, wollte sich der Händler seinen Warenkorb wieder auf den Rücken laden. Der war aber inzwischen so schwer geworden, dass er ihn nicht mehr von der Bank hochbrachte. Die Söhne des Nachbarn standen dabei und bogen sich vor Lachen. Dumme Bemerkungen, wie: »Ja, hast du Goldklumpen in deiner Krax?«, begleiteten seine Bemühungen.

»Ihr Saububen!«, schrie der Hausierer wütend, als er merkte, dass sie ihm die Krax an der Bank angenagelt hatten.

Dem Neuhauser haben sie auch gerne Streiche gespielt. Der hat am Abend mit Vorliebe ein Gläschen Schnaps getrunken, wenn man ihm eines anbot. Noch lieber war es ihm, wenn er gar zwei oder drei Schnäpse bekam. Das war etwa dann der Fall, wenn sich der Bauer und der Altbauer vom Eckhof nach dem Abendessen mit ihm in die Stube setzten zu einem zünftigen Kartenspiel. Das hatten die Buben vom Eckhofer bald spitz. Als die Männer wieder mal »gekartet« haben, schaute sich der etwa vierzehn oder fünfzehn Jahre alte Bub des Bauern genau an, wo der Neuhauser saß. Dann schlich er sich mit seinem Bruder in den Stall, der sich genau unter der Stube befand, und bohrte ein Loch unter der Ofenbank genau unter dem Sitzplatz des Neuhauser. Dann schlang er ein Seil um dessen Schuhe und band sie von unten her an. Der Händler war so vertieft in sein Kartenspiel – sicher taten auch die Schnapserl ihre Wirkung –, dass er davon nichts mitbekam. Dann begaben sich die Buben wieder in die Stube und machten sich in einer anderen Ecke zu schaffen, um das zu erwartende Schauspiel gut beobachten zu können. Nachdem die drei Männer ihr Spiel beendet hatten, wollte sich der Neuhauser erheben, aber er kam nicht mehr von seinem Platz weg. Die Buben hielten sich den Mund zu, damit sie nicht laut lachen mussten. Die beiden Bauern, die von der Untat der Buben nichts wussten, tratzten den guten Hausierer auch noch bei seinen verzweifelten Aufstehversuchen: »Gell, Neuhauser, hast doch ein Stamperl zu viel gehabt?«

Als der dann endlich dahinterkam, was geschehen war, streckte er grimmig seine Faust gegen sie aus, indem er rief: »Ihr verfluchten Buben! Euch werde ich ...«

Aber niemals hat jemand erfahren, was er ihnen antun werde, denn geschehen ist nichts. Jedenfalls war das Ganze für alle Zuschauer eine Mordshetz gewesen.

Solcher Geschichten gab es noch viele. Einem Hausierer namens Toni hat man auf andere Weise übel mitgespielt. Das war aber erst in den sechziger Jahren. Der Toni war noch relativ jung, vielleicht zwischen dreißig und vierzig. Er war das Herumwandern eigentlich leid. Deshalb schaute er sich um, ob es nicht eine Bauerntochter gäbe, die ihm Einheirat biete. Das erfuhren auch ein paar halbwüchsige Burschen. Sie erschlichen sich sein Vertrauen, um sich mit ihm einen üblen Scherz zu erlauben. Im Dorf gab es einen Bauernhof, auf dem lebten drei Jungfrauen, die schon nicht mehr ganz taufrisch waren. Die Burschen machten den Hausierer ganz heiß: »Du, Toni, da musst du hingehen. Eine schöner als die andere, direkt zum Aussuchen. Die brauchen dringend einen Bauern für ihren Hof. Am besten gehst du mal zu denen Kammerfensterln. Das kommt bei den Gitschen immer gut an. Wir helfen dir dabei. Wir stellen dir die Leiter auf.«

Arglos ging der Toni auf den Handel ein. Die Burschen lehnten die Leiter an ein offenstehendes Fenster im ersten Stock, und der liebestolle Händler stieg hinauf. Kaum war er in die Kammer gehüpft, ging das Licht an, und ein Riese von einem Mann stand vor ihm. Das war der Bruder der drei Jungfrauen, der Bauer auf dem Hof, den die Burschen wohlweislich verschwiegen hatten. Nun sah der Toni sein Heil nur noch in der Flucht. Er stürzte zum Fenster – die Leiter war weg! In seiner Angst und Verzweiflung blieb ihm nur der Sprung in die Tiefe. Bei der unsanften Landung verletzte er sich eine Hand. Das machte ihn rasend. Noch in der Nacht begab er sich zur nächsten Kleinstadt und suchte das Büro der Carabinieri auf. Dort erstattete er gegen die Burschen eine Anzeige wegen groben Unfugs. Die Carabinieri waren von dieser Anzeige nicht gerade begeistert. Wie uns der Toni, der auch Italienisch verstand, später berichtete, soll der Brigadiere, der Chef des Büros, getobt und den Ausspruch getan haben: »In dem verfluchten San Valentino ist immer was los. Einmal mit den Bomben, einmal mit dem Herz-Jesu-Feuer, dann mit den Wilderern und jetzt noch wegen der Mädchen. Geben die da oben denn niemals Ruhe?!«

Gewitter

Ich bin sonst kein ängstlicher Mensch, aber vor Gewittern fürchte ich mich sehr. Das hat sicher etwas damit zu tun, dass ich als Kind von zehn Jahren erlebt habe, wie bei uns im Haus, ich befand mich gerade in der Küche, der Blitz mit solcher Gewalt eingeschlagen ist, dass ich davon zu Boden geschleudert wurde. Der Blitz hatte mich wohl gestreift, denn mein Kleid war auf der rechten Seite angesengt. Sonst war mir nichts passiert, aber dieses Erlebnis hat mich so geprägt, dass ich mein Leben lang die Angst vor Gewittern nicht losgeworden bin. Fortan verkroch ich mich, sobald ein Gewitter im Anzug war, unter die Eckbank oder unters Bett. Dort verharrte ich im Gebet, bis das Blitzen und Donnern aufhörte. Auch als ich bereits erwachsen war, verkroch ich mich bei jedem Gewitter in eine dunkle Ecke. Bei jedem Blitz zwickte ich die Augen zu, weil ich dachte, dann könne er mich nicht sehen. Dass ich von meinem Mann vor unserer Heirat gehört habe, dass ein Blitzeinschlag seinen ganzen elterlichen Hof vernichtet hatte, war auch nicht gerade dazu angetan, mir meine Angst vor Gewittern zu nehmen. Diese Angst blieb mir, auch als ich längst verheiratet war und selbst Kinder hatte. Beim ersten Wetterleuchten oder wenn ich das erste leise Donnergrollen hörte, nahm ich meine Buben wie eine Glucke unter meine Fittiche, setzte mich mit ihnen auf den Diwan und betete mit ihnen den Rosenkranz.

Obwohl sie also von klein auf meine Angst vor Gewittern mitbekommen hatten, entwickelten sie selbst keinerlei Ängste vor dieser Naturgewalt. Mein Ältester war, als er fünfzehn war, eines Tages bei einem Gewitter sogar nicht mehr im Haus zu halten. »Lass mich raus, Mutter. Das Schauspiel will ich mir ansehen.« Meine ganzen Katastrophenschilderungen, wie gefährlich das für ihn werden könne, tat er mit einer Handbewegung ab: »Ach, was, Mutter, das Gewitter ist noch weit weg. Das erkenne ich daran, wie lange es dauert, bis der Donner folgt. Wenn es zu nah kommt, geh ich schon rein.«

Diese Aussage beruhigte mich nur halbwegs. Während er vorm Haus stand und sich nicht daran sattsehen konnte, in welch unterschiedlichen Formen und Längen die grellen Blitze über den verdunkelten Himmel zuckten, saß ich bebend in der Stube und stand Todesängste aus. Bei jedem neuen Aufleuchten schloss ich die Augen und zählte leise vor mich hin. Ich öffnete sie erst wieder erleichtert, wenn es mehrere Sekunden gedauert hatte, bis man das Grollen des Donners vernahm. Ohne Vorwarnung aber zuckte es auf einmal taghell auf, unmittelbar gefolgt von einem mächtigen Donnerschlag. Jetzt ist dem Friedl was passiert, dachte ich sofort. Doch wenige Sekunden später stürzte er – sehr zu meiner Erleichterung – unversehrt in die Stube. Atemlos sprudelte er hervor: »Mutter, das hättest du sehen sollen! Das war der hellste Blitz von allen. Direkt über dem Wetterkreuz! Weil der so grell war, habe ich unwillkürlich die Augen zugemacht, und da krachte es auch schon. Ob du es glaubst oder nicht, als ich eine Sekunde später die Augen wieder aufmachte, war das Wetterkreuz weg.«

Eigenartigerweise herrschte nach diesem außergewöhnlich lauten Krachen eine plötzliche Stille. Nur der Regen rauschte hernieder. Es war, als habe sich das Gewitter mit dem Einschlag ins Wetterkreuz ausgetobt. Zaghaft trat ich mit meinem Sohn vor die Tür. Tatsächlich, von dem Wetterkreuz, das wie Schutz verheißend immer ins Tal geblickt hatte, war nichts mehr zu sehen.

Am nächsten Tag stieg mein Mann in Begleitung eines Zimmerers, dem Werner, hinauf zum Gipfel. Von dem einst so stattlichen Kreuz fanden sie nur noch einige verkohlte Splitter vor. Noch am selben Tag fällten die beiden Männer eine Lärche aus Werners Wald, entasteten sie und ließen sie liegen, um ihr Holz trocknen zu lassen. Im Jahr darauf schnitten sie daraus zwei Balken, einen langen und einen kürzeren, für ein neues Gipfelkreuz. Beim Aufrichten, was eine anstrengende und gefährliche Arbeit war, half fast aus jedem Haus, egal ob aus dem Dorf oder von den Berghöfen, ein Mann mit. Mit Seilen und Stricken und mancherlei Tricks schafften sie es, dass unser Wetterkreuz bald wieder vom alten Platz aus aufs Tal hinabschaute.

Nach diesem Erlebnis war meine Angst vor Gewittern natürlich noch schlimmer geworden, und sobald ein Gewitter im Anzug war, fing ich richtig an zu zittern. Wenn der Blitz selbst vor unserem Wetterkreuz nicht Halt machte, wie konnte ich dann erwarten, dass er mich verschonen werde? Weil meine Kinder bald aus dem Alter heraus waren, dass sie sich bei einem

Gewitter von mir hätten schützend in die Arme nehmen lassen, nahm ich dann eben meinen Hund, den treuen Bubi, in den Arm. Ich dachte, der Bubi müsse auch Angst haben vor dieser Naturgewalt, und so habe ich versucht, ihm diese Angst zu nehmen, indem ich mich mit ihm im Arm unter den Küchentisch kauerte, wo wir im gleichen Takt zitterten. Mein Sohn Friedl deutete das Verhalten des Hunds aber anders. Er sagte: »Der Hund zittert nicht, weil er Angst hat, er zittert nur, weil du zitterst.«

Von klein auf hatte ich immer einen Hund besessen, immer eine Wald- und Wiesenmischung, meist etwas größer als ein Dackel. Der Hund hatte einen großen Stellenwert bei mir. Auf die Freundschaft von einem Hund kann man sich nämlich verlassen, auf die von einem Menschen nicht, das habe ich oft genug im Leben erfahren. Jeden meiner Hunde nannte ich Bubi, so brauchte ich mich nie an einen neuen Namen zu gewöhnen, wenn mein Hund starb. Mein letzter Bubi war mein Ein und Alles. Er war besonders anhänglich und sehr gescheit. Ich hatte ihn bis vor zehn Jahren, fast achtzehn Jahre hat er gelebt. Danach habe ich mir keinen Hund mehr zugelegt, weil ich fürchte, er könne mich überleben. Der Gedanke, was dann aus ihm werden soll, ist mir unerträglich.

Bergtouren

Als meine Söhne den Kinderschuhen entwachsen waren, brachte das neue Sorgen für mich. An einem schönen Sommertag kam der Friedl, er war gerade siebzehn, auf die Idee, mit einem Freund in die Berge zu gehen. Vor allem bei ihm, meinem Ältesten, empfand ich das noch als schlimm, beim zweiten war ich schon mehr an diese Aufregung gewöhnt.

»Was brauchst du in den Bergen herumzusteigen!«, schimpfte ich. »Es sollte dir genügen, dass wir am Berg hart arbeiten müssen!«

»Aber Mutter, das ist doch kein Berg!«, musste ich mir da sagen lassen. »In die hohen Berge will ich, in die richtigen Berge, in die Dolomiten.«

Ich empfahl ihm, die Dolomiten lieber von unten anzuschauen, das sei genauso schön. Aber das sah der Friedl ganz anders. Er wollte den Berg bezwingen. Das sei eine Herausforderung.

»Ein Berg lässt sich nicht bezwingen«, widersprach ich. »Auch wenn du mal draufgestanden hast, bleibt er doch weiter der Große, der Majestätische, und du bleibst immer das kleine Menschlein.«

»Es ist trotzdem ein stolzes Gefühl, da oben gewesen zu sein«, behauptete der Friedl. »Außerdem tut es einem gut, etwas geleistet zu haben, die körperliche

Anstrengung gemeistert und der Gefahr getrotzt zu haben.«

»Und wenn du sie nicht meisterst? Wenn du abstürzt, wie schon so viele andere?«, fasste ich meine Hauptsorge in Worte.

Friedl versuchte mich zu beruhigen. Ich bräuchte mir keine Sorgen zu machen, denn sie wollten ja erst nur die einfachen Sachen machen, bei denen gar nichts passieren könne. Die Muskeln, sagte er, wollten sie stärken und ihre Ausdauer trainieren.

»Die trainierst du auch bei der Feldarbeit«, erklärte ich ihm nüchtern.

»Ach Mutter, das verstehst du nicht«, begehrte mein Ältester auf. »Man will doch nicht immer nur arbeiten. Man will ja auch mal ein Vergnügen haben.«

Das verstand ich tatsächlich nicht. Wozu wollte er ausgerechnet in den Bergen herumsteigen, um Vergnügen zu haben? Aber ich gab mich geschlagen. Er zog also los, und ich blieb sorgenvoll zurück, ohne etwas anderes tun zu können, als für ihn zu beten. Als ich nach seiner Rückkehr aber den Stolz auf seinem Gesicht sah, die Freude, die frische Farbe, sah ich ein, dass es für ihn wirklich ein großes Vergnügen gewesen war, um das ich ihn gebracht hätte, wenn er mit Rücksicht auf mich hiergeblieben wäre. Und dennoch, es gab mir jedes Mal einen Stich, wenn er wieder loszog, zu neuen, immer gewagteren Touren, und ich konnte immer erst wieder aufatmen, wenn er wieder wohlbehalten zurück war. Das war dem Friedl auch bewusst. Hatte er sich Schrammen und Verletzungen zugezogen, versuchte er immer, diese vor mir zu verbergen.

Ich meinerseits verbarg vor ihm, dass ein Mutterauge alles sieht.

Weil die Freunde immer größere Herausforderungen suchten, wurde aus dem Bergsteigen bald Klettern. Deshalb war ich einigermaßen erleichtert, als er mit zwanzig – wie jeder gesunde junge Mann – zum Militär musste. Dort meldete er sich gleich zu den »Alpinis«. Beruhigend für mich daran war, dass er bei denen das Klettern richtig lernte und sogar eine Prüfung als Bergführer ablegte. Nach seiner Militärzeit ging es dann allerdings erst richtig los. Da wir quasi von den Dolomiten umgeben waren, fand er immer neue, aufregende Touren, die er unbedingt machen musste. Am Abend vor seinem Abmarsch packte er seinen Rucksack stets sehr sorgfältig. Außer Verpflegung musste allerhand Material hinein: Karabinerhaken, Hammer, Nägel, Schrauben und was weiß ich noch alles. Eine Thermoskanne mit heißem Tee oder Glühwein musste auch mit sowie eine Flasche Saft. Natürlich durfte auch ein Kletterseil nicht fehlen. Das wurde außen an den Rucksack angehängt.

So war er bald ein geübter Kletterer, gegen dessen Leidenschaft ich nun nichts mehr einwenden durfte. Wenn er eine größere Tour vorhatte, bei der er über Nacht wegbleiben wollte, kündigte er das vorher immer an, weil er wusste, dass ich sonst nicht zu Bett gehen würde. Ich blieb nämlich immer in der Küche sitzen und wartete auf seine Rückkehr, und wenn es bis zum frühen Morgen dauerte. Aber auch in den Fällen, wo ich wusste, dass er über Nacht wegbleiben würde, fand ich in meinem Bett kaum Schlaf.

Eines Tages war es dann soweit, dass unser Hans ebenfalls meinte, er müsse in die Berge. Da war, wie gesagt, meine Sorge schon nicht mehr ganz so groß, wusste ich doch seinen großen, bergerfahrenen Bruder bei ihm. Im Gegenteil, das beruhigte mich eher. Wenn beide zusammen kletterten, konnte einer dem anderen Beistand leisten. Dennoch, ein ungutes Gefühl beschlich mich immer, sobald sie das Haus verlassen hatten, und es legte sich erst wieder, wenn sie beide abends wieder daheim waren. Nicht, dass ich an ihrem Klettergeschick gezweifelt hätte, aber es lauerten so viele Tücken in den Bergen. Es konnte einen Steinschlag geben, es konnte ein Stein abbrechen, auf dem sie glaubten, einen sicheren Tritt zu haben, es konnte plötzlich ein Gewitter aufziehen ...

›So lange er in den Bergen herumsteigt‹, tröstete ich mich, ›kommt er wenigstens nicht auf die Idee, sich für die Gitschen zu interessieren.‹

Nicht, dass ich grundsätzlich dagegen gewesen wäre, dass er heiratet, aber es sollte doch nicht zu früh sein und vor allem nicht die Falsche. Wenn ein junger Bursche sich früh für Mädchen interessiert, besteht die Gefahr, dass er Dummheiten macht. Dann muss er womöglich eine heiraten, die in keiner Hinsicht zu ihm passt und mit der er dann ein Leben lang unglücklich ist. Dass aber ausgerechnet seine Leidenschaft fürs Bergsteigen den Friedl mit seiner künftigen Ehefrau zusammenbringen würde, das konnte ich nicht ahnen.

Als mein Ältester dreiundzwanzig war, wurde in unserem Dorf eine Volkstanzgruppe gegründet. Mitten in der Fastenzeit! Dagegen sträubte sich zunächst sogar der Tanzlehrer, der diese Gruppe leiten sollte.

Da aber ausgerechnet unser Herr Pfarrer der Initiator war, konnte schließlich keiner etwas dagegen sagen. Dessen Argument lautete nämlich: »Seien wir froh, dass wir endlich wieder unsere Bräuche pflegen dürfen. Außerdem sind damit die jungen Leute von der Straße und haben eine schöne und sinnvolle Beschäftigung.«

In der Gruppe gab es selbstverständlich auch Gitschen, und das beunruhigte mich natürlich doch ein bisschen. Aber schon nach dem ersten Tanzabend kam mein Ältester tief enttäuscht nach Hause und klagte mir sein Leid. Bisher war er nämlich immer ein braver Bub gewesen und war noch nie zum Tanz gegangen. Deshalb konnte er bei Gründung der Volkstanzgruppe noch nicht einen Schritt tanzen. Die meisten aber, um etliche Jahre jünger als er, hatten schon irgendwo erste Tanzschritte gelernt. So bildeten sich, noch ehe mein Bub zum Schauen kam, Paare, die zusammen tanzen wollten. Es blieb nur eine einzige übrig, eine Barbara, genannt Barbl, und fünf Jahre jünger als er. Notgedrungen musste er diese als Partnerin nehmen. Sehr schnell stellte sich heraus, dass sie ihm im Tanzen haushoch überlegen war. Ihr Vater, der kein anderer war als der schon mehrmals erwähnte Kofler-Hermann, hatte ihr nämlich schon die ersten Tanzschritte beigebracht, als sie dreizehn war.

Die Barbl zeigte meinem Sohn gegenüber nicht nur ihre Enttäuschung, dass nur er für sie als Tanzpartner übrig geblieben war, sie ließ ihn auch auf Schritt und Tritt ihre tänzerische Überlegenheit spüren. Das gefiel dem Friedl nicht, und so entwickelte sich zwischen den beiden sofort eine Abneigung. Darüber war ich heimlich froh, gleichzeitig litt ich jedoch mit meinem Sohn, weil er sich verschmäht fühlte. Gerne hätte ich ihm aus seinem seelischen Tief verholfen, wusste aber nicht, wie. Aber er half sich dann rasch selbst. Nachdem er sich nämlich alles von der Seele geredet hatte, stieg in ihm ein gesunder Trotz empor: »Dieser Gans werde ich es schon zeigen!«

Beim nächsten Probenabend befolgte er die Anweisungen des Tanzlehrers gewissenhafter als jeder andere. Was ihm dabei zugutekam, war seine ausgesprochene Musikalität, die von uns leider nie gefördert worden war. So war er, wenn ich seinen Worten glauben darf, binnen kurzer Zeit der beste Tänzer von allen. Das Herz der spröden Schönen eroberte er dadurch trotzdem nicht, und wie er mir versicherte, war er an dieser »hochnäsigen Gans« auch gar nicht interessiert. Sie wiederum ließ ihn ihr fehlendes Interesse spüren, indem sie in den Tanzpausen nur Augen und Ohren für seinen Vetter Heinrich hatte.

Diese Barbl muss auch eine begeisterte Bergsteigerin gewesen sein, obwohl sich das für ein Mädchen eigentlich nicht schickt. Ihr Vater war augenscheinlich ein fortschrittlich gesinnter Mensch, denn er hatte ihr nicht nur schon im Alter von dreizehn Jahren gezeigt, wie man das Tanzbein schwingt, er hatte sie auch bereits, als sie vier war, zum ersten Mal mit in die Berge genommen. Und da sie einmal Blut geleckt hatte, wollte sie immer wieder neue Touren mit ihm machen. Bald hatten Vater und Tochter alles, was in der näheren Umgebung zu besteigen war, abgegrast. Doch Barbls Sehnen verstieg sich in immer größere Höhen. Vor allem begnügte sie sich nicht mehr mit Bergsteigen, nun sollte es gar Klettern sein. Ihr erster Traum in dieser Richtung war die mittlere der Drei Zinnen, die höchste also. Irgendjemand musste ihr eingeredet haben, dass diese gar nicht so schwierig sei und dass selbst ein Kletteranfänger sie gefahrlos bewältigen könne. Da erklärte ihr der Vater: »Mein liebes Kind, dafür bin ich nicht mehr jung und nicht mehr wendig genug, zumal mir meine Beinverletzung aus dem Krieg zunehmend zu schaffen macht. Für dieses Unternehmen solltest du dir einen jungen, klettererfahrenen Begleiter suchen.«

Sie kannte aus der Volkstanzgruppe zwei junge Männer, denen sie diese Aufgabe zugetraut hätte. Der eine war der Heinrich, der Vetter vom Friedl, mit dem sie sich in den Tanzpausen mit Vorliebe unterhielt. Dieser hatte ihr schon vor längerer Zeit angeboten, sie mal zum Klettern mitzunehmen. Der andere war der Friedl, ihr unfreiwilliger Tanzpartner. Sie wusste, dass er ein erfahrener Kletterer und Bergführer war und sich in den Dolomiten, speziell in den Drei Zinnen, gut auskannte. Wenn sie ihn auch nicht besonders mochte, so hätte sie sich beim Klettern schon gern seiner Führung anvertraut. Da er der Erste war, der ihr nach dem Gespräch mit dem Vater begegnete, fragte sie ihn gleich, ob er sie in die mittlere Zinne hinaufführen wolle. Ohne langes Besinnen sagte er zu.

»Also gut«, legte sie fest, »dann am nächsten Sonntag.«

Als er zauderte, wollte sie wissen: »Was passt dir daran nicht?«

»Jeder andere Sonntag wäre mir recht«, versicherte er ihr, »aber nicht der nächste. Das ist der Portiunkula-Sonntag.«

»Das weiß ich auch. Aber das sieht man doch heute nicht mehr so eng«, versuchte sie, seine Bedenken zu zerstreuen.

»Meine Mutter sieht das schon noch so eng«, gestand er ein bisschen verlegen. »Am Portiunkula-Sonntag kann ich auf keinen Fall in die Berge, sonst macht sie mir die Hölle heiß.«

»Du bist mittlerweile vierundzwanzig«, erinnerte sie ihn.

»Das hat nichts zu sagen«, entgegnete er. »Selbst wenn ich achtundvierzig wäre, sie würde mir noch immer vorschreiben, wie ich mich an Feiertagen zu verhalten habe.«

Kirchliche Feiertage wurden in unserem Land von jeher streng geachtet, mehr noch als Sonntage. An Kirchenfesten durfte man weder arbeiten noch irgendwelchen Lustbarkeiten – wie Tanzen oder sportlichen Aktivitäten – nachgehen, und schon gar nicht klettern. Fiel aber ein kirchliches Fest auf einen Sonntag, wie etwa Ostern oder Pfingsten, so wurde das erst recht streng gehandhabt. Diese Tage waren Gott vorbehalten, an ihnen war das Vorrangige der Besuch der heiligen Messe und das Gebet. Ein solcher Tag war auch das Portiunkulafest, das immer auf den ersten Sonntag im August fällt. In den Städten mochte man schon etwas leichtfertiger damit umgehen, bei uns auf dem Land wurden die kirchlichen Feiertage jedoch noch streng eingehalten. Am Portiunkulatag sollte man nicht nur am Morgen die heilige Messe besuchen, sondern zusätzlich sollte man noch mehrmals in die Kirche gehen, um den Portiunkula-Ablass zu gewinnen. Bei jedem Kirchenbesuch konnte man, indem man die vorgeschriebenen Gebete verrichtete, einen vollkommenen Ablass gewinnen, den man einem verstorbenen Angehörigen widmete.

Nachdem sich also der Friedl gegen eine Klettertour am Portiunkula-Sonntag ausgesprochen hatte, sagte die Barbl nichts mehr. Am folgenden Mittwoch aber, in der Tanzpause, fragte sie den Heinrich, ob sein Angebot, sie zum Klettern mitzunehmen, noch gelte. Mit Begeisterung sagte der zu. Ihm war der nächste Sonntag, der Portiunkulatag, gerade recht. Er sah das nicht mehr so eng. Das bekam mein Sohn irgendwie mit. Deshalb fing er die Barbl nach der Tanzstunde ab und bot ihr an, dass er doch am kommenden Sonntag mit ihr auf die große Zinne gehe.

»Und deine Mutter?«, fragte sie ein wenig spöttisch.

»Ach, mit der komme ich schon klar«, erklärte er.

Daraufhin hat die Barbl den Heinrich am nächsten Morgen angerufen und ihm mitgeteilt: »Der Friedl geht am Sonntag mit auf die Zinne.«

»Dann brauchst du mich ja nicht«, antwortete er beleidigt. »Zu dritt macht es mir nämlich keinen Spaß.«

»Wir sind ja nicht zu dritt, wir sind zu viert. Meine Freundin Vroni geht auch mit auf die Zinne. Zu viert ist es doch viel amüsanter.«

»Ohne mich«, lehnte er rundweg ab. Danach hat er jahrelang nicht mehr mit der Barbl gesprochen, ja, er hat sie nicht einmal mehr gegrüßt. Inzwischen sind sie aber längst wieder Freunde.

Am Morgen des Portiunkulatages stellte mich mein Ältester vor die vollendete Tatsache: »Mutter, ich steige heute mit meiner Tanzpartnerin auf die große Zinne.«

»Aber Bub!« Ich fiel aus allen Wolken. »Das kannst du doch nicht machen! Heute ist Portiunkula, da ist das eine Sünde.«

»Ach, Mutter, so schlimm wird es schon nicht sein«, entgegnete er leichthin. »Der Herrgott wird das schon nicht so eng sehen. Er hat die schönen Berge doch für uns gemacht, damit wir darin rumklettern können. Da müssen wir schon sonntags gehen, weil wir werktags arbeiten müssen.«

»Das muss aber nicht ausgerechnet am Portiunkula-Sonntag sein.«

»Doch, Mutter, sonst geht sie mit meinem Vetter Heinrich.«

»Das kann dir doch egal sein. Was geht dich der Heinrich an?«

Eigentlich hätte ich fragen wollen: Was geht dich dieses Mädchen an? Ich denke, sie ist eine Gans und du magst sie nicht? Aber ich wollte ihn nicht noch selber auf dumme Gedanken bringen, falls er noch keine haben sollte. Noch ging ich ja davon aus, dass nur bergsteigerischer Ehrgeiz bei ihm dahintersteckte.

Scheinbar ungerührt packte er seinen Rucksack und verschwand. Durch lautes Schimpfen versuchte ich danach, meinem Herzen Luft zu machen. Da war es mein Mann, der mich wieder herunterzuholen versuchte: »Was regst du dich denn auf, Lena? Er ist erwachsen, und irgendwann muss er doch damit anfangen, nach einer Frau zu suchen, sonst sind die besten weg.«

Meine geheime Sorge hatte er gleich erkannt. Ich hielt mich nicht lange damit auf, ihm dabei zu widersprechen.

»Aber doch nicht so eine!«, rief ich aus. »Eine, die in den Bergen herumklettert! Das schickt sich nicht. Eine Frau gehört ins Haus.«

»Beruhige dich doch, Lena.« Ich glaubte ein leichtes Lächeln auf seinem Gesicht zu erkennen. »Die Zeiten haben sich halt geändert. Du kannst es nicht aufhalten.«

Mir blieb wieder mal nichts anderes zu tun, als zu beten, für eine gute Heimkehr und auch, dass bei den beiden sonst nichts passierte. Zu der Zeit wusste ich ja noch nicht, dass eine Freundin von der Barbl mit dabei war.

Als ich meinen Sohn am Abend gesund und munter vor mir sah, hatte die Wut der Wiedersehensfreude Platz gemacht. »Wie war es?«, wollte ich wissen.

»Es war keine reine Freude«, gestand er. »Die Gitschen stellten sich saublöd an.«

»Die Gitschen?«, horchte ich auf. »Waren es denn mehrere?«

»Ja, die Barbl hatte ihre Freundin Vroni mitgebracht. Aber ärgern musste ich mich über beide. Die blöden Weibermenschen wollten sich partout nicht anseilen lassen.«

Die Vroni, erklärte er mir, habe wenigstens ein bisschen Erfahrung im Klettern mitgebracht, zumindest habe sie behauptet, sie hätte schon mal einen Klettersteig gemacht. Die Barbl aber habe noch nicht einmal das aufzuweisen gehabt. Trotzdem wollte sie sich auch als blutige Anfängerin aber keinesfalls anseilen lassen, denn sie hatte von einem Bekannten, einem Deutschen, gehört, dass er die große Zinne ganz ohne Seil gemacht habe. Das wollte sie auch können. »Also stürmten die Weibermenschen los wie die Bergziegen«, erzählte Friedl weiter. »Mit ziemlich viel Wut im Bauch konnte ich ihnen nur mit Mühe folgen. Wie junge Geißen kletterten sie Meter um Meter aufwärts. Wem wollten sie eigentlich imponieren, fragte ich mich. Mir? Oder sich gegenseitig? Blöde Hennen, dachte ich, ihr werdet schon noch merken, wie weit ihr kommt.«

Die Barbl gab schon auf, kaum dass das er zu Ende gedacht hatte. Mit kläglicher Stimme bat sie ihn: »Friedl, magst mich jetzt anhängen?« Als Kavalier und verantwortungsbewusster Bergführer kam er diesem Wunsch sofort nach. Die andere stürmte immer noch weiter. Aber nicht mehr lange, und sie konnte weder vor noch zurück. Als er nah genug an sie herangekommen war und die Hände nach ihr ausstreckte, um sie herunterzuheben, fauchte sie ihn an: »Nein, das braucht's nicht! Lass mich in Ruh! Fass mich nicht an! Ich schaff das allein.«

Erschrocken zog er die Hände wieder zurück. Aber sie schaffte es nicht alleine, so sehr sie sich auch vergebens mühte, wehrte sie sich weiterhin dagegen, dass Friedl ihr half. Erst nach einer Ewigkeit willigte sie ein, sich von ihm herunterheben zu lassen. Danach schafften die drei locker den Aufstieg bis zum Gipfel. Erst dort erfuhr Friedl, warum Vroni sich so dagegen gewehrt hatte, sich von ihm helfen zu lassen. »Hat sich meine Taille nicht ein bisschen komisch angefühlt?«, wollte sie von ihm wissen.

»Ja, schon«, antwortete er gedehnt, denn das war ihm tatsächlich aufgefallen. Da beichtete sie ihm, dass sie vor einigen Tagen in der Schweiz bei einem Heilpraktiker gewesen sei. Der habe ihr gegen ihre Gallenprobleme verordnet, Brennnesseltee zu trinken und sich Kohlblätter auf den Bauch zu legen. Wegen dieser Kohlblätter hatte sie sich nicht helfen lassen wollen!

Ich stimmte in Friedls Gelächter mit ein, schon vor Erleichterung. Anscheinend hielt er die beiden Gitschen weiterhin für Gänse oder Hennen oder Ziegen, also war vorerst nichts zu befürchten.

Dennoch, wenn einer meiner Söhne unterwegs war, sei es zum Klettern oder abends zu einer Veranstaltung, konnte ich weiterhin nicht schlafen. Normalerweise ging ich um neun Uhr zu Bett. Waren die Buben aber aus dem Haus, setzte ich mich in die Küche und blieb wach, bis sie heimkamen. Das konnte recht spät werden, aber ich habe gewartet. Manchmal wurde es sogar früher Morgen, bis ich den einen oder anderen hereinschleichen hörte. Dann hat es aber eine Predigt gegeben! Es hat trotzdem nichts genützt, besonders beim Friedl nicht. Nachdem er ein gewisses Alter überschritten hatte, war er wie meine Hennen. Die haben auch nicht gefolgt. Die wollte ich schon lange vor Sonnenuntergang im Stall haben. Aber wie ich sie auch scheuchte, sie wollten nicht. Besonders der Gockel verstand es immer wieder, mir zu entwischen. Ja, so brav der Friedl auch als Bub gewesen war, nachdem er die vierundzwanzig überschritten hatte, war er so unfolgsam wie mein Gockel. Er wollte nicht so früh in den »Stall«, wie ich das für richtig hielt.

In diesem Zusammenhang fällt mir eine andere Geschichte ein, die ich mal mit einem Gockel erlebt habe. Man behauptet ja immer, Hühner seien dumm und hätten nur ein Gedächtnis von zwölf bis Mittag. Das kann ich aber einwandfrei widerlegen.

Selbst in der zweiten Hälfte des vorigen Jahrhunderts war es bei uns noch nicht üblich, seine Küken aus der Brutmaschine zu beziehen. Da mussten die Hühner das Brutgeschäft noch selbst übernehmen. Daher hielt sich jeder Hof einen Gockel für seine Hennen, damit sie befruchtete Eier legten. In den fünfziger Jahren nun hatten wir mal einen Gockel, der hatte eine besondere Unart. Jedes Mal nach dem Tschopfen (Besteigen) eines Huhnes riss er ihm am Hinterteil Federn aus. So kam es, dass auf unserem Hof bald nur noch Hennen mit nacktem Popo herumliefen. Es war nicht in erster Linie dieser Anblick, der mich störte, sondern dass diese malträtierten Hühner im Legen stark nachließen. Deshalb packte ich eines Tages den Gockel, drehte ihm den Hals um und ließ ihn in den Suppentopf wandern.

Allmählich wuchsen bei den geschundenen Hennen die Federn wieder nach, und sie begannen auch wieder fleißiger zu legen.

Da es aber ohne Gockel keinen Nachwuchs auf dem Hühnerhof gibt, den wir dringend brauchten, sah ich mich genötigt, wieder ein männliches Federvieh anzuschaffen. Gut drei Wochen waren vergangen, seit unser Wüterich im Suppentopf gelandet war, da brachte ich vom Markt einen anderen Hahn nach Hause. Die nun folgende Szene vergesse ich nie. Kaum dass ich den neuen Gockel aus dem Korb gelassen hatte, stoben von allen Seiten die Hennen laut gackernd herbei – zwölf an der Zahl – und stürzten sich auf den Neuankömmling. Als hätten sie das vorher verabredet, begannen sie damit, den armen Kerl zu traktieren, indem sie ihm die Federn ausrupften. Um sich vor ihnen in Sicherheit zu bringen, rannte er laut schreiend davon. Aber die ganze Meute stob hinterher. Offensichtlich erinnerten sie sich an die Pein, die ihnen von seinem Vorgänger zugefügt worden war, und nun nahmen sie bittere Rache.

Um mir den armen Gockel, den ich mir gerade erst von meinem sauer verdienten Geld gekauft hatte, nicht von den rachedurstigen Hennen massakrieren zu lassen, packte ich ihn und sperrte ihn in den Stall. Sofort kehrte wieder Ruhe auf dem Hühnerhof ein. ›Das kann ja heiter werden‹, dachte ich. ›Jetzt habe ich mir extra einen neuen Hahn gekauft, damit wir wieder Hühnernachwuchs kriegen. Und nun kann er seiner Aufgabe nicht nachkommen, weil die Hennen so nachtragend sind.‹ Ich befürchtete, es würde mir nichts anderes übrig bleiben, als den jungen gesunden Gockel ebenfalls in den Suppentopf wandern zu lassen. Wie aber sollte ich je wieder zu Hühnerküken kommen?

Wie sich bereits am nächsten Tag herausstellte, waren meine Sorgen unbegründet. Nachdem die Hennen im Stall eine ruhige Nacht zusammen mit ihm verbracht hatten, verhielten sie sich völlig normal. Der Gockel waltete seines Amtes, und meine Hennen waren friedlich wie eh und je. Sie waren also gar nicht rachsüchtig gewesen, sie hatten dem Neuen lediglich zeigen wollen, wo es langgeht. Sie legten wieder treu und brav ihre Eier, und aus denen, die wir ihnen zum Brüten unterschoben, schlüpften viele wunderbare Küken.

Aber zurück zu meinem Sohn Friedl. Der 5. Dezember, der Krampustag, also der Abend vor Nikolaus, wird in unserer Gegend auf besondere Weise gefeiert. Da treffen sich die jungen Burschen und verkleiden sich mit schwarzen Fetzen und entsetzlichen Masken zu wild aussehenden Gestalten, zu Krampussen eben. Als solche ziehen sie durch die Ortschaft und klopfen an den Haustüren an, wo sie Kinder oder junge Mädchen wissen, um diese zu erschrecken. Da wir so weit außerhalb der Gemeinde wohnten, mussten sich meine Söhne schon hinunter ins Dorf begeben, wenn sie bei dem Krampustreiben mitmachen wollten. Bevor der Friedl vierundzwanzig war, hatte er für einen solchen »Blödsinn«, wie er das nannte, nichts übrig gehabt. Auf einmal aber interessierte ihn dieser alte Brauch. Nachdem er mit der Stallarbeit fertig war, verabschiedete er sich mit den Worten: »Ich will mich mit meinen Freunden zum Krampusfeiern zu treffen.«

Wie immer setzte ich mich in die Küche, nachdem ich abgespült und aufgeräumt hatte, und wartete auf seine Rückkehr. Der Hans befand sich zu der Zeit zu einer Ausbildung. Während ich wartete, war ich aber nicht müßig. Zu Stopfen und zu Flicken gab es immer etwas. Als es bereits auf 23 Uhr zuging, vernahm ich endlich das leise Knarren der Haustür. Da es sich anhörte, als ob der Friedl an der Küchentür vorbeischleiche, ohne – wie üblich – sofort in die Küche zu kommen, um sich zurückzumelden, stürzte ich an die Küchentür und riss sie auf. In dem Lichtschein, der aus der Küche in den Hausgang fiel, erkannte ich einen Schatten, der gerade zu seiner Kammer schleichen wollte. »Du brauchst gar nicht so leise zu sein«, rief ich ihm mit verhaltener Stimme zu und schaltete das Licht im Gang an. Erschrocken stotterte mein Ältester: »Ich – ich wollte – dich nicht aufwecken.«

»Du weißt doch genau, dass ich nicht einschlafen kann, solange du nicht im Haus bist«, antwortete ich und betrachtete ihn verwundert. »Sag mal, regnet es?«

»Nein«, antwortete er spontan.

»Wieso bist du dann so nass?«, erkundigte ich mich weiter. Da erkannte er, dass er mit seiner Antwort einen Fehler gemacht hatte. Er stotterte herum und konnte mir keine plausible Erklärung geben.

»Da stimmt doch etwas nicht!«, sagte ich ihm auf den Kopf zu. »Jetzt komm mal mit in die Küche, dann erzählst du mir alles, während ich deine Sachen um den Ofen hänge, damit sie trocknen.«

In der Küche wusste er aber nicht recht, wo er beginnen sollte, deshalb half ich ihm nach: »Also, du wolltest mit deinen Freunden Krampus spielen. Und dann ...?«

Stockend kam folgende Geschichte heraus: »Danach wollte ich der Barbl einen Besuch abstatten und klopfte vorsichtig an ihr Fenster im Erdgeschoss. Da sich im Inneren nichts rührte, rief ich ihren Namen und bat sie, aufzumachen. Wieder blieb alles still. Deshalb klopfte ich ein bisschen fester. Nichts. Dann rief ich ein bisschen lauter. Kurz danach traf mich von oben voll ein nasser Segen. Gleichzeitig ertönte ein zweistimmiges spitzbübisches Lachen. Das müssen die Brüder von der Barbl gewesen sein, die Saububen! Deren Kammer liegt nämlich direkt über der ihren.«

Vor Lachen konnte ich nicht schimpfen. Außerdem war er schon gestraft genug.

»Kammerfensterln wolltest also bei ihr? Aber Bub, das gehört sich wirklich nicht. Das ist ja ein mittelalterlicher Brauch. So etwas macht man heute doch nicht mehr«, versuchte ich, erzieherisch auf ihn einzuwirken.

»Aber Mutter! Du bist doch sonst immer für so alte Bräuche!«, erinnerte er mich grinsend. Darauf wusste ich keine Antwort. Deshalb wechselte ich das Thema: »Wie ging's dann weiter?«

»Mir blieb nichts anderes übrig, als tropfnass den Heimweg anzutreten.«

»Das war gescheit. Hoffentlich hast du dich bei diesem Abenteuer nicht erkältet.« Vorbeugend bereitete ich ihm einen Lindenblütentee, den er widerwillig trank. Er blieb tatsächlich gesund.

Am Mittwoch darauf erfuhr er, warum seine Tanzpartnerin ihm ihr Kammerfenster nicht geöffnet hatte. Zur fraglichen Zeit war sie in Brixen gewesen, wo sie mit ihren Freundinnen den Krampusabend gefeiert hatte. Das beruhigte mich, denn natürlich hatte mich doch ein wenig alarmiert, dass der Friedl ihr nun schon so offensichtlich nachstieg. Aber es schien doch so, als mache sich die Barbl aus ihm nicht besonders viel. Das bestätigte auch eine andere Geschichte, die ich ebenfalls von meinem Sohn erfuhr. Die Barbl war nach ihrer Klettertour nämlich von ihrer Familie ganz schön getratzt (geneckt) worden. Dass ihr Vater und ihre

Brüder sich mit Sticheleien nicht zurückgehalten haben, das konnte ich mir denken. Aber auch die Mutter tat dabei mit, und das verwunderte mich nicht nur, sondern freute mich. In jenen Tagen hatte das Mädchen nämlich die Absicht geäußert, dass sie sich eine elektrische Nähmaschine kaufen wolle. Da hatte die Mutter gefragt: »Was willst du mit einer elektrischen Nähmaschine? Beim Waldeck droben haben sie doch die Hälfte der Zeit keinen Strom. Bei jedem Gewitter schlägt es denen die Sicherungen raus. Dann kannst du deine elektrische Maschine nicht benutzen. Gescheiter wäre es, dir eine Tretmaschine zu kaufen, wie ich eine habe. Mit der könntest du dann wenigstens bei Kerzenschein nähen.« Darauf hatte die Tochter geantwortet: »Brauchst keine Angst zu haben, Mama, zum Waldeckhof geh ich sicher nicht. Das einzige, was mich am Friedl interessiert, ist das Klettern und sonst nichts.«

An dieser Einstellung muss sich im Laufe der Zeit jedoch etwas geändert haben. Denn eines Morgens – es war gegen 4 Uhr – hörte ich Bewegung im Haus. So schnell konnte ich gar nicht im Hausgang sein, wie die Haustür von außen zugezogen wurde. Ich eilte in die Küche und sah vom Fenster aus gerade noch, wie Friedls Kleinwagen, ein Fiat 600 – den hatte er sich erst kurz vorher zugelegt mit der Erklärung. »Man muss mit der Zeit gehen.« – Richtung Dorf fuhr. Das gefiel mir ganz und gar nicht. Erst spät am Abend konnte ich meinen Sohn zur Rede stellen: »Wieso bist du heute schon so früh aufgebrochen?«

Unbefangen erzählte er: »Wir wollten auf den Sandnerspitz. Weil es bis dahin ein ganz schönes Stück zu fahren ist und weil das zudem eine lange Klettertour ist, war es ratsam, den Tag voll auszunutzen.«

»Wer ist ›wir‹?«, fragte ich argwöhnisch.

»Die Barbl und ich.«

»Ach, schau mal an! Die Barbl und du! Ich dachte, sie wäre nur deine Tanzpartnerin.«

Das sei sie nach wie vor, versicherte mein Sohn. Aber das Klettern liebe sie eben auch, und inzwischen zeige sie auch großes Geschick, deshalb klettere er gern mit ihr.

Das gefiel mir gar nicht. Wie schnell konnte daraus mehr werden!

»Was wäre so schlimm daran?«, fragte er herausfordernd, als ich das laut aussprach.

»Sie passt nicht zu dir. Sie ist ein Stadtmädchen.«

»Das stimmt nicht«, widersprach Friedl. »Sie stammt genau wie ich aus einem Bauernhof.«

Das war natürlich richtig. Sie hatte allerdings eine höhere Schule besucht und arbeitete bereits seit Jahren in der Stadt in einem Büro.

»Die Bauernarbeit ist ihr nicht mehr fein genug«, fasste ich meine Schlussfolgerungen daraus zusammen.

»Irgendwas muss sie ja arbeiten«, verteidigte sie mein Sohn. »Es kann ja nur einer den Hof kriegen, und das ist ihr Bruder. Deshalb ist Büroarbeit nicht das Schlechteste.«

»Was willst du denn mit einem Bürofräulein?«, fragte ich zurück. »Meinst du, die will sich hier die Finger dreckig machen? Was du brauchst, ist eine richtige Bauerndirn, eine, die die Arbeit sieht und die weiß, wo sie zupacken muss.«

»Wenn du meinst, Mutter«, antwortete er in einem Ton, an dem ich nicht erkennen konnte, ob er mir zustimmte oder ob ihm das alles gleichgültig war.

Es war mir eine große Beruhigung, dass er mir von da an immer rechtzeitig sagte, welche Tour er vorhatte und um wie viel Uhr er aufbrechen wollte. Das war mal um drei Uhr, mal um halb vier oder um vier Uhr. »Du brauchst deswegen nicht extra aufzustehen, Mutter«, betonte er. »Ich komme schon allein zurecht. Den Rucksack packe ich mir ja schon am Vorabend.« Ich ließ ihn in dem Glauben, dass ich liegen blieb, wenn er aufbrach. Sobald ich aber die Haustür zuschnappen hörte, sauste ich zum Küchenfenster, um ihm nachzusehen. Ich starrte so lange in die Dunkelheit, bis das letzte Fünkchen seiner Scheinwerfer und Rücklichter verschwunden war. Was ich natürlich nicht ahnen konnte: er traute mir auch nicht und erwies sich als noch schlauer als ich. Da er damit gerechnet hatte, dass ich ihm nachschauen würde, fuhr er zum Schein in die falsche Richtung. Sobald er außer Sichtweite war, schaltete er das Licht aus, fuhr im Dunkeln in die andere Richtung und ließ die Tanzpartnerin einsteigen. Nur durch Zufall kam ich hinter sein Täuschungsmanöver. Davon verriet ich ihm aber nichts.

›Dir werde ich helfen!‹, dachte ich und gab ihm stattdessen auf die folgenden Klettertouren seinen »kleinen« Bruder mit, damit der ein Auge auf ihn habe. Um Friedls Tugend noch besser unter Kontrolle zu haben, bediente ich mich einer weiteren Person als Verbündete, nach dem Motto: Doppelt genäht hält besser. Im Dorf wohnte nämlich eine Nichte von mir. Diese beauftragte ich, zu beobachten, ob und wann mein Sohn zu dieser Barbl ging. Nun fühlte ich mich einigermaßen sicher, alles wieder unter Kontrolle zu haben.

Der Fronleichnamstag, den man bei uns auch Antlastag nennt, gilt bei uns als ein sehr hohes Fest. Es fällt bekanntlich immer auf einen Donnerstag. In dem Jahr, als mein Friedl siebenundzwanzig war, beobachtete ich, dass er am Dienstagabend seinen Rucksack für eine Klettertour packte, zu der er am Mittwoch in der Frühe um vier Uhr aufbrechen wollte. Misstrauisch fragte ich: »Gehst du allein?«

»Nein, nein, der Herr Pfarrer ist mit von der Partie.«

»Wie? Der Herr Pfarrer? Ist das gewiss wahr? Was will denn der in den Bergen?«

»Der will sich, genau wie ich, an der Schönheit von Gottes Natur erfreuen.«

Ja, wenn selbst der Herr Pfarrer das so sieht, dachte ich, dann kann das wohl nichts Unrechtes sein. Unser Pfarrer war zu der Zeit etwa Mitte dreißig und in allem sehr aufgeschlossen. Er war es auch gewesen, der einige Jahre zuvor ausgerechnet in der Fastenzeit die Volkstanzgruppe gegründet hatte. Das war gewiss nicht verkehrt gewesen, denn man hatte noch nichts Nachteiliges über diese Gruppe gehört. Außerdem hatte sie schon einige Male durch ihre Tänze die Dorffeste verschönert. Davon hatte ich mich mit eigenen Augen überzeugen können.

Wenn unser geistlicher Herr mit meinem Sohn kletterte, brauchte ich mir in keiner Hinsicht Sorgen zu machen. Der liebe Gott würde schon seine schützende

Hand über sie halten. Interessiert schaute ich zu, wie mein Sohn die Sachen in den Rucksack packte, die ich ihm hinlegte: Brot, Speck, Käse, gekochte Eier, eine Thermoskanne mit Tee und eine Flasche Apfelsaft.

»Hast du nichts Wichtiges vergessen?«, fragte ich besorgt, als er den Rucksack zuschnürte.

»Nein, wieso?«, gab er zurück.

»Ich meine dein Handwerkszeug, wie Hammer, Nägel, Karabiner und so.«

»Ach, die brauchen wir diesmal nicht. Wir wollen ja nicht klettern, wir machen nur eine kleine Bergwanderung.«

»Warum brecht ihr dann so früh auf?«

»Wir müssen schon früh wieder zurück sein, der Herr Pfarrer muss ja am Abend noch seine Predigt für den Antlastag aufsetzen.«

Das klang beruhigend, und daher machte ich mir den ganzen Tag über keine Sorgen. Vor 17 Uhr erwartete ich meinen Sohn auf keinen Fall zurück. Aber danach rechnete ich jeden Moment mit ihm. Als aber um 19 Uhr vom Friedl noch immer nichts zu sehen war, fing ich doch an, mir Gedanken zu machen. Der Pfarrer würde seine Predigt doch wohl nicht in der Nacht machen wollen. Es wurde 22 Uhr, es wurde Mitternacht, und von meinem Ältesten noch immer keine Spur. Ich wagte es nicht, zu Bett zu gehen. Wie üblich, wenn eines meiner Kinder noch nicht zu Hause war, blieb ich wartend am Küchentisch sitzen. Dort muss ich nach einiger Zeit eingeschlafen sein. Gegen fünf Uhr in der Frühe wachte ich auf, da war es schon hell. Meine Arme lagen auf dem Tisch und mein Kopf lag darüber.

Vielleicht ist er heimlich ins Bett geschlichen, überlegte ich und schaute vorsichtig nach. Aber sein Bett war unberührt.

»Dem Bub ist was passiert«, jammerte ich meinem Mann vor, der wenig später aufstand. Nun machten wir uns gemeinsam Sorgen, gingen aber dennoch in den Stall. Das Vieh musste ja versorgt werden. Danach zogen wir unsere Tracht an und begaben uns zur Kirche, wo der Gottesdienst wegen der anschließenden Prozession um eine Stunde früher beginnen sollte. Unterwegs sahen wir viele andere Leute, ebenfalls in Tracht, der Kirche zustreben. Die Dorfstraßen waren bereits festlich geschmückt, mit jungem Birken- und Haselgrün. Nach der Prozession würde jede Hausfrau versuchen, einen von den geweihten Zweigen mit nach Hause zu nehmen, weil man sich davon Schutz gegen Unwetter versprach. Im Herbst pflegte man dann die dürr gewordenen Zweige zu verbrennen.

Überall im Dorf waren Frauen dabei, kleine Hausaltäre zu errichten und ihre Fahnen herauszuhängen. Wir grüßten im Vorbeigehen. In solchen Momenten bedauerte ich es immer, dass wir so weit außerhalb wohnten und kein Altärchen für die Prozession richten durften. Wir kamen auch an zweien der vier großen Altäre vorüber, die am Prozessionsweg aufgestellt waren. Da beständiges Wetter zu erwarten war, hatte man bereits den roten Teppich davor ausgerollt, und fleißige Hände waren damit beschäftigt, Blumen in Vasen zu ordnen, um die Altäre damit zu schmücken. Dort würde der Pfarrer Station machen, um die Fluren und die Gläubigen mit dem Allerheiligsten zu segnen.

Aber würde der Pfarrer überhaupt da sein? Wenn der Friedl nicht heimgekommen war, musste er ja eigentlich auch ausgeblieben sein. So sehr mir die Sorge um meinen Ältesten auf der Seele lag, da alles schon für die Prozession hergerichtet war, fiel es mir schwer, mir vorzustellen, dass ausgerechnet der Pfarrer fehlen könnte.

Die Kirche war an diesem hohen Feiertag wesentlich festlicher geschmückt als üblich, und sie war schon ziemlich gefüllt, als wir sie betraten. In den vordersten Bänken saßen die Kinder. Diejenigen von ihnen, die an diesem Weißen Sonntag zum ersten Mal zum Tisch des Herrn gegangen waren, trugen wieder ihr Kommunionkleid oder ihren Kommunionanzug. Die Gitschen hatten zusätzlich ihr weißes Kränzchen auf dem Haupt und einen frischen Blumenstrauß in der Hand. Sie würden bei der Prozession direkt vor dem Herrn Pfarrer, der das Allerheiligste trug, hergehen. Der Messner huschte am Altar herum und versah seinen Dienst. Er stellte und legte alles für die heilige Messe bereit und zündete die Kerzen an. Die Turmuhr schlug neunmal, aber es rührte sich am Altar nichts. Minute um Minute verrann. Die Leute begannen unruhig zu werden. Niemand wusste, was geschehen sein könnte, nur für mich wurde das, was gerade noch unglaublich erschienen war, nun zur Gewissheit.

Schließlich trat der Messner auf die oberste Altarstufe und verkündete mit vor Aufregung zitternder Stimme: »Es tut mir leid, dass ihr den weiten Weg umsonst gemacht habt. Es tut mir auch leid, dass ihr euch die ganze Mühe mit dem Straßenschmuck und den Hauptaltären gemacht habt. Aber die heilige

Messe und die Prozession müssen leider ausfallen. Unser Herr Pfarrer ist von seiner gestrigen Bergtour noch immer nicht zurück, wie mir seine Schwester eben mitteilte. Wir hegen schlimme Befürchtungen.«

Ein Raunen ging durch den Kirchenraum, und mir krampfte sich das Herz zusammen. Dann sprach der Messner weiter: »Lasst uns zusammen ein Gebet sprechen für die glückliche Rückkehr unseres hochwürdigen Herrn Pfarrers und seines Begleiters.«

Mir versagte die Stimme. Also konnte ich das Vaterunser und das anschließende Ave Maria nur still mitbeten, aber gewiss mit mehr Inbrunst als die meisten anderen in der Kirche, während mir die Tränen die Wangen hinunterliefen.

Auf dem Heimweg sprachen mein Mann und ich kaum ein Wort miteinander. Jeder von uns beiden war mit seinen eigenen trüben Gedanken beschäftigt. Daheim hätte ich eigentlich gar nicht zu kochen brauchen. Unser jüngerer Sohn befand sich auf einer Italienreise, und der Friedrich und ich bekamen kaum einen Bissen herunter. Gegen 15 Uhr waren die stillen Gebete, die ich den ganzen Tag über gesprochen hatte, endlich erhört: Auf einmal ging nämlich die Tür auf, und mein Friedl spazierte herein.

Obwohl meine Erleichterung grenzenlos war, ihn gesund vor mir zu sehen, überfiel ich ihn gleich mit einem Vorwurf: »Wie konntest du uns das nur antun? Bleibst einfach die ganze Nacht weg, ohne es vorher anzukündigen! Und was ist mit dem Pfarrer?«

»Tut mir leid, Mutter! Wir konnten doch vorher nicht wissen, dass es so kommen würde«, entschuldigte er sich.

Aber ich war inzwischen so weit zur Besinnung gekommen, dass ich meine unfreundliche Begrüßung wieder gutmachen wollte. Ich nahm ihn in die Arme und drückte ihn herzlich, und dann ließ ich mir von ihm erzählen, was denn nun eigentlich vorgefallen war.

»Mein Fehler war es, dass ich kein Klettermaterial mitgenommen habe«, gestand Friedl. »Ich hatte darauf verzichtet, weil der Pfarrer mir erzählt hatte, dass er schon mal ohne Material auf dem Sandner gewesen sei.«

Zunächst war auch alles ganz gut gelaufen, aber um viertel vor zwölf hatten die beiden einen kleinen Vorsprung knapp unterhalb des Gipfels erreicht, von dem aus sie nicht mehr weiterkamen. Es ging aber auch nicht mehr rückwärts! Hätten sie ihr Material dabei gehabt, wäre es ihnen ein Leichtes gewesen, sich nach unten abzuseilen und einen anderen Weg zu wählen. Da sie es nicht mitgenommen hatten, saßen sie fest.

»Jetzt machen wir erst mal Brotzeit«, schlug der Pfarrer vor, nachdem sie alles Mögliche ausprobiert hatten und zu dieser Einsicht gekommen waren. »Und hernach fällt uns vielleicht doch noch etwas ein.«

Sie aßen und tranken also und genossen dabei die herrliche Aussicht. Aber auch danach fanden sie keinen Weg, sich aus ihrer misslichen Lage zu befreien. Ohne Kletterausrüstung war es einfach unmöglich, auf- oder abzusteigen. Es blieb ihnen deshalb nichts anderes übrig, als um Hilfe zu rufen. Aber anscheinend war an diesem Mittwoch kein Mensch unterwegs, der ihren Hilfeschrei hätte vernehmen können. Sie riefen immer wieder, ohne dass jemand sie zu hören schien. Als es immer später wurde, begannen sie, ihre ganze Hoffnung auf die Dunkelheit zu setzen. Ein Licht in den Bergen, überlegten sie sich, konnte aus größerer Entfernung wahrgenommen werden als ihr Rufen.

Aber womit ein Feuer machen? In ihrer Reichweite gab es nicht das geringste bisschen Holz. Not macht bekanntlich aber erfinderisch. Sie nahmen den Speck aus ihrem Notvorrat, schnitten die mageren Teile ab und verspeisten sie. Das Fett zündeten sie an. Es loderte ganz schön in der Nacht. Als der Speck fast verbrannt war, nahm Hochwürden sein Brevier, riss eine Seite heraus, formte sie zu einem Röllchen und zündete es an. So folgten noch viele Blätter aus seinem frommen Buch.

Die Nacht war inzwischen so weit fortgeschritten, dass im Osten schon bald der Tag heraufdämmern musste. An Schlaf war aber nicht zu denken, denn das hätte für die beiden das sichere Todesurteil bedeutet. Die ›Plattform‹ war nämlich so schmal, dass sie gerade mal darauf sitzen und die Beine hinabbaumeln lassen konnten. Die Nachtkühle trug das ihre dazu bei, sie wach zu halten, außerdem erzählten sie sich abwechselnd Begebenheiten aus ihrem Leben.

»Verzweiflung kam eigentlich keinen Moment auf«, versicherte mir der Friedl. »Irgendwie waren wir uns sicher, dass wir rechtzeitig gefunden würden.«

Endlich sahen sie ein Blinken von der Seiser-Alm – dort hatte offenbar jemand ihr Signal aufgefangen. Als es hell genug geworden war, erkannten sie, dass man sich von dort aus in ihre Richtung in Bewegung setzte. Das musste auch auf anderen Stationen der Bergwacht beobachtet worden sein, denn nun sahen sie, dass man sich aus verschiedenen Richtungen auf sie zubewegte. Die Retter kamen von der anderen Seite des Gipfels her, so konnten sie deren Aufstieg nicht mehr beobachten. Gegen Mittag hatten die Leute von der Bergwacht den Gipfel erreicht und ließen das erste Seil zu ihnen hinab, mit dem sie zunächst den Herrn Pfarrer hochzogen.

»Als wir beide endlich mit zitternden Knien oben standen, genossen wir erst mal die wunderschöne Aussicht, die man von dort hatte«, berichtete Friedl. »Die Männer von der Bergwacht hatten Verständnis dafür, dass wir diesen Ausblick, der uns gestern vorenthalten worden war, erst noch genießen wollten, ehe sie uns zu Tal brachten. Danach stiegen wir mit ihnen fachgerecht ab.«

Glücklich, meinen Friedl wiederzuhaben, zog ich ihn noch einmal in die Arme, obwohl solche Zärtlichkeiten bei uns eher unüblich waren. Er ließ es sich aber gerne gefallen. Nach Schimpfen war mir nicht mehr zumute. Und auch sein Vater zog ihn in die Arme und verlor kein hartes Wort. Er sagte nur ganz schlicht: »Wir können dem Herrgott gar nicht genug danken, dass alles ein gutes Ende genommen hat.«

Die Geschichte hatte noch ein Nachspiel, aber nicht für uns, sondern für den hochwürdigen Herrn. Irgendjemand aus seiner Gemeinde muss ihn beim Bischof angeschwärzt haben, dass er am hochheiligen Fronleichnamsfest seinen Pflichten nicht nachgekommen sei. Verstehen kann man das ja. An diesem Tag hatten wir ja nicht nur auf unseren Gottesdienst verzichten müssen, auch die viele Mühe, die man sich mit den

Vorbereitungen gemacht hatte, war umsonst gewesen. Deshalb wurde unser Pfarrer eigens nach Brixen ins Ordinariat zitiert.

Der Bischof ließ sich persönlich von dem »pflichtvergessenen« Pfarrer erzählen, wie das alles abgelaufen war. Dann soll er mit Donnerstimme gesagt haben: »Bedenken Sie, was Sie angerichtet haben! Die ganze Arbeit der frommen Frauen, welche die Altäre geschmückt haben, und die der Jungmänner, die das Frühlingsgrün aus dem Wald geholt und an den Straßenrändern aufgepflanzt haben, war für die Katz. Daher kann ich Ihnen einen Rüffler nicht ersparen.« Schmunzelnd soll er dann hinzugefügt haben: »Von einer Bestrafung will ich indes absehen. Da Sie über vierundzwanzig Stunden unbeweglich auf dem Berg verharren mussten, sind Sie genug gestraft. Eine Auflage muss ich Ihnen allerdings doch machen: Sie dürfen nie wieder vor einem Sonn- oder Feiertag in die Berge gehen.«

Neues Leben auf dem alten Hof

Die ganzen Bewachungsmaßnahmen, die ich hinsichtlich meines Sohnes Friedl getroffen hatte, vermittelten mir lange Zeit ein gewisses Gefühl der Sicherheit, und so traf mich fast der Schlag, als ich erfuhr, dass sich zwischen ihm und der Barbl doch eine Liebesbeziehung entwickelt hatte, die sie lange Zeit vor mir zu verbergen gewusst hatten. Als mir diese Tatsache bekannt wurde, waren es acht Jahre, dass sich die beiden bei der Volkstanzgruppe näher kennengelernt hatten, und es hatte vier Jahre gedauert, bis aus der Bergkameradschaft mehr geworden war.

Jetzt half mir nur noch die Flucht nach vorn: Das Mädchen, von dem ich schon so viel gehört hatte und das ich vom Sehen ja auch längst kannte, wie man sich eben auf dem Dorf durch den sonntäglichen Kirchgang und von Beerdigungen her kennt, wollte ich nun offiziell vorgestellt bekommen. Natürlich kannte ich auch ihre Familie. Ihr Vater war ja kein anderer als der Kofler-Hermann, der nach dem Bombenattentat für einige Tage Asyl bei mir gefunden hatte. Er war auch derjenige, in dessen Stadl das gewilderte Reh versteckt worden war. Kurzum, ich lud die Kofler-Barbl zu uns zum Kaffeetrinken ein.

Als sie bei uns am sonntäglichen Kaffeetisch saß – ich hatte extra einen Kuchen gebacken –, beobachtete ich sie unauffällig, aber kritisch. Unter einem Vorwand lockte ich meinen Ältesten dann nach einiger Zeit in die Küche und fädelte sehr diplomatisch ein Gespräch ein: »Bub, ich kann schon verstehen, dass dir diese Gitsch gefällt. Sie sieht nicht nur gut aus, sie macht auch einen gebildeten Eindruck, und sie zeigt gute Manieren.«

Immer noch sehe ich das selbstgefällige Lächeln vor mir, das sich bei diesen Worten auf seinem Gesicht ausbreitete. Doch damit war das Positive schon gesagt, und der Rest gefiel ihm nicht mehr so gut. »Für dich ist sie aber nicht die Richtige«, lautete nämlich meine Meinung. »Sie ist eine Dame, und so etwas gehört nicht hierher. Was willst du mit einer Person, die in feiner Kleidung einhergeht und die schöne, gepflegte Hände hat? Auf diesen Hof gehört ein Weibermensch mit Arbeitsgewand und Schürze und Händen, die nach Arbeit aussehen. Schon allein, wie die frisiert ist! Dauerwellen! Mein ganzes Leben lang bin ich bei keinem Friseur gewesen. Eine Frau, die eine anständige Bäuerin werden will, rennt nicht zum Friseur. Die lässt ihre Haare wachsen. Die werden geflochten und als ordentliche Gretlfrisur um den Kopf gelegt.«

»Aber Mutter«, widersprach mir mein Sohn. »Du hast Ansichten wie vor hundert Jahren. Heute läuft kein Weibermensch mehr so rum.«

»O doch! Schau dich in der Kirche nur mal um! Da siehst du noch ein gutes Dutzend solcher Frisuren.«

»Mutter, diese Frauen sind alle über siebzig.«

»Das stimmt nicht«, legte ich Widerspruch ein. »Es sind auch Frauen in meinem Alter darunter, und ich bin gerade mal sechzig.«

Friedl lachte auf. »Ja, Mutter, soll ich denn eine Sechzigjährige heiraten?«

Jetzt wurde ich unsicher. Waren meine Ansichten wirklich so veraltet? Vor allem spürte ich aber, dass es gar nichts bringen würde, wenn ich weiterhin etwas gegen das Mädchen sagte. Da er nicht direkt von Heirat sprach, war ja noch Zeit, abzuwarten. Vielleicht, überlegte ich, kam er eines Tages noch von selbst dahinter, dass die Barbl nicht auf diesen Hof passte.

Diese Möglichkeit allein schien mir aber zu unsicher. Um sicherzugehen, musste ich selbst aktiv werden. Scheinbar arglos lud ich die Kofler-Tochter deshalb zu einem Rundgang durch Haus und Hof ein. ›Wenn sie erst mal sieht, was da an Arbeit und Unbequemlichkeit auf sie zukommt, wird sie von sich aus einen Rückzieher machen‹, war mein Gedankengang. Interessiert schaute sie sich alles an, gab aber keine Kommentare. Ich deutete das so, dass ich erreicht hatte, was ich mit dieser Führung bezweckt hatte.

Von mir aus berührte ich in der Folgezeit das Thema Barbl nicht mehr, und das Wort Heiraten nahm ich erst recht nicht in den Mund. Auch mein Sohn hielt sich mit diesem Thema zurück. So fiel ich aus allen Wolken, als er nur wenige Wochen nach Barbls Besuch bei uns einen baldigen Hochzeitstermin nannte.

»Das kann doch nicht wahr sein!« Ich rang nach Luft. »Hast du dir diesen Schritt auch reiflich überlegt?«

Ungeduldig schüttelte der Friedl den Kopf. »Mutter, ich bin einunddreißig, da ist es allmählich an der Zeit, eine Familie zu gründen. Wenn ich noch lange warte, läuft mir die Barbl noch davon. Und dann finde ich bestimmt keine Frau mehr.«

»Aber geh, Bub. So pressiert es doch auch wieder nicht«, versuchte ich ihn umzustimmen. »Du bist doch ein fescher Bursche und bist sehr tüchtig. Und wenn die Barbl dich nicht mehr mag, wirst du jederzeit eine andere finden.«

Mein Sohn warf mir darauf vor, ich hätte eine rosa Brille auf. Die meisten Frauen, die altersmäßig zu ihm passen würden, seien doch längst vergeben!

Das wollte ich aber nicht gelten lassen. »Schau, dein Vater hat erst mit sechsunddreißig geheiratet, weil er da erst die Richtige gefunden hat ...«, begann ich, aber er unterbrach mich sofort: »Warum sollte ich denn so lange warten, wo ich doch die Richtige schon gefunden habe?«

»Du findest bestimmt noch eine, die besser zu dir passt!«, behauptete ich. Aber damit kam ich beim Friedl schlecht an. »Aber ganz bestimmt keine, die hier heraufgeht!«, warf er mir an den Kopf. »Mutter, glaubst du denn wirklich, die Mädchen stehen Schlange, um Bäuerin auf dem Waldeckhof zu werden? Ich kann doch von Glück sagen, dass die Barbl mich so sehr mag, dass sie bereit ist, mit mir hier oben zu leben. Viele ihrer Bekannten haben ihr schon dringend abgeraten: ›Du wirst doch nicht so blöd sein und auf diesen Hof gehen!‹, sagen sie. ›Da kannst du nur arbeiten und arbeiten und arbeiten und hast überhaupt nichts vom Leben.‹«

»Was wissen denn die schon von unserem Hof?«, versuchte ich die Sache abzutun.

»Das sieht doch ein Blinder, dass wir hier die steilsten Lagen des ganzen Landes haben und unfruchtbaren Grund dazu«, belehrte mich mein Sohn. »Da kann sich doch jeder ausrechnen, dass ein Leben hier oben kein Honigschlecken wird.«

»Mir hat es hier oben immer gefallen«, erwiderte ich trotzig.

»Deshalb hast du es auch zu was gebracht«, schmeichelte er. »Und der Barbl gefällt es hier oben auch – das hat sie sogar ihrem Chef gesagt –, und deshalb werde ich es mit ihr auch zu was bringen.«

»Wie kommt sie denn dazu, mit ihrem Chef über so etwas zu reden?«

»Als ich sie vom Büro abgeholt habe, um mit ihr das Aufgebot zu bestellen, hat er gefragt: ›Weißt du, was da auf dich zukommt? So bequem wie im Büro wirst du es dort nicht mehr haben. Du wirst hart arbeiten müssen und bist von aller Welt abgeschnitten. Hast du dir das gut überlegt, ob du da wirklich hin willst?‹«

»Und was hat sie darauf geantwortet?«, wollte ich wissen.

»›Klar weiß ich das‹, hat sie gesagt. ›Mich stören weder die Arbeit noch die Einsamkeit. Mit Gottes Hilfe werden wir dem Berg schon unser täglich Brot abringen.‹ Du musst doch zugeben, Mutter, dass das eine wunderbare Einstellung ist.«

Da konnte ich nichts mehr einwenden und gab ihnen meinen Segen. ›Sie hat wirklich Mut‹, das musste ich mir insgeheim eingestehen, ›dass sie es wagt, hier heraufzugehen.‹ Es war ja nicht nur, dass sie ihr bequemes Büroleben gegen die harte Feldarbeit eintauschte, sie würde ja außer uns beiden Alten auch noch meinen anderen Sohn, der mittlerweile siebenundzwanzig war und noch immer bei uns lebte, sowie meine fünfzigjährige behinderte Schwester übernehmen müssen.

Aber jetzt galt es zunächst, die Hochzeit auszurichten. Im Gegensatz zu der meinen sollte sie eine große und feierliche werden, mit viel Aufwand und Gepränge. Inzwischen waren es ja bessere Zeiten geworden. Seit dem Zweiten Weltkrieg waren über fünfundzwanzig Jahre vergangen, und überall hatte sich mehr Wohlstand ausgebreitet. Politisch gesehen war in unserem Land auch endlich die ersehnte Ruhe eingekehrt, sodass man seine Gedanken eher auf private Vergnügen richten konnte.

Am Hochzeitstag meines Sohnes musste ich intensiv an Barbls Vater, den tapferen Kofler-Hermann, denken. In den Tagen, da er sich bei uns versteckt hielt, war er mir wie ein Sohn ans Herz gewachsen, obwohl er nur unwesentlich jünger war als ich. Leider konnte er den Freudentag seiner Tochter nicht mehr miterleben. Er war vier Jahre zuvor gestorben, mit knapp vierundfünfzig, letztlich an den Wunden, die ihm der Krieg in Russland geschlagen hatte. Und seine Frau, die gute Traudl, war ihm noch im selben Jahr ins Grab gefolgt. Sie war an gebrochenem Herzen gestorben, wie es hieß und war auch erst fünfundfünfzig Jahre alt.

Weil die Barbl also bereits Waise war, als sie heiratete, nahm ich mir vor, da schon an der Tatsache, dass mein Sohn sie unbedingt zur Frau haben wollte, nichts mehr zu ändern war, ich ihr wenigstens die Mutter ersetzen würde, so gut ich konnte.

Während ich mit tränenblinden Augen meinen Sohn zum Traualtar geleitete, war es der Friedrich, der stolz die schöne Braut in die Kirche führte. Ja, sie war wirklich eine bezaubernde Braut. Zu ihrem Ehrentag hatte sie sich eigens ein Trachtenkleid, ein sogenanntes Bayerisches Gewand, anfertigen lassen. Der schwarze Plisseerock, aus edlem Wollstoff, war mit einem roten Saum abgesetzt. Über der weißen Bluse aus Klöppelspitze hatte sie ein schwarzes Mieder mit eingestickten roten Blüten und seitlich eingesetzten roten Samtteilen. Dazu trug sie eine hellblaue Schürze aus glänzendem Taft.

Mein Myrtenkranz war leider über die Generationen, die ihn getragen hatten, schon so unansehnlich geworden, dass er zu dem neuen Gewand der Braut nicht mehr gepasst hätte. Doch ehe die Barbl in Verlegenheit geriet, bot ihr eine alte Frau aus dem Dorf ihren Brautkranz an. Der war wunderschön und sah noch aus wie neu, obwohl er auch schon an die sechzig Jahre alt sein mochte. »Er soll doch wenigstens einmal getragen werden«, erklärte die Frau, die bereits einiges über achtzig, aber immer noch ledig war. Zur Zeit des Ersten Weltkrieges war sie verlobt gewesen und hatte sich diesen Kranz gekauft, weil ihr Hochzeitstermin schon feststand. Da kam kurz vor dem Termin – es war im letzten Kriegsjahr – die Nachricht, dass der Bräutigam gefallen sei.

Die Sitzplätze in der Kirche reichten bei Weitem nicht aus. Nicht nur unsere große Verwandtschaft war fast vollzählig erschienen, selbst meine Vettern und Kusinen aus dem fernen Gadertal waren angereist. Auch die Braut hatte eine riesige Verwandtschaft aufgeboten. Sogar ihre beiden Tanten aus dem Kloster, das Zwillingspaar, von denen die eine in den Orden eingetreten war, nachdem sie vom Heldentod ihres Bräutigams erfahren hatte, waren zu diesem Anlass beurlaubt worden. Außerdem hatte das Brautpaar nicht nur Barbls ehemalige Kollegen, sondern auch all seine Freunde und Bergkameraden eingeladen sowie sämtliche Mitglieder der Volkstanzgruppe. Die ließen es sich später nicht nehmen, uns bei der weltlichen Feier einige Tänze darzubieten. Selbst Barbls Freundin Vroni, die mit den Kohlblättern auf dem Bauch, fehlte nicht. Da sie bereits einige Jahre vorher geheiratet hatte, brachte sie ihren Ehemann mit, der ebenfalls ein begeisterter Kletterer war. Natürlich waren auch alle Nachbarn eingeladen, wovon einige eh zur Verwandtschaft gehörten. Aber auch viele Neugierige drängten sich in die Kirche.

Der Herr Pfarrer hielt eine schöne und humorvolle Predigt. Durch diese erfuhren alle, die es bisher nicht gewusst hatten, dass sich der Friedl und seine Braut beim Bergsteigen näher gekommen waren. Dabei erwähnte er auch, dass er selbst einst mit dem heutigen Bräutigam in Bergnot geraten war. Er beschrieb ziemlich genau, wie sie dort über vierundzwanzig Stunden auf einem Felsvorsprung ausgeharrt hatten. »Da habe ich selbst gespürt«, so sagte er wörtlich, »dass man Gott auf dem Berge näher ist als im Tal.«

Bei diesen Worten musste ich mein Taschentuch erneut ziehen, denn mir traten Tränen der Rührung in die Augen. ›Wenn man auf dem Berg Gott näher ist‹, musste ich denken, ›und die beiden sind sich auf dem

Berge näher gekommen, dann muss Gott das so gefügt haben.‹

Wie käme dann ich dazu, als kleiner, unwichtiger Mensch, etwas gegen diese Verbindung haben zu wollen? Ja, und dann wanderten meine Gedanken noch weiter. Mir kam die Erkenntnis, dass der Herr Pfarrer mit seiner Behauptung, dass man Gott auf dem Berge näher sei als im Tal, unbedingt recht hatte. Das hatte ich doch schon oft genug erfahren. Auf dem Berge braucht man Gott doch auch viel notwendiger als im Tal, weil man viel mehr Gefahren ausgesetzt ist.

Nach dem Brautamt gab es eine große Feier im Gasthaus. Ich muss zugeben, anfangs hatte es mir gar nicht so recht gepasst, als ich hörte, wie viele Leute das Brautpaar dazu eingeladen hatte. ›Wozu diese unnötige Geldausgabe?‹, hatte ich, die ich immer zum Sparen gezwungen gewesen war, gedacht. Dagegen sagen konnte ich allerdings nichts. Es war ja die Hochzeit der jungen Leute, und durch unermüdliche Arbeit auf unserem Hof hatte der Friedl ihn so weit gebracht, dass er jetzt besser stand als je zuvor. Außerdem hatte sich die Braut durch ihre jahrelange Bürotätigkeit ein schönes Sümmchen ansparen können. Daher konnten es sich die beiden leisten, ihren Ehrentag so würdig zu gestalten. Nun, da das Fest im Gang war und ich von Tisch zu Tisch gehen und Verwandte begrüßen konnte, fand ich es aber wunderbar. Das war doch wirklich mal eine Gelegenheit, solche Menschen wiederzusehen, die man seit Jahren nicht getroffen hatte. Früher, als man noch alle Wege zu Fuß zurücklegen musste, hatte man sich öfter besucht als heute. Es war eine betrübliche Tatsache, seit fast jede Familie ein Auto besaß, blieb bei vielen gar keine Zeit mehr für Verwandtenbesuche.

Nachdem die Hochzeitsfeierlichkeiten verrauscht waren, begab sich das junge Paar auf Hochzeitsreise. Hochzeitsreise! Zu meiner Zeit hatte es bei uns den Begriff noch nicht mal gegeben, geschweige denn hätte man das Geld gehabt, es für so etwas auszugeben. Abgesehen davon wäre die ganze Arbeit liegengeblieben. Die beiden Jungvermählten fuhren für eine ganze Woche an die Adria, nach Bibione. Von dort erreichte uns eine wunderschöne Ansichtskarte genau einen Tag, bevor sie wieder zurückkamen. Danach ging für sie der Ernst des Lebens los. Aber vorher, während sie an der Adria weilten, hatte ich mithilfe meines Mannes und meiner Schwester Frieda im Haus ein bisschen umgeräumt. Für meinen Mann und mich richtete ich die vormalige Kammer meiner Eltern her, damit unsere Kammer frei wurde für das junge Paar. Wehmütig war ich mir dessen bewusst, dass wir uns damit aufs »Altenteil« setzten.

Nun würde sich zeigen, was die junge Frau wirklich konnte. In seiner ersten Verliebtheit kann man ja leicht sagen: »Schatz, ich folge dir bis ans Ende der Welt.« Sobald aber der Alltag beginnt, sieht es oft ganz anders aus. Nun würde sich herausstellen, ob die junge Frau auf dem Bauernhof auch alltagstauglich war. Und zu meiner großen Überraschung war sie es tatsächlich! Sie konnte einfach alles: braten, backen, kochen, sogar buttern und Kas machen. Auch im Waschen, Bügeln oder Flicken konnte ich ihr nichts vormachen. Ob in

Gartenarbeit, im Einmachen oder beim Putzen, sie war einfach in allem perfekt. Selbst mit allen Stallarbeiten war sie vertraut. Ihre Mutter schien sie doch ganz schön angelernt zu haben, obwohl die Barbl, weil es damals schon üblich war, dass auch Mädchen einen Beruf erlernen, gleich nach der Volksschule die Mittelschule und danach die Handelsschule besucht hatte.

Das einzige, was meine Schwiegertochter nicht konnte, war Melken. ›Wenigstens etwas, das sie nicht kann‹, dachte ich erleichtert. So viel Perfektion wäre mir sonst unheimlich gewesen, und ich hätte vielleicht noch Komplexe gekriegt. Da mein Sohn und ich uns bisher im Melken abgewechselt hatten, behielten wir das weiterhin bei. So hatte ich doch wenigstens noch eine wichtige Aufgabe und fühlte mich nicht ganz beiseite gedrängt.

Bald fiel mir auf, dass meine Schwiegertochter neben der einfachen Bauernküche auch die feine Küche beherrschte. »Das hast du aber nicht bei deiner Mutter gelernt?«, stellte ich überrascht fest. »Nein«, gab sie zu, »das habe ich in Brixen in einer großen Hotelküche gelernt. Dort war ich während meiner Schülerzeit für einige Monate als Aushilfsküchenmädchen tätig. Dabei habe ich den Köchen immer fleißig auf die Finger geschaut.«

Ja, und wie das so üblich ist bei jungen Leuten und wie es Gottes gewollte Ordnung ist, damit die Menschheit nicht ausstirbt, lag übers Jahr ein neues Menschenkind in der alten Wiege. Es war nicht der Bub, den Vater und Großvater erhofft hatten, sondern ein rosiges, gesundes Mädchen. Meine Freude darüber war aber wesentlich größer, als ich sie bei einem Buben hätte empfinden können. Denn da mir das Schicksal eine Tochter vorenthalten hatte – nach der Geburt meiner zwei Buben tat sich bei mir nichts mehr –, konzentrierte sich meine Freude auf die kleine Enkelin. Als sie mir zu Ehren auch noch Magdalena genannt wurde, war mein Glück vollkommen, und ich dankte dem lieben Gott für diese Gnade.

Von diesem Tag an schloss ich meine Schwiegertochter – wenn das überhaupt möglich war – noch mehr ins Herz. Allerdings war das Kind nicht auf unserem Hof geboren worden, junge Mütter pflegten zu dieser Zeit bereits nach Brixen ins Krankenhaus zu gehen. Das hatte sicher einige Vorteile. Nachdem die Barbl das Spital verlassen hatte, pflegte ich sie und das Kind aber selbstverständlich eine Weile weiter. Ich versuchte, ihr das Leben zu erleichtern, wo immer es ging, was sie dankbar annahm.

Nachdem wir also wieder junges Leben im Haus hatten, sprach ich eines Abends mit meinem Mann ein ernstes Wort. »Du, Friedrich«, begann ich. »Da der Friedl nun eine eigene Familie hat, sollten wir ihm den Hof übergeben, damit er schalten und walten kann, wie er das für richtig hält.«

»Das tut er doch eh schon«, knurrte mein Alter, »oder vielmehr, sie tut es.«

»Davon habe ich noch nicht viel gemerkt«, widersprach ich.

»Sie haben doch gleich nach der Hochzeit den gebrauchten Traktor gekauft. Ich hatte dem Friedl das weder angeschafft, noch hatte er mich darum gefragt.«

»Wieso hätte er dich auch fragen sollen?«, nahm ich die beiden in Schutz. »Es war doch das Geld, das sich die Barbl erspart hatte. Damit konnten sie doch kaufen, was sie wollten. Und dass sie den Transporter gekauft haben, war kein Fehler. Der erleichtert uns die Arbeit doch sehr.«

»Hast ja recht«, gab er brummelnd zu. »Mir ist es schon recht, wenn du übergibst. Schließlich hast du diesen Hof mit in die Ehe gebracht, da kannst du auch entscheiden, wann übergeben wird. Außerdem wird es Zeit, dass ich mich zur Ruhe setze; ich musste mich lange genug auf dem Hof abplagen.«

»Jetzt hört es aber auf!«, empörte ich mich. »Du musstest! Ich erinnere mich sehr gut, dass du freiwillig hier eingeheiratet hast. Außerdem hast du behauptet, dass du gern Bauer bist.«

»Ja, schon, das stimmt. Ich wollte es ja so«, lenkte er ein. »Und du hast mich über dreißig Jahre Herr auf deinem Hof sein lassen, das hat mir schon gut getan. Aber jetzt ist es eigentlich doch genug. Mit meinen neunundsechzig Jahren steht es mir zu, mich zur Ruhe zu setzen und den wohlverdienten Lebensabend zu genießen.«

»Außerdem kommst du jetzt endlich in den Genuss der Bauernrente«, fiel mir etwas ein, was ihm die Hofübergabe noch schmackhafter machen würde.

Ich merkte sehr wohl, dass mein Sohn und seine Frau stolz und glücklich waren, als wir für den Übergabe-Vertrag in Bozen den Notar aufsuchten, wenn sie es sich auch nicht anmerken lassen wollten. Was mich aber doch sehr verwunderte, vom Tag der Übergabe an rührte mein Mann auf dem Hof keinen Finger mehr. Wenn ich ihn schon mal darauf ansprach, antwortete er: »Was willst du? Ich bin Rentner.«

Irgendwie wusste er sich anderweitig zu beschäftigen. Er tat all das, wozu er bislang nicht gekommen war: Er schlief länger als bisher, er frühstückte gemütlicher, wobei ich ihm Gesellschaft leistete. Er studierte sehr ausgiebig die Zeitung und teilte mir immer mit, was es Wichtiges auf der Welt und im Dorf gab. Bei gutem Wetter unternahm er lange Spaziergänge durch Wald und Flur. Zusätzlich schloss er sich einem Seniorenkreis an, der nur aus Mandermenschen (Männern) bestand. Das waren alles Bauern, die sich zur Ruhe gesetzt hatten und die es für nötig hielten, regelmäßig über die Gemeinde- und die Weltpolitik zu diskutieren. Als ob sie jetzt noch etwas daran ändern konnten!

Auch fuhr mein Mann hin und wieder nach Brixen oder sogar nach Bozen und wanderte durch die Städte, wozu er vorher nie gekommen war. Ja, er unternahm sogar einige Reisen ans Mittelmeer. Dabei hätte er mich am liebsten mitgenommen. Mir lag aber nichts daran. Erstens war ich lieber zu Hause und zweitens brachte ich es nicht fertig, müßig zu sein. Ich war weiterhin unermüdlich tätig. Zumal zwei Jahre nach der kleinen Magdalena ein kleiner Andreas in der Wiege lag, was mich für meinen Sohn und meinen Ehemann freute. Gerufen wurde der Kleine Ander, wie das in unserer Region üblich ist. Im Jahr darauf folgte eine Waltraud, und als sich im Jahre 1991 noch ein kleiner Florian dazugesellte, war unser Kleeblatt komplett. Mit vier kleinen Kindern und der ganzen Landwirtschaft konnte ich doch meine Schwiegertochter nicht im Stich lassen! Als ihre Kinder aus dem Gröbsten heraus waren, sagte sie mal anerkennend zu mir: »Ja, Mutter, was du für mich getan hast, das kann ich gar nicht gutmachen. Wie wäre ich ohne dich zurechtgekommen!«

Dieses Lob freute mich verständlicherweise sehr, dennoch versuchte ich, es abzuschwächen: »Was ich getan habe, war doch selbstverständlich. Außerdem, was hätte ich sonst den ganzen Tag tun sollen? Die Langeweile hätte mich ja umgebracht.«

Eines Abends kehrte mein Mann von seinem Ausflug nach Brixen zurück und tat sehr geheimnisvoll. Nur so viel ließ er mir gegenüber verlauten: »Ich habe eine Überraschung für dich.«

Überraschungen liebte ich eigentlich nicht, denn meist kam nichts Gutes dabei heraus. Außerdem war ich nicht nur neugierig, sonder auch ungeduldig. Aber wie ich auch bohrte, ich konnte ihm nichts weiter entlocken als die Antwort: »Das wirst du noch früh genug sehen.«

Dann beobachtete ich, wie er mit unserem Friedl flüsterte, und ich glaubte zu hören: »Also gut, bis morgen.«

Am folgenden Tag fuhren die beiden Männer dann kurz nach dem Mittagessen los. Zwei Stunden später waren sie zurück und schleppten einen schweren Pappkarton ins Haus und dazu noch ein sonderbares Drahtgestell und einige Kabel. Mit dem Drahtgestell stieg mein Sohn aufs Dach und machte sich da zu schaffen. Dann leitete er von dorther ein Kabel durchs Dachfenster. Weiter bekam ich nicht mehr mit, was mit dem Kabel geschah. Später, als ich unsere kleine Stube betrat, erblickte ich dann die Überraschung. Vater und Sohn hatten einen unförmigen Kasten aus dem Karton geschält, der auf einer Seite eine leicht gewölbte Glasplatte hatte. Diesen hatten sie auf den kleinen Tisch in der Ecke gestellt, und Friedl war damit beschäftigt, mehrere Kabel anzuschließen. Interessiert schaute ich zu, wie mein Sohn sodann auf verschiedene Knöpfe drückte und an anderen drehte. Plötzlich erschien auf der Glasscheibe ein heilloses Flackern und Flimmern, als ob ein Schneesturm dahinter hindurchfege. Mit dem besten Willen konnte ich mir nicht vorstellen, was das werden sollte. Als endlich schwarze Streifen von oben nach unten durch die Scheibe sausten, zeigten die Männer eine gewisse Begeisterung, und mein Sohn rief aus: »Vater, gleich haben wir's!«

Und tatsächlich, es dauerte nicht lange, da verwandelten sich die Streifen in Gegenstände. Zumindest konnte ich mit einiger Fantasie ein Haus entdecken und einige Autos, alles Grau in Grau. Hoch zufrieden drückte und schaltete der Friedl weiter, bis endlich ein klares Bild entstand. Es zeigte kleine graue Männchen, die auf einem grauen Feld herumliefen. Dann hörte ich auch eine geheimnisvolle Stimme aus dem Kasten, die sich anhörte, als kommentiere sie ein Fußballspiel. So etwas hatte ich schon mehrmals aus dem Radio vernommen. »Ist das ein Radio mit Bild?«, fragte ich schließlich.

»Das ist ein Fernseher«, erklärte mein Mann stolz. Dass es so etwas wie Fernseher gab, hatte ich natürlich schon gehört. Aber vorgestellt hatte ich mir die ganz anders. »Die Menschen sind ja so winzig, dass man sie kaum sieht, und alles Grau in Grau«, stellte ich enttäuscht fest.

»Ja, das ist ein gebrauchter Fernseher, noch ein Schwarzweiß-Gerät. Das habe ich geschenkt bekommen, weil sich sein Besitzer einen Farbfernseher gekauft hat. Für geschenkt tut er es doch, zumindest für den Anfang. Später, wenn wir mehr Geld haben, kaufen wir uns ein größeres Gerät, eines mit farbigen Bildern.«

Nun ja, wenn er seine Freude daran hatte! Ich würde nicht oft vor dem Apparat sitzen, da war ich mir sicher. Er selbst hatte aber auch nicht viel davon. Bei einem Gewitter durfte man ihn nicht einschalten. Das sei zu gefährlich, hieß es. Und wenn der Strom weg war, funktionierte er auch nicht. Saß der Friedrich aber wirklich mal davor, war er nach wenigen Minuten eingeschlafen. Sonntagnachmittags, wenn es regnete, kamen schon mal die Kinder herauf, um sich die eine oder andere Sendung anzusehen. Aber sie blieben nicht lange, sondern gingen lieber wieder nach unten, um mit den Eltern Karten- oder Brettspiele zu machen. Ja, und unter der Woche hatten sie eh keine Zeit.

Eines Abends nun – ich war noch in der Küche beschäftigt – hatte mein Mann, da er wieder mal vor dem Gerät eingeschlafen war, versäumt, es bei einem Gewitter rechtzeitig auszuschalten. Plötzlich krachte es ganz fürchterlich, sodass ich schon dachte, die Welt ginge unter. Was aber war passiert? Der Blitz hatte in den Fernseher eingeschlagen und ihn völlig ruiniert.

Tags darauf packte der Friedl ihn wieder in den Karton, den wir vorsorglich aufgehoben hatten, und entsorgte ihn.

»Die Antenne« – wie er das Drahtungetüm auf dem Dach nannte – »kannst du gleich mitentsorgen«, empfahl ich ihm. »Mir kommt kein Fernseher mehr ins Haus.«

»Mir auch nicht«, stimmte der Friedl aus voller Überzeugung zu. Und daran haben er und die Barbl sich bis heute gehalten. Wir haben ein Radio und eine Tageszeitung, das genügt völlig, um über das Weltgeschehen informiert zu sein. Und so viel Langeweile haben wir nicht, dass wir uns von einem Flimmerkasten unterhalten lassen müssten. Die Familie hat immer noch die Angewohnheit, abends um neun Uhr zu Bett zu gehen. Daher bleibt zwischen Nachtessen und Schlafengehen eh nicht so viel Zeit.

Seilwinden

In anderen Bereichen konnte ich dem technischen Fortschritt mehr abgewinnen. Jahrhundertelang hatte man sein Brennholz mühsam vom tiefer gelegenen Wald zu den Höfen schaffen müssen. Jeden der fünfzehn bis zwanzig Meter langen Stämme hatte man einzeln ans Ross angehängt, das sie dann den Berg hinaufzog. Das war eine Schinderei für Mensch und Tier, denn der Bauer musste ja mit jedem Stamm selbst den steilen Berg hinaufsteigen. Mit dem elektrischen Strom wurde aber auch das viel einfacher. Schon bald legte sich ein Hof nach dem anderen eine elektrisch betriebene Seilwinde zu. Bis zum Anfang der sechziger Jahre hatten wir uns auch endlich dazu durchgerungen, uns so eine moderne Anlage installieren zu lassen. Damit wurde das Herbeischaffen des Holzes zum Kinderspiel, im wahrsten Sinne des Wortes. Nicht nur meine Kinder hatten von klein auf damit zu arbeiten gelernt, auch meine Enkel wurden schon frühzeitig eingespannt. Das sahen sie aber nicht als Belastung an, sie machten das ausgesprochen gern. Wie das genau funktionierte, kann ich aber nicht beschreiben, denn ich habe selbst habe nie damit gearbeitet.

Während die junge Familie damit beschäftigt war, das Holz einzubringen, war es meine Aufgabe, für alle zu kochen. Zwischendurch warf ich allerdings schon mal vom Küchenfenster aus einen Blick auf meine Leute. Jedes Mal freute ich mich daran, mit welch spielerischer Leichtigkeit sie das Holz vom unteren Graben bis auf den Hof beförderten. Mein Sohn befand sich im Graben, wo er Wochen zuvor das Holz gefällt und aufgestapelt hatte. Mit Ketten befestigte er jeweils einen Stamm an das Seil der Winde, die seine Frau vom Hof aus in Gang setzte. Während das Seil lief, musste sie es ständig beobachten, um den Motor bei einer Störung sofort abschalten zu können. Auf halbem Weg etwa befand sich – weil es da um die Kurve ging oder weil die Kraft des Motors für eine so lange Strecke nicht ausgereicht hätte – eine Umlaufrolle. Diese musste ebenfalls ständig beobachtet werden. Das war eine kinderleichte Arbeit. Die hatte mein Enkel Ander schon öfters übernommen, selbst als er noch nicht mal zehn Jahre alt war. Sobald irgendeine Unregelmäßigkeit auftrat, hob er einfach die Hand, dann schaltete seine Mutter oben den Strom ab, und sein Vater kam nachschauen, um den Schaden zu beheben. Bisher hatte das immer geklappt, denn sie waren bald ein eingespieltes Team, wie man das heutzutage nennt.

Eines Tages aber, der Bub war mittlerweile zehn, da passierte etwas. Es war am Faschingssamstag, schon fast Abend, da vernahm ich, obwohl das Fenster geschlossen war, einen markerschütternden Schrei. Das war eindeutig die Stimme vom Ander. Ich stürzte ans Fenster und sah, dass alle aufgeregt zu laufen begannen. Mein Enkel hielt seine rechte Hand mit der linken, und es war mir, als sähe ich Blut zur Erde tropfen. Barbl, die dem Haus am nächsten war, erreichte es zuerst. Sie stürmte hinein und kam mit einer Mullbinde und einem Frotteetuch wieder heraus. Inzwischen hatte der Friedl seinen Sohn eingeholt. Er hatte den Arm um ihn gelegt und schob sich mit ihm auf das Haus zu. Etwas Genaues konnte ich nicht erkennen. Der Bub schien etwas in der Hand zu halten, von dem ein gelblich-weißes Band herunterbaumelte. Nun wickelte seine Mutter ihm die Mullbinde um die Hand und schlang das Frotteetuch locker drum herum. In der Zwischenzeit hatte der Friedl die Garage erreicht und holte das Auto heraus. Gemeinsam halfen die Eltern ihrem Sohn beim Einsteigen und betteten ihn auf den Rücksitzen. Kaum war auch seine Frau ins Auto gestiegen, raste der Friedl los. Bald schon waren sie meinen Blicken entschwunden.

Voller Sorgen blieb ich zurück. Niemand hatte die Zeit gehabt, mir etwas zu erklären. Das konnte ich aber nur zu gut verstehen. Es war offensichtlich etwas passiert, wo man dringend zum Arzt musste oder sogar ins Spital. Mir blieb nur, wie schon so oft in meinem Leben, die Zuflucht zum Gebet. Das durfte mich aber nicht davon abhalten, das Abendessen fertig zu machen und meinen Mann und die anderen Kinder zum Essen zu rufen. Die waren alle oben bei ihm in der Stube gewesen zum Fernsehen, daher hatten sie von der ganzen Aufregung nichts mitbekommen. Um sie nicht zu beunruhigen, erwähnte ich nichts von dem Zwischenfall. Da ich aber die jüngeren Kinder nach dem Essen ins Bett schicken wollte, begehrten sie auf: »Wir wollen wach bleiben, bis die Mama kommt.«

Nun musste ich doch Farbe bekennen. »Das kann spät werden. Die Mama und der Papa sind mit dem Ander zum Doktor gefahren.«

»Warum?«, wollten sie wissen. Und auch mein Mann interessierte sich natürlich dafür.

»Das weiß ich selbst nicht genau. Aber der Ander muss sich irgendwie an der Seilwinde verletzt haben. Auf jeden Fall freut sich die Mama, wenn ihr brav in euren Betten liegt, wenn sie müde und hungrig heimkommt.«

Das wirkte. Nachdem die beiden Kleinen in ihren Betten lagen, half die zwölfjährige Magdalena mir noch in der Küche beim Aufräumen. Dann suchte auch sie brav ihr Bett auf. Der Opa hatte sich inzwischen wieder in die Stube zurückgezogen zum Fernsehen. Endlich hörte ich das Auto vorfahren. Kurz darauf betraten Friedl und Barbl die Küche – ohne den Buben.

»Wo ist der Ander?«, fragte ich besorgt.

»Er muss mindestens bis morgen im Spital bleiben«, antwortete mein Sohn. »Dann muss man weitersehen.«

Nun erfuhr ich endlich, was genau passiert war: Den ganzen Nachmittag hatten sie Brennholz hochgezogen, und alles war gut gegangen. Nachdem sie den letzten Stamm befördert hatten, wollte Andreas, wie immer nach Beendigung der Arbeit, das Seil aus der Umlaufrolle nehmen. Dazu hätte er aber warten müssen, bis seine Mutter die Maschine stoppte. Damit es schneller gehen sollte, wartete er das aber nicht ab. Er öffnete einfach das Gehäuse, während das Seil noch lief. In dem Moment wurde der Arbeitshandschuh seiner rechten Hand vom Seil erfasst und in den Kasten gezogen. Seine Mutter, die das von oben sah, erschrak zu Tode und stoppte die Maschine sofort. Aber da war es auch schon geschehen. Der Zeigefinger der rechten Hand war ab und die Sehne bis zum Ellenbogen herausgerissen. Das war also das gelblich-weiße Band, das ich herunterhängen gesehen hatte.

Trotz des Schreckens, den der Bub in dem Moment bekommen hatte, besaß er so viel Geistesgegenwart, dass er den Handschuh aus der Rolle nahm, wobei der Finger mitsamt der Sehne zu Boden fiel. Den Finger hob er auf, barg ihn in der verletzten Hand und hielt die andere Hand schützend darum. Der Schrei, den ich gehört hatte, hatte der Bub nicht vor Schmerz ausgestoßen, sondern vor Schreck. Auf dem ganzen Weg zum Krankenhaus hatte er, erzählte seine Mutter, noch keinerlei Schmerzen verspürt, da er unter Schock gestanden hatte.

Der Friedl hatte gar nicht erst versucht, das Spital in Brixen anzulaufen, sondern war gleich zur Uni-Klinik in Innsbruck gefahren. Er vermutete nämlich, dass sich dort am ehesten eine Kapazität finden würde, die dem Buben den Finger retten konnte.

Dort hätte man den Finger auch tatsächlich ohne Weiteres annähen können, versicherte man ihm, denn er war noch gut erhalten und sie waren schnell genug in der Klinik gewesen. Aber die Ärzte rieten dringend davon ab, weil der Finger mit größter Wahrscheinlichkeit steif bleiben würde. Und ein steifer Zeigefinger sei später bei jeglicher Arbeit hinderlicher als ein fehlender. Das leuchtete den Eltern ein. Deshalb unterschrieben sie ein Formular, auf dem sie ihre Zustimmung gaben, dass der Finger nicht angenäht werde.

Der Ander brauchte tatsächlich nur eine Nacht in der Klinik zu verbringen. Als die Eltern ihn anderntags besuchten, durften sie ihn, zu seiner großen Freude, gleich wieder mit heimnehmen. Zu Hause aber musste er noch einige Tage das Bett hüten, damit die Wunde Ruhe hatte zu heilen und sein Körper sich von dem Schock erholen konnte.

Nicht, dass sein Zeigefinger fehlte, sah der Bub als tragisch an, für ihn war es viel schlimmer, dass er die ganze Faschingszeit im Bett verbringen musste. Er hatte sich nämlich so auf den Faschingsdienstag gefreut. In mühevoller Arbeit hatte er sich ein Pferd gebastelt, ein wunderschönes Pferd. Der Kopf bestand aus selbstgemachtem Pappmaché. Dazu hatte er tagelang alte Zeitungen eingeweicht und Fetzchen für Fetzchen zu einem Kopf zusammengeklebt. Der Körper bestand aus einem sauberen Kartoffelsack, und den Schweif hatte er aus lauter braunen Wollfäden gebildet. Mühsam hatte er sie gleich lang geschnitten und dann am oberen Ende gebündelt. Das Bündel hatte er dann eigenhändig mit großen Stichen an den Sack angenäht. Alles war fix und fertig. Am Dienstag hätte er nur in sein Pferd hineinzuschlüpfen brauchen und hätte es beim Faschingsumzug stolz durchs Dorf tragen können. Jeder von uns gab sich redlich Mühe, ihn an diesem Tag so gut wie möglich abzulenken.

Nicht nur bei uns hatte man einen Unfall mit der Seilwinde zu beklagen. In der näheren und ferneren Nachbarschaft kam immer wieder mal etwas vor, aber der lustigste Vorfall ereignete sich bei den Mittlers. Es betraf die Bäuerin Susanne, eine rundliche Person von etwa sechzig Jahren. Sie und ihr Mann waren ganz, ganz fleißige Leute. Sie bewirtschafteten einen kleinen

Hof mit besonders steilen Feldern. Diese waren so steil, dass man den Pflug weder vom Traktor noch von einem Pferd ziehen lassen konnte. Deshalb hatte man als große Errungenschaft oben in der Scheune eine Seilwinde installiert. Während der Mittler in dem Feld unterhalb des Anwesens den Pflug lenkte, befand sich die Susanne oben in der Scheune und bediente die Seilwinde, die den Pflug nach oben zog. Das war die leichtere Arbeit. Nun stieß man beim Pflügen auf unseren Äckern immer wieder auf Steine. Manchmal waren das ganz ansehnliche Brocken. Von einem solchen muss der Pflug des Mittlerbauern zurückgehalten worden sein. Dadurch entstand ein ungewöhnlich starker Zug auf die Halterung der Seilwinde. Vielleicht war sie auch nicht solide genug angeschraubt gewesen. Jedenfalls, ehe sich die Mittlerin versah, schwebte sie, zu Tode erschrocken, mitsamt dem Motor wie ein Posaunenengel durch das Scheunenfenster in die Tiefe. Bei allem hatte sie noch wahnsinniges Glück. Sie legte nämlich eine weiche Landung hin – auf dem Misthaufen. Außer dass sie und ihre Kleidung einer gründlichen Reinigung bedurften, war kein Schaden entstanden. Nicht mal eine Schramme hatte sie abgekriegt.

Traktorgeschichten

Wir haben ohne Traktor gearbeitet, bis Friedl kurz nach seiner Hochzeit einen gekauft hat. Wenn es nach ihm gegangen wäre, dann hätten wir aber sicher schon in den sechziger Jahren einen gehabt. In der Zeitung, besonders aber in unserer Bauernzeitung mit dem Titel »Der Landwirt« – wir hielten sie, damit wir auf dem Laufenden waren über neue Gesetze und Verordnungen – wurden damals in Anzeigen schon diese neumodischen Dinger angeboten. Manchmal flatterten uns aber auch farbige Prospekte ins Haus, in denen Traktoren angepriesen wurden. Wenn ich diese Prospekte oder Anzeigen nicht selbst entdeckte, hielt mein Sohn sie mir unter die Nase mit der Frage: »Was hältst du davon? Das wäre doch etwas für uns. Das könnte uns die Arbeit bärig erleichtern.«

»Nichts halte ich davon«, lautete dann meine Antwort. »Dafür ist unser Gelände viel zu steil. Oder willst du damit abstürzen? Unser Ross scheint mir da zuverlässiger, und alles, was bei uns zu machen ist, das schafft es leicht. Niemand hier oben hat so eine Maschine. Und wir müssen nicht unbedingt die Ersten sein, die sich auf ein solches Abenteuer einlassen.«

Damit war dieses Thema für eine Weile vom Tisch. Eines Tages aber hieß es – das muss Anfang der Siebziger gewesen sein – die Nachbarn oberhalb hätten sich einen Traktor gekauft, einen kleinen, der unter der Bezeichnung Transporter lief. Der sei wendiger in den Bergen als ein großer, ausgewachsener Traktor, hieß es. Nun ja, wenn die so viel Geld ausgeben wollten für so ein neumodisches Glump und wenn es ihnen nicht zu gefährlich war, damit an den steilen Hängen zu arbeiten, war das ihre Sache. Mir war aber dennoch bei dem Gedanken daran nicht ganz geheuer. Denn deren Gelände war mindestens so steil wie das unsere, und wenn bei denen der Traktor abstürzen würde, musste der unweigerlich bei uns vorbeisausen und konnte einen womöglich, falls man gerade bei der Feldarbeit war, erschlagen. Von da an ging ich nur noch mit Unbehagen hinaus zum Arbeiten und sandte immer wieder einen ängstlichen Blick nach oben.

Aber alles blieb still, drei Jahre lang, und meine Besorgnis wich allmählich. Doch eines Vormittags, es war zur Zeit der Heuernte, trat ich aus dem Haus und wollte mich gerade zum Heuwenden auf die unterhalb gelegene Wiese begeben, da hörte ich von oben her ein Rumpeln und Scheppern, das immer näher auf mich zuzukommen schien. Wie erstarrt blieb ich an der Haustüre stehen. Die Ursache dieser Geräusche erwies sich als eine rotschwarze Blechlawine, die in wenigen Metern Abstand an mir vorbeirollte. Nach dem, was ich aus den Prospekten kannte, musste das der Traktor gewesen sein. Ich sah gerade noch, wie die großen Räder davonflogen, dann war er meinen Blicken entschwunden, und das Holpern und Poltern wurde immer leiser. ›Mein Gott, was mag aus dem Fahrer geworden sein?‹, zuckte es mir durch den Kopf, nachdem ich zuvor nur an meine eigene Sicherheit gedacht hatte. Da die Gummi-Blech-Lawine so schnell an mir vorbeigeschossen war, hatte ich nicht erkennen können, ob eine Person darin oder darauf gesessen hatte.

Später erfuhr ich, was sich ereignet hatte: Die siebzehnjährige Tochter des Bauern, die im Jahr zuvor eigens eine Führerscheinprüfung für den Traktor abgelegt hatte, war auf einer ihrer Wiesen mit Heuwenden beschäftigt gewesen. Plötzlich begann die Maschine mitsamt dem Heuwender zu kippen. Da das anscheinend langsam geschah, konnte das Mädchen noch gegen den Berg abspringen. Das hat ihr mit Sicherheit das Leben gerettet, denn von dem Transporter nebst Anhänger blieb nicht mehr übrig als ein Haufen Schrott. Bei seiner stürmischen Fahrt hatte er sogar einen Graben von etwa fünfzig bis sechzig Meter Breite übersprungen, bis er endlich in einer Schlucht etwa hundert Meter unterhalb desselben zum Liegen kam. Alle vier Räder hatten sich selbstständig gemacht. Das Rad, das die weiteste Strecke zurückgelegt hatte, wurde unten im Dorf gefunden, Luftlinie etwa anderthalb Kilometer vom Heimathof entfernt.

Glück im Unglück war, dass niemand von dem wildgewordenen Gefährt getroffen worden war. Der Sachschaden für den Bauern war allerdings erheblich. Dieses Vorkommnis bestärkte mich noch mehr in meiner Ablehnung gegen ein solch modernes Ackergerät. Die Zeit lief aber weiter, und der Fortschritt ließ sich nicht aufhalten. Noch ehe wir unseren Hof an die jungen Leute übergeben hatten, hatte der Friedl, wie bereits erwähnt, einen Transporter angeschafft, gegen unsere sämtlichen Bedenken. »Mutter, du siehst das zu schwarz«, hatte er mir erklärt. »Du musst das Positive daran sehen. So eine Maschine bringt uns eine enorme Arbeitserleichterung. Rundum die Bauern haben schon alle einen Traktor, und es geht gut.«

»Und was ist mit dem Traktor, der vor einigen Jahren den Hang hinuntergekugelt ist?,«

»Das war eine Ausnahme. Wahrscheinlich hat das Mädchen einen Fahrfehler gemacht. Niemand von unseren Nachbarn hat sich dadurch abschrecken lassen. Wir sind die einzigen, die noch rückständig sind.«

»Lieber gelte ich als rückständig, als dass ich das Risiko eingehe, dass dir was passiert. Du bist es ja, der damit fahren würde. Dein Vater und ich werden so eine Höllenmaschine ganz gewiss nicht fahren.«

»Mir wird schon nichts passieren«, versuchter er, mich zu beruhigen. »Man muss halt fahren können.«

Ja, fahren konnte er. Dennoch wagte ich lange Zeit nicht hinzusehen, wenn er am steilen Hang seine Bahnen zog. Die Arbeitsersparnis war aber wirklich ungeheuer, das musste ich gegen meinen Willen zugeben, und allmählich gewöhnte ich mich daran, dass wir nun auch so eine Teufelsmaschine besaßen. Je länger wir sie hatten, umso mehr traute ich mich, meinem Sohn bei allen möglichen Arbeitsgängen zuzuschauen.

An einem Samstagvormittag jedoch blieb mir fast das Herz stehen. Die älteren Kinder waren in der Schule, und die Barbl hatte in Brixen etwas zu erledigen. Deshalb hatte der Friedl den Auftrag, auf den kleinen Flori aufzupassen. Mich hatte meine Schwiegertochter mit dieser Aufgabe nicht mehr betrauen wollen, weil ich mit meinen dreiundsiebzig Jahren nicht mehr flott genug auf den Beinen war, um einem Dreijährigen nachsausen zu können.

Da der Kleine an seiner Lieblingsstelle, unterhalb des Hauses, friedlich im Sand spielte, dachte sein Vater, er könne den schönen Tag nutzen, um auf einer Wiese oberhalb des Hauses Mist auszubringen. Dann konnte der nächste Regen ihn schön in die Erde hineinschwemmen. Der Friedl war sich sicher, dass er diese Aufgabe unbesorgt erledigen könne, denn von dieser Wiese aus hatte er den Buben ständig im Blick. Mit dem angehängten Miststreuer war diese Arbeit für meinen Sohn das reinste Kinderspiel.

Mit dem Mittagessen eilte es noch nicht so, deshalb konnte ich mich ans Fenster stellen und mir das »Schauspiel« mit einem wohligen Gefühl betrachten. Bilder zogen durch meinen Kopf, wie wir uns früher hatten plagen müssen, um den Dünger Gabel für Gabel auf den Feldern zu verteilen. Doch plötzlich, ein Grund war für mich nicht erkennbar, neigte sich der Transporter hangabwärts. Dann sah ich, wie der Friedl gegen den Berg zu absprang und sich nach oben hin abrollte. Doch damit war mein Schreck noch nicht ausgestanden. Das führerlose Gefährt purzelte den Hang hinab, wobei der Hänger abriss und sich selbstständig machte. Und der Traktor polterte genau auf die Stelle zu, wo Klein-Florian im Sand spielte!

»Alle Heiligen, steht ihm bei!«, rief ich vor Schreck laut aus. Dann erst entdeckte ich, dass der Kleine gar nicht mehr da war, wo er hätte sein sollen.

Weil ich so sehr damit beschäftigt gewesen war, meinen Sohn bei der Arbeit zu beobachten, war mir entgangen, dass sich mein Enkel – aus welchem Grund auch immer – von seinem Lieblingsspielplatz wegbewegt hatte. Später sagten wir uns, es muss sein Schutzengel gewesen sein, der ihn rechtzeitig bei der Hand gefasst und zu einem anderen Platz geführt hat. Heute noch sehe ich das Bild vor mir, wie sich der Bub bei dem plötzlichen Lärm umschaut und staunend dem sich mehrfach überschlagenden Traktor nachblickt, bis der auf einer kleinen ebenen Fläche liegen blieb. Kreidebleich und am ganzen Leib zitternd stürzte der Friedl sich auf seinen Sohn, nahm ihn auf den Arm und kam mit ihm ins Haus.

»Hast du das gesehen, Mutter?«

Sprachlos vor Schreck stammelte ich nur: »Wie ... wie ...?«

»Ich bin mit einem der Räder auf einen Mistfladen gekommen«, erklärte der Friedl. »Dadurch ist der Traktor ins Rutschen geraten.«

An diesem Abend war nicht nur ich es, die heiße Dankgebete zum Himmel sandte, da bin ich mir ganz sicher.

In der Folgezeit muss der Friedl noch einige Male rechtzeitig vom umstürzenden Transporter gesprungen sein. Davon habe ich selbst nichts mitbekommen. Anschließend hat er aber immer darüber berichtet. Er hätte es eh nicht vor mir verheimlichen können, denn das Fahrzeug, das irgendwo gelandet war, wo es nicht hingehörte, musste ja geborgen werden. Auch dabei erwies sich die Seilwinde als äußerst nützlich. Dieses Schauspiel ließ ich mir nie entgehen.

Als später mein ältester Enkel, der Ander, seinen Traktorabsturz hatte, bekam ich das jedoch voll mit. Das war zu einer Zeit, als sein Vater unten in Italien zu tun hatte und seine Mutter Mist für ihren Nutzgarten brauchte. Deshalb übernahm der Bub die Aufgabe des Mistfahrens. Einen Teil des Düngers wollte er neben dem Garten abladen, damit seine Mutter diesen per Mistgabel im Garten unterarbeiten konnte. Den größeren Rest wollte der Ander mit dem Miststreuer auf der Wiese unterhalb des Gartens verteilen. Er war bereits siebzehn und hatte seinen Traktorführerschein längst in der Tasche. Auch hatte ich schon mehrfach beobachtet, dass er mit dem Transporter schon ganz geschickt umzugehen wusste.

Doch mit einem gewissen Unbehagen nahm ich zur Kenntnis, dass der Bub mitsamt dem Hänger rückwärtsfuhr. ›Warum, um Gottes Willen, macht er das?‹, jagte es mir durchs Hirn. Der Friedl pflegte immer vorwärts hinabzufahren. Plötzlich nahm das Gespann ein unnatürliches Tempo auf. Es sauste direkt auf den Garten zu, wo seine Mutter mit der Waltraud und dem kleinen Florian arbeitete. Es war ihr Glück, dass sie ihren Ältesten von dem Moment an beobachtet hatte, als er mit seiner Mistladung am Hof losfuhr. Daher erkannte sie sogleich, dass etwas nicht stimmte, packte ihre beiden Jüngsten am Arm und riss sie zur Seite. In letzter Sekunde, kann man sagen. Denn der Traktor überschlug sich genau an der Stelle, wo sie zuvor gearbeitet hatten. Wenige Meter unterhalb des Nutzgartens, auf einer kleinen, fast ebenen Fläche, kam er zum Stehen – auf seinen vier Rädern! In dem Moment, wo er sich überschlagen hatte, war der Miststreuer abgerissen, hatte sich noch einmal überschlagen und sich einen eigenen Weg gesucht. Er landete mit der Oberseite zuunterst ein paar Dutzend Meter weiter unten. So schnell ist noch nie eine Ladung Mist ausgebracht worden. Allerdings sollte später zusätzlich viel Handarbeit erforderlich sein, um den Dung in der richtigen Dosierung zu verteilen, denn er lag in dicken Fladen auf dem Feld.

Was aber war mit dem Ander? Plötzlich tauchte er unterhalb des Traktors auf, ging auf seine Mutter zu und kam mit dieser und seinen Geschwistern ins Haus. Atemlos berichtete er: »Kaum, dass ich losgefahren war, ist der Gang herausgesprungen. Dadurch hat der Transporter gleich ein solches Tempo aufgenommen, dass ich es nicht mehr gewagt habe, abzuspringen. Krampfhaft hielt ich mich am Lenkrad fest, in der Hoffnung, ihn noch irgendwie steuern zu können. Selbst, als er sich überschlagen hat, konnte ich mich noch halten. In dem Moment aber, wo er unsanft auf seinen Rädern gelandet ist, war die Wucht so stark, dass ich hinausgeschleudert wurde. So kam ich etwas unterhalb des Traktors im Gras zu liegen.«

Außer einer kleinen Schramme hatte er keinerlei Verletzungen davongetragen. Traktor und Miststreuer ließ man an Ort und Stelle stehen, bis der Vater am Wochenende zurück war. Der schüttelte nur den Kopf, als er hörte, was passiert war. Er war überglücklich, seine Familie wohlbehalten vor sich zu sehen. »Das war ja eine ziemlich dramatische Geschichte«, konstatierte er. »Bei der hatte jeder von euch nicht nur einen Schutzengel, sondern eine ganze Heerschar von Engeln muss ihre Hände über euch gehalten haben.«

Ein unverzeihlicher Fehler

Von meinem zweiten Sohn, dem Hans, habe ich noch nicht viel erzählt. Über ihn gibt es auch verständlicherweise nicht so viel zu sagen wie über meinen Ältesten, mit dem ich nebst seiner Familie unter einem Dach lebe. Vom Leben meines zweiten Sohnes bekam ich, nachdem er endgültig aus dem Haus war, dagegen nicht mehr viel mit.

Der Hans war, nachdem er mit vierzehn die Volksschule verlassen hatte, infolge seiner Muskelerkrankung immer noch nicht kräftig genug, um sich auf das Berufsleben einzulassen, deshalb behielten wir ihn noch für einige Jahre zu Hause. Er trainierte eifrig und half, je mehr seine Kräfte zunahmen, eifrig in der Landwirtschaft mit. Dabei stellte er sich nicht nur recht geschickt an und legte großen Fleiß an den Tag, er zeigte auch Liebe zur Landwirtschaft. Weil er aber von Anfang an wusste, dass er den Hof nicht bekommen würde, schaute er sich rechtzeitig nach etwas anderem um. Es sollte etwas sein, das auch mit Natur zu tun hatte, etwas, wo er ebenfalls im Freien arbeiten konnte.

Da er, sobald es seine Kräfte zuließen, dem Vater im Wald geholfen hatte, entdeckte er seine Liebe zur Forstarbeit. Der Zufall wollte es, dass man, als er etwa siebzehn war, für den Staatsforst Arbeiter suchte. Inzwischen war er schon so weit zu Kräften gekommen, dass er solcher Arbeit gewachsen war. Er hatte Glück: Er bewarb sich und wurde genommen. Weil aber Staatswälder nicht gerade vor unserer Haustür liegen – bei uns hat jeder Bauer seinen Privatwald, den er selbst mit schöner Regelmäßigkeit durchforstet –, musste der Hans mit dem Trupp, dem er zugeteilt war, dahin gehen, wo ihre Arbeit gebraucht wurde. Dadurch konnte er nicht jeden Abend nach Hause kommen. Oft blieb er die ganze Woche weg. Sie lebten dann in Almhütten, sofern welche in erreichbarer Nähe lagen. Wo keine waren, hausten sie in Zelten. Kam er dann am Wochenende heim, sahen er und seine Kleidung entsprechend aus, zumal sie in Hütte und Zelt mit dem Wasser sparsam umzugehen hatten. Sie mussten ja froh sein, wenn ihnen genug Trinkwasser zur Verfügung stand.

Obwohl er gesundheitlich wieder auf der Höhe war, brauchte er nicht zum Militär. Als er bei der Musterung seinen Krankenbericht vorlegte, winkten sie dankend ab. Das war ihm nicht gerade unangenehm. So konnte er weiterhin in seinem erwählten Beruf arbeiten und Geld verdienen. Als er fünfundzwanzig oder sechsundzwanzig war, wurde er das Zigeunerleben aber doch leid. Oder wurde ihm die Arbeit mit der Zeit auch zu schwer, oder er sah sich zu Höherem berufen? Das weiß ich nicht so genau, denn er pflegte nicht viel über seine Gedanken und Gefühle zu reden. Jedenfalls ließ er uns in dieser Zeit wissen, dass er jetzt auf eine Schule gehe, die in der Nähe von Bozen liege, um dort eine Ausbildung zu machen. In Bozen nahm er sich ein bescheidenes Zimmer und besuchte zwei Jahre lang diese Schule. Nachdem er die Ausbildung beendet hatte, war er Forstaufseher, also eine Art Forstpolizist, der in den Wäldern nach dem Rechten zu sehen hatte.

1983 mietete er sich in Brixen eine kleine Wohnung, damit er in der Nähe seines »Arbeitsplatzes« war, und zog endgültig bei uns aus. Das war auch gut so. Dadurch hatte man gleich ein Kinderzimmer für Klein-Magdalena. Da Hans als Waldarbeiter nicht schlecht verdiente, äußerst sparsam gelebt und sein Geld sorgsam aufgehäuft hatte, konnte er schon bald damit beginnen, sich in Brixen ein Haus zu bauen, in das er bereits 1985 einzog. Weil er nun ein eigenes Haus besaß und mittlerweile dreißig Jahre alt war, rechnete ich fest damit, dass er uns in absehbarer Zeit eine Braut präsentieren und ein Hochzeitsdatum nennen werde.

Doch die Jahre gingen dahin, ohne dass dergleichen geschah. Immer, wenn er uns besuchte, kam er allein. Deshalb fing ich allmählich an, mir Gedanken zu machen. Gewiss, ich hatte meinen Söhnen immer wieder zugeredet, nur nicht zu früh mit Mädchen anzufangen und nicht zu früh zu heiraten. Zu meinem Leidwesen hatte sich mein Ältester einfach über diesen mütterlichen Rat hinweggesetzt und mich vor die vollendete Tatsache gestellt, aber im Nachhinein konnte ich daran nichts mehr falsch finden. Anscheinend war aber mein jüngerer Sohn folgsamer als sein Bruder. Das begann mich zunehmend zu beunruhigen. Da ich hier wohl einen Fehler gemacht hatte, galt es, diesen so bald wie möglich zu korrigieren. Deshalb fragte ich meinen Zweitgeborenen bei seinem nächsten Besuch geradeheraus: »Was ist, Hans? Willst du uns nicht bald mal zu deiner Hochzeit einladen?«

»Jetzt verstehe ich dich gar nicht mehr, Mutter«, grinste er. »Du warst es doch, die uns jahrelang gepredigt hat, wir sollten uns mit dem Heiraten Zeit lassen.«

»Ja, schon«, gab ich kleinlaut zu. »Aber doch nicht so lange. Du wirst bald fünfundvierzig.«

»Das weiß ich auch. Mit fünfundvierzig ist man zum Heiraten aber noch längst nicht zu alt.«

»Zum Heiraten nicht«, stellte ich fest, »aber zum Kinderkriegen.«

»Wer sagt denn so was? Als Mann kann man immer noch Kinder kriegen, wenn nur die Frau jung genug ist.«

In dem Moment fing das Gespräch an, mir peinlich zu werden. Ich schluckte. Doch ich konnte meinen Mund nicht halten. »Ja, meinst du, eine junge Frau nimmt dich nachher noch, wenn du ein alter Krauterer bist?«

»Das lass mal meine Sorge sein«, lächelte er süffisant.

»Ja, willst du vielleicht erst im Großvateralter mit Kindern anfangen?«, fragte ich heftig. »Willst du, dass deine Kinder zu dir Opa sagen statt Papa?«

Darauf erwiderte er gar nichts, sondern wechselte einfach das Thema. Wenig später verabschiedete er sich und ließ sich bei uns lange nicht mehr blicken. ›Mit diesem Thema werde ich ihn vergrault haben‹, gestand ich mir schuldbewusst ein.

Das Jahr 2000 wurde, wie in aller Welt, auch in unserer Gegend mit viel Lärm und Tamtam begrüßt, und jeder dachte wunder was es bringen würde. Hoffnungen, Wünsche und Ängste knüpften sich daran. Friedrich und mir würde es, so viel war sicher, falls wir noch einige Monate durchhalten würden, die Goldene Hochzeit bringen. Unserer Familie gegenüber erwähnten wir das Datum aber mit keinem Wort. Ich war mir ziemlich sicher, dass keiner unserer Buben daran denken würde.

Und richtig, der Tag begann wie immer. Wir zogen unsere Werktagskleidung an und nahmen unser bescheidenes Frühstück ein. Nicht, dass ich diesen Tag groß hätte feiern wollen, aber enttäuscht war ich schon ein bisschen, dass sich gar nichts rührte. Gegen zehn Uhr auf einmal fuhr aber ein roter Kleinbus vor, den ich noch nie gesehen hatte. Vom Fenster aus sah ich, dass ihm mein jüngerer Sohn entstieg und aufs Haus zueilte. Ich staunte über sein Fahrzeug. Bisher war er doch immer mit einem eher bescheidenen PKW gekommen.

Es dauerte geraume Zeit, bis ich ihn die Treppe heraufpoltern hörte. Dann klopfte es an unsere Küchentür. »Kommt doch bitte mal runter in die Stube«, bat er uns. Mein Mann und ich sahen uns an, halb verwundert, halb ahnungsvoll, und folgten der Aufforderung.

In der Stube waren sie alle versammelt, Mutter und Töchter in feschen Dirndln, die Buben sowie Vater und Onkel im Trachtenanzug. Die Kinder saßen da mit ihren Instrumenten: die Magdalena mit der Querflöte, der Ander mit der Klarinette, die Waltraud mit der Geige und der Florian mit dem Hackbrett. Der Hans setzte sich mit seiner Ziehorgel dazu und gab den Einsatz. Und dann brachten die fünf uns ein musikalisches Ständchen dar. Aber so schön! Und so sauber! Jeder von ihnen hatte mal ein Solo, mal spielten zwei oder drei von ihnen gemeinsam, und einiges spielten sie alle zusammen. Zum Schluss sangen sie auch noch für uns eines meiner Lieblingslieder »Kein schöner Land in dieser Zeit«, wobei auch Friedl und seine Frau mit einstimmten. Vor Rührung rannen mir ein paar Tränen über die Wangen, und mein Mann wischte sich ebenfalls verstohlen über die Augen.

Aber nicht nur der Goldbräutigam und ich waren gerührt, sondern unser Sohn Friedl auch. Während die anderen musizierten, hatte ich ihn heimlich beobachtet. Ein verdächtiger Glanz war in seine Augen getreten, und als die musikalische Darbietung beendet war, sagte er aus tiefstem Herzensgrund: »Jetzt fange ich auch noch an, ein Instrument zu lernen.«

»Und welches stellst du dir vor?«, fragte seine Frau, noch ehe ich dazu kam, diese Frage an ihn zu richten.

»Ich weiß es noch nicht genau. Ich werde in den nächsten Tagen zur Musikschule fahren und mich beraten lassen, was man in meinem Alter noch anfangen kann.«

In den nächsten Tagen fuhr er tatsächlich nach Brixen und kam mit einem Tenorhorn wieder. Dort hatte man ihm auch gleich einen Lehrer vermittelt, der in der Nähe wohnte, sodass er zum Unterricht gar nicht so weit fahren musste. So kam es, dass mein Erstgeborener im hohen Alter von nahezu fünfzig Jahren noch anfing, ein Instrument zu lernen. Er war begeistert bei der Sache und machte erstaunlich schnelle Fortschritte. Er übte aber auch in jeder freien Minute.

Aber eigentlich wollte ich ja von unserer Goldenen Hochzeit erzählen. Nachdem die letzten Töne des Ständchens verklungen waren, kam ich erst dazu, meine Augen in der Stube wandern zu lassen. Da entdeckte ich auf dem Tisch eine prächtige helle Cremetorte, auf die mit brauner Creme die Zahl 50 aufgespritzt war. Voller Stolz berichtete man mir, dass diese das Werk meiner Enkelin Waltraud war. Ein wunderschöner Wildblumenstrauß stand daneben, den hatte mein Enkel Florian gepflückt.

Das war aber noch nicht alles. »So, Mutter«, ergriff meine Schwiegertochter das Wort. »Jetzt schauen wir mal, ob dir dein Hochzeitsgewand noch passt. Und du, Vater, schaust, dass du in deinen Trachtenanzug kommst.«

»Ja ... wieso ... warum ... was habt ihr vor?« stotterte ich irritiert.

»Das werdet ihr schon sehen«, antwortete statt ihrer der Friedl.

Dass mir mein Hochzeitsgewand noch passen würde, wusste ich, denn ich hatte es ja immer wieder zu festlichen Anlässen getragen. Aber statt des Myrtenkranzes drückte mir die Barbl einen goldenen Blütenkranz aufs Haupt. Auch der Friedrich passte nach fünfzig Jahren noch immer in seinen Trachtenanzug, den er sich selbst zur Hochzeit genäht hatte. Ihm steckte unsere Schwiegertochter ein goldenes Sträußchen ans Revers. Wie ich mit einer gewissen Eitelkeit feststellte, waren wir immer noch ein ansehnliches Paar.

Bevor wir aufbrachen, platzierte Barbl noch die Cremetorte in den Kühlschrank mit den Worten: »Damit sie nicht schmilzt, während wir weg sind.«

»Wo soll's denn hingehen?«, wollte ich wissen.

»Das wird nicht verraten«, antwortete mein jüngerer Sohn. »Lasst euch überraschen.«

Wir stiegen alle in den Kleinbus, den der Hans eigens für diesen Tag gemietet hatte, wie ich nun erfuhr. Nach einer etwa halbstündigen Fahrt erreichten wir die Wallfahrtskirche St. Cyrillus, in der ich noch nie gewesen war. Dort wurde eigens für uns ein feierlicher Gottesdienst gehalten. In seiner Predigt zählte der Geistliche einige Ereignisse aus unserem Leben auf, schöne und auch schmerzliche. Danach aber betonte er, wie dankbar wir dem Herrgott sein könnten, dass wir noch zusammen seien, denn nur wenigen Menschen sei es vergönnt, die Goldene Hochzeit zu erleben. Die musikalische Umrahmung des Gottesdienstes lag ebenfalls in den Händen von Hans und unseren Enkeln. Sie spielten so wunderbar, dass wir wieder zu Tränen gerührt waren.

Danach brachte Hans uns mit dem geliehenen Wagen zu einem schönen Gasthaus, wo für uns bereits ein festliches Mahl bestellt war. Ich glaube, so gut hatte ich in meinem ganzen Leben noch nicht gegessen. Nach einem kurzen Spaziergang in der schönen Umgebung ging es wieder nach Hause. Im Nu hatte die Barbl mit ihren Töchtern eine festliche Kaffeetafel hergerichtet und aus ihrem Kühlschrank noch eine weitere prächtige Torte hervorgezaubert. Diese war das Werk von Magdalena.

Am Abend bedankten wir uns bei unseren Nachkommen für den wunderschönen Tag, den sie uns bereitet hatten. Der Hans verabschiedete sich schnell, weil er den gemieteten Kleinbus rechtzeitig zurückgeben musste. Als er so allein das Haus verließ, schaute ich ihm wehmütig nach. ›Wie schön könnte er es haben‹, dachte ich, ›wenn er auch Weib und Kind hätte, statt so allein durchs Leben zu stolpern‹. An diesem Festtag hatten wir über vieles geredet, aber dieses Thema hatte ich ganz bewusst ausgeblendet, weil ich ihn nicht noch einmal vergraulen wollte.

Wieder gingen einige Jahre ins Land. Hans machte wieder regelmäßig seine Besuche bei uns, und ich hielt mich mit peinlichen Fragen zurück, obwohl es mich innerlich fast zerriss. Mittlerweile schrieben wir das Jahr 2004, und noch immer war keine zweite Schwiegertochter in Sicht. Beim nächsten Mal, wenn er kommt, muss ich das leidige Thema doch noch mal anschneiden, nahm ich mir vor. Als ich ihn aber bei seinem nächsten Besuch kommen sah, verließ mich jedoch mein Mut schon, als ich ihn durch das Fenster erblickte, und als es an meiner Küchentür klopfte, war ich wieder soweit, lieber nichts sagen zu wollen.

Freudestrahlend trat der Hans ein. So hatte ich ihn eigentlich noch nie gesehen. »Mutter, setz dich«, gebot er mir gleich nach der Begrüßung.

Ich war so perplex, dass ich das folgsam tat, ohne die Frage ›Was hat denn das zu bedeuten?‹, die mir durch den Kopf ging, auch laut zu stellen.

»Mutter, wie du weißt, gehe ich stark auf die fünfzig zu«, begann mein jüngerer Sohn seine Rede. »Und deine Worte von damals haben mir zu denken gegeben. Du weißt schon, dass meine Kinder mich für ihren Großvater halten könnten, wenn ich gar zu spät Vater werde. Deshalb habe ich die Konsequenzen gezogen. Du kannst mir zu einer süßen Tochter gratulieren, und ich gratuliere dir zu einer weiteren Enkelin.«

Es war wirklich gut, dass ich bereits saß, sonst hätte es mich umgehauen. Nachdem ich einige Sekunden der Sprachlosigkeit überstanden hatte, legte ich los: »Du Lauser! Du Scheinheiliger! Warum hast du so lange hinterm Berg gehalten? Wenn du uns das eher gesagt hättest, dann hätten wir uns doch mit dir auf das Baby freuen können. Und dass du uns nicht zu deiner Hochzeit eingeladen hast, das war nicht recht.«

»Wieso Hochzeit?«, entgegnete er mit Unschuldsmiene. »Ich bin nicht verheiratet.«

Da blieb mir für diesen Tag ein zweites Mal die Sprache weg. Als ich nach diesem zweiten Schrecken endlich wieder Worte fand, stieß ich hervor: »Wie? Was? Nicht verheiratet? Wie kommst du dann an das Kind?«

»Aber Mutter!« Hans klang amüsiert. »Das eine hat mit dem anderen doch nichts zu tun. Daran wirst du dich doch noch erinnern, um ein Kind zu kriegen, muss man nicht verheiratet sein.«

Bekümmert sah ich ihn an. »Ja, klar, gewiss weiß ich das. Bei jungen Leuten ist das früher öfters vorgekommen. Aber du, mit deinen fast fünfzig Jahren, du hättest doch wahrhaftig Zeit genug gehabt, vorher zu heiraten. Wann gedenkst du denn, das nachzuholen?«

»Gar nicht!«, sagte Hans da zu meinem Entsetzen. »Mit meiner Brigitte und meiner kleinen Katja bin ich auch ohne Trauschein glücklich.«

Ich war fassungslos. Dass so etwas heute modern war, hatte ich schon mitbekommen, aber nie hätte ich erwartet, dass das irgendwann auch etwas mit mir zu tun haben könnte. »Aber Bub!«, stammelte ich, nachdem ich mich vom ersten Schrecken erholt hatte. »Wie kannst du nur so daherreden? Wir waren immer eine anständige Familie und haben immer auf Sitte und Ordnung gehalten. Heiraten gehört doch dazu.«

»Früher ja, Mutter. Das sehe ich ein. Aber heute sieht man das anders. Heiraten ist out.« Wohl, um mir noch etwas Tröstliches zu sagen, fügte er hinzu: »Schau, Mutter, wenn man nicht heiratet, das hat auch seine Vorteile. Da kann man sich wenigstens nicht scheiden lassen.«

Ich hätte noch eine Menge Argumente gehabt, die fürs Heiraten sprachen. Weil ich aber merkte, dass ich bei ihm gegen eine Wand lief, und weil ich ihn ja schließlich nicht noch einmal vergraulen wollte, hielt ich mich mit weiteren Vorhaltungen zurück.

»Du musst wissen, was du machst, du bist schließlich alt genug«, lenkte ich ein. »Aber meine kleine Enkelin möchte ich schon kennenlernen und die« – mir fiel nichts Besseres ein, wie ich sie nennen sollte – »die dazugehörige Mutter auch.«

Es dauerte nur wenige Tage, da stellte er uns die beiden auch wirklich vor. Mit seiner Lebensgefährtin, wie er sie nannte, mit der er schon einige Jahre zusammenlebte, wie ich nun erfuhr, hatte er keine schlechte Wahl getroffen, das merkte ich rasch. Und die kleine Katja war ein süßes Kind, das mir bald ebenso ans Herz gewachsen war wie meine anderen Enkel. Doch nach wie vor bedauere ich, dass die drei keine richtige Familie sind. Da habe ich wohl einen Fehler gemacht, der nicht wieder gutzumachen ist, indem ich den Hans so lange am Heiraten gehindert habe. Das bereue ich noch heute. Auch wenn man mich für altmodisch halten mag, ich bin nun einmal für geordnete Verhältnisse.

Die kleine Köchin

Friedls jüngere Tochter, die Waltraud, hatte schon als kleines Kind einen besonders gut entwickelten Geschmackssinn. Das zeigte sich darin, dass sie in ihren Speisen ungewöhnlich wählerisch war. Bald schon maß sie sich an, den Speisen die besondere Würze geben zu müssen. Dabei verwendete sie mit Vorliebe Kräuter aus dem Garten. Weil die Speisen, nachdem sie von ihr »nachbehandelt« waren, tatsächlich auch uns anderen besser schmeckten, ließ ihre Mutter sie gewähren. So blieb es nicht aus, dass die Wally – sie war noch keine sieben Jahre alt – verkündete: »Ich will Köchin werden.«

Zunächst beunruhigte das niemanden von uns. Kinder haben schon mal Berufswünsche, die extrem sind, die aber auch genauso schnell wieder vergehen, wie sie gekommen sind. Als die Kleine aber zwei, drei Jahre später noch immer Köchin werden wollte, war ihre Mutter darüber gar nicht begeistert. Sie wusste nämlich, wie es in Großküchen so zugeht, da sie lange genug in einer Hotelküche ausgeholfen hatte.

»Schlag dir das aus dem Kopf, Wally«, sagte sie. »Köchin ist für Mädchen kein idealer Beruf. Es ist nicht nur körperlich anstrengend – in einer heißen, dampfigen Küche musst du ständig schwere Töpfe heben oder darin rumrühren –, man hat auch sehr unangenehme Arbeitszeiten. Wenn andere Leute Feierabend haben, geht beim Koch die Arbeit erst richtig los. Sonn- und Feiertage kennt er auch nicht. Für einen Mann mag das ja noch gehen. Aber du willst ja auch mal Familie haben. Bei solch ungünstigen Arbeitszeiten könntest du dich ja kaum um deine Kinder kümmern.«

Von solchen Reden ließ sich das Kind jedoch nicht beirren. Auch ich versuchte, sie von diesem Berufswunsch abzubringen, indem ich ihr andere, meiner Meinung nach, attraktivere Berufe vorschlug, wie Schneiderin, Verkäuferin oder Lehrerin. Das alles beeindruckte meine kleine Enkelin nicht. Sah man in der Folgezeit, welches Leuchten in ihre Augen trat, wenn sie Besuchern erzählte: »Ich werde Köchin«, konnte man aber nichts mehr dagegen sagen.

Als sie zehn war, stand sie einmal schon am Sonntagmorgen in der Frühe auf und bereitete Tortellini zu, eine italienische Spezialität. Dazu macht man kleine Teigtaschen, die mit einer besonders zubereiteten Fleischmasse gefüllt werden. Das war bis zum Mittag fertig, für die ganze sechsköpfige Familie, und Opa und Oma wurden zusätzlich auch zu diesem Festmahl eingeladen.

Obwohl ihr Vater auch nicht gerade vom Berufswunsch seiner Jüngsten angetan war, respektierte er doch ihre Begeisterung dafür und sah, mit welcher Hingabe sie am Herd stand. Deshalb schenkte er ihr, um ihr eine Freude zu bereiten, zu Weihachten »Das Südtiroler Kochbuch«, das gerade neu herausgekommen war. Dass sein Geschenk aber so gut bei ihr ankommen würde, das konnte er nicht ahnen. Als

Wally das Kochbuch auf ihrem Gabentisch erblickte, schlug sie vor Freude in der Stube einen Purzelbaum und rief aus: »Noch nie habe ich ein so tolles Weihnachtsgeschenk bekommen!«

Von da an hat sie ihre Familie immer wieder mit neuen Speisen aus diesem Buch überrascht. Die Waltraud war weiterhin so begeistert vom Kochen, dass ihrer Mutter nichts anderes übrig blieb, als sie – wenn auch schweren Herzens – Köchin werden zu lassen. Heute hat sich die Barbl mit dem Berufswunsch dieser Tochter aber nicht nur abgefunden, sie ist sogar – wie wir alle – mächtig stolz auf sie. Auf Anhieb wurde sie als Lehrling in einem renommierten Traditionsrestaurant in Brixen angenommen, wo sie auch gleich eine Wohnung bezog. Die Lehre schloss sie mit ausgezeichnetem Erfolg ab und machte schon nach wenigen Jahren ihren Meister. Unterdessen hat sie noch eine Zusatzausbildung absolviert, nämlich ein Studium und eine pädagogische Ausbildung, sodass sie im Alter von dreiundzwanzig Jahren bereits fertige Kochlehrerin war. Sie bekam sogleich eine Stelle als Kochlehrerin an der gastgewerblichen Berufsschule in Brixen. Sie muss also nicht in einer dampfigen Großküche stehen und schwere Töpfe herumschleppen, nichts ist mit nächtlichen Arbeitszeiten und auch ihre Sonn- und Feiertage sind arbeitsfrei.

Da sie nun fest in Brixen wohnt, bekommen wir sie leider viel zu selten zu sehen. Wenn sie aber ihr Elternhaus besucht, dann schwingt sie für uns alle den Kochlöffel, und immer kommt etwas Köstliches dabei heraus.

Fünfzehn Kräutersäckchen

Zu meiner ältesten Enkelin gibt es auch eine erstaunliche Geschichte zu erzählen. Sie hat dem Hof nämlich ungeahnte neue Einnahmequellen verschafft.

Der Waldeckhof, den mein Vater im Jahre 1938 gekauft hatte, ernährte ihn und seine Familie gerade so. Das Anwesen reichte auch dazu aus, die Familie zu ernähren, die ich im Jahre 1950 mit Friedrich Thaler gegründet hatte, aber so gut wie alles, was wir anbauten, diente dem Eigenbedarf. Man hat nur mal ein paar Eier, ein Lamm oder etwas Butter verkauft. Unsere Lebensmittel waren naturbelassen und gesund, so wie damals noch alle Lebensmittel waren. Zu der Zeit, als mein Sohn den Hof übernahm, also 1983, hätten die Erträge aber nicht mehr ausgereicht, um die Familie zu ernähren, hätte man nicht Kunstdünger und Spritzmittel eingesetzt. Man brauchte viel mehr Bargeld als zu der Zeit, als Friedrich und ich den Hof übernommen hatten, und inzwischen war man auch anspruchsvoller geworden. Also musste man sehen, dass man die Produktion steigerte, um mehr verkaufen zu können. Das war nicht nur bei uns so, sondern auch auf allen Höfen um uns herum.

Mit dieser Art der Produktion waren der Friedl und seine Frau aber schon bald nicht mehr zufrieden. Während viele andere Bauern immer mehr an Chemie einsetzten, um den Ertrag zu steigern, schwenkten plötzlich einige wieder um. Bio-Anbau nannte man das jetzt. Mein Sohn verfolgte diese Entwicklung mit großem Interesse. Eines Tages stand sein Entschluss fest: »Wir stellen jetzt auch um auf Bio.« Dabei wurde er von seiner Frau voll unterstützt. Im Grunde genommen war ich ja auch für Natur und gesundes Leben, dennoch mahnte ich meinen Sohn: »Überleg, was du tust, Bub! Deine Erträge werden zurückgehen. Wie willst du dann noch deine Familie ernähren?«

»Lieber ernähre ich meine Familie mit weniger, aber mit gesundem Essen, als dass ich sie krank füttere«, war seine Antwort. »Außerdem müssen wir mit der Zeit gehen. Wir müssen dem Anbau mit immer mehr Kunstdünger und immer mehr Spritzmitteln entgegensteuern, sonst verdienen unsere Lebensmittel bald diese Bezeichnung nicht mehr. Dann bringen wir uns allmählich selbst damit um. Sie sind heute schon so stark mit Pestiziden, Herbiziden, Fungiziden und anderen Giften belastet, dass immer mehr Menschen davon krank werden. Du wirst sehen, dem Bio-Anbau gehört die Zukunft.«

Nun ja, wenn er meinte. Er war jetzt der Bauer und musste sehen, wie er zurechtkam. Seine Frau war voll auf seiner Linie, und meine Unterstützung hatte er ebenfalls, so weit mir das möglich war, weil mir die naturbelassenen Lebensmittel ja auch lieber waren. Ich unterstützte ihn auch dann noch, als wir, wie zu erwarten war, wesentlich weniger erzeugten als zuvor. Da die Nachfrage nach Bioprodukten stetig wuchs, konnte man immerhin höhere Preise dafür verlangen. Das nützte in unserem Fall aber nicht viel, da wir als achtköpfige Familie das meiste davon selbst verzehrten.

Bargeld ging so gut wie keines mehr ein. Unser Leben wurde also wieder ähnlich wie in meiner Kindheit: Das, was wir erzeugten, reichte gerade mal zum Überleben, für mehr nicht. Inzwischen hatte man aber, wie bereits erwähnt, mehr Ansprüche an das Leben. Ein Auto gehörte zum Standard. Ein Telefon schien unerlässlich, man glaubte auch, man brauche jetzt auch zum Anziehen mehr als nur ein Sonntags- und ein Arbeitsgewand. Man bildete sich ein, man müsse auch mal wohin fahren, und die Kinder sollten eine solide Ausbildung erhalten. Womit soll man das alles bestreiten, wenn die Gründe nicht mehr hergeben?

Im Jahre 1990 war man gar auf die Idee gekommen, ein neues Wohnhaus zu bauen, obwohl wir zuvor schon einige Modernisierungen am alten Haus vorgenommen hatten. Bereits 1961 hatten wir fließendes Wasser ins Haus legen lassen, was nicht nur ein enormer Fortschritt war, sondern auch eine teure Angelegenheit. Ab 1970 hatten wir sogar ein WC im Haus. Das war natürlich wesentlich angenehmer, als zu jeder Jahreszeit nach draußen aufs »Hittei« zu müssen, das ans Haus angebaut war. 1985 hatten wir dann Telefon bekommen, wodurch wir auf wunderbare Weise mit der Außenwelt verbunden waren. Trotzdem, durch all diese Maßnahmen war unser Haus nicht größer geworden. Es platzte mittlerweile nicht nur aus allen Nähten, es zeigten sich auch immer mehr ernsthafte Schäden. An mehreren Stellen regnete es durchs Dach, durch die Wände pfiff der Wind, einige Balken waren morsch, und die Fenster waren so undicht, dass sich die Vorhänge schon beim leisesten Lüftchen bewegten. Ehe man also Geld für aufwendige Reparaturen ausgab, war es gescheiter, neu zu bauen.

Das neue Haus bekam zwei Wohnungen, unten eine größere für die junge Familie, oben eine kleinere für uns beiden alten Leute. Das war eine vernünftige Lösung. Nun konnte jede der beiden Hausfrauen so schalten und walten, wie sie wollte.

Aber wovon sollte das alles bezahlt werden? Sohn und Schwiegertochter arbeiteten schon bis zum Umfallen auf ihren Feldern und im Wald, aber der Ertrag wurde nicht höher. Man musste ernsthaft darüber nachdenken, wie zusätzlich Geld ins Haus kommen sollte. Eines Abends setzte man sich an den großen ovalen Küchentisch und hielt Familienrat. Selbstverständlich waren auch Oma und Opa dabei, und selbst Klein-Waltraud, obwohl erst sechs Jahre alt, war mit von der Partie. Einhellig waren wir der Meinung, der Friedl müsse sich nach einer bezahlten Arbeit umsehen. Mit der Landwirtschaft würden die Barbl und ich schon allein zurechtkommen, sicherten wir ihm zu. Allerdings erwarteten wir, dass er am Feierabend, an den Wochenenden und in seinem Urlaub mit anpacken würde. Dann rechneten wir auch damit, dass die Kinder zusehends größer und kräftiger wurden, um auch ihren Beitrag zu leisten.

Doch für welche Arbeit sollte sich mein Sohn entscheiden? Außer Landwirtschaft hatte er ja nichts gelernt. Und in seinem Alter eine Lehre anfangen? Er war immerhin schon zweiundvierzig! Aber er verfügte über zwei geschickte Hände. Was er anpackte, daraus wurde was. Ob es etwas zu schweißen gab oder ob

Holzarbeiten zu erledigen waren, er kriegte das hin. Auch Maurerarbeiten waren für ihn kein Problem. So hatte er im neuen Haus den Kachelofen eigenhändig gebaut und konnte mit Recht stolz auf sein Werk sein. Nun galt es, ohne Zeugnisse einen künftigen Arbeitgeber von seinen Fähigkeiten zu überzeugen. Und das Glück war ihm hold. Zufällig entdeckte er am nächsten Wochenende in der Zeitung eine Annonce, dass eine Ofenbaufirma einen Mitarbeiter suche. »Das ist es!«, rief der Friedl begeistert aus. »Da melde ich mich.«

Er setzte jedoch kein Bewerbungsschreiben auf, wie man das üblicherweise in einem solchen Fall macht, denn das hatte er ja nie gelernt. Er rief bei der Firma an und machte gleich einen Termin für ein Vorstellungsgespräch aus. Am folgenden Montag fuhr er schon hin und erzählte dem Personalchef, was er bisher alles gemacht hatte.

»Wir wollen es mit Ihnen versuchen«, erklärte der wohlwollend. »Bringen Sie morgen Arbeitskleidung mit, dann können sie sofort anfangen.«

Nach einer Anlernzeit von wenigen Wochen wurde der Friedl tatsächlich fest angestellt und baute fortan offene Kamine und Kachelöfen in ganz Italien. Die Arbeit machte ihm Spaß, weil auch ein bisschen Kreativität gefordert war. Andererseits war es schon eine Umstellung für ihn, in geschlossenen Räumen arbeiten zu müssen, wo es staubte und lärmte, wo er doch sein ganzes Leben lang immer im Freien gearbeitet hatte. Aber er wusste ja, nach Feierabend konnte er wieder hinaus in Gottes freie Natur.

Bei uns zu Hause lief es dann so, wie wir das geplant hatten. Das Melken, das der Friedl und ich bisher abwechselnd übernommen hatten, blieb zunächst an mir allein hängen. Meine Schwiegertochter aber sagte: »Mutter, jetzt wird es Zeit, dass du mir das Melken beibringst. Dir braucht es nur mal einen Tag nicht so gut zu gehen, schon hängen wir da.«

Da hatte sie recht. Deshalb unterwies ich sie schon am selben Abend im Melken. Sie setzte allen Ehrgeiz darein, es so schnell wie möglich zu lernen. Und obwohl sie bereits siebenunddreißig war, als sie das erste Mal unter einer Kuh saß, lernte sie es ganz schnell und war bald so geschickt darin, als habe sie ihr Leben lang nichts anderes gemacht, als Kühe zu melken. Jedes der Kinder bekam mit zunehmendem Alter auch seine festen Aufgaben – schon allein, damit ihr Verantwortungsgefühl entwickelt werde –, ohne dass wir sie dabei aber überforderten. Schließlich hatten sie für die Schule eine Menge zu lernen. Auch im Melken wurden sie nacheinander unterwiesen.

So lief unser Leben in geordneten Bahnen, obwohl das Familienoberhaupt einem zusätzlichen Broterwerb nachging. Für Freude, Freizeit und Feste blieb sogar auch noch ein bisschen Zeit übrig. So nahm die Familie jedes Jahr an einem Erntedankfest teil, das im Herbst vom Kloster Neustift veranstaltet wurde. Dort gab es einen Markt, zu dem ging jeder Bio-Bauer hin und bot an, was er von seinen Erzeugnissen nicht selbst verbrauchte. Bei uns waren es manchmal nur ein paar Karotten, die wir übrig hatten. Weil diese schnell verkauft waren, schlenderten der Friedl und seine Frau mit den Kindern auf dem Markt herum, um zu schauen, was die anderen so anboten.

Es wurde auch stets ein bisschen Programm für die Kinder veranstaltet, wo die natürlich immer hinstrebten. Im Jahre 1994, die Magdalena war gerade mal zehneinhalb Jahre alt, interessierte sie sich aber plötzlich nicht mehr für die Kinderbelustigung, sondern wurde magisch von einem Stand angezogen, den eine alte Frau betrieb, die auf ihrem Tisch nichts anderes liegen hatte als durchsichtige Kräutersäckchen. Pfefferminze, Zitronenmelisse, Malven und Kamille konnte man erkennen. Wie gebannt beobachtete meine Enkelin, wie die Frau ihre Kräutersäckchen verkaufte. Die Kleine war von dem Stand nicht mehr wegzubringen, bis bei der Frau kein einziges Säckchen mehr auf dem Tisch lag. Dann seufzte das Kind aus tiefstem Herzensgrunde: »Mama, das machen wir auch.«

Die Mama muss geantwortet haben – so wurde es mir berichtet – »Magdalena, das machen wir nicht. Das ist zu viel Arbeit. Seit der Papa bei der Ofenbaufirma ist, habe ich die ganze Landwirtschaft am Hals und dazu vier Kinder zu versorgen, da bleibt mir keine Zeit, das auch noch zu machen.«

Darauf reagierte die Magdalena so: »Dann mache ich das.«

Im Frühjahr darauf kam sie zu mir und bat mich, mit ihr eine kleine Kräuterwanderung zu machen. Das ließ ich mir nicht zweimal sagen. Ich war ja glücklich, das Wissen über Kräuter, das mir meine Mutter mit auf den Weg gegeben hatte, endlich weiterreichen zu können. Meine Buben hatten sich nämlich nicht im Mindesten dafür interessiert. Mit wenigen, leicht unterscheidbaren Kräutern fing ich an. In unserer Gegend wachsen reichlich Spitzwegerich, Breitwegerich, Schafgarbe, Kamille und Johanniskraut. Das Kind lernte ganz schnell, sie von anderen Pflanzen zu unterscheiden und sammelte im Sommer eifrig davon ein. Sie trocknete sie und verpackte sie in Zellophansäckchen.

Als ihre Eltern im Herbst, wie schon so oft, zu besagtem Erntedankfest gingen, um von ihren Erzeugnissen anzubieten, hatte meine Enkelin ihren eigenen kleinen Tisch. Um 8 Uhr wurde der Markt eröffnet, und um 8.30 Uhr hatte Magdalena bereits ihre ganze Produktion verkauft, das Säckchen zu 2500 Lire, was etwa dem Wert von 1,20 Euro entspricht. Natürlich durfte sie ihr erstes selbstverdientes Geld behalten. Sie gab es aber nicht für Süßigkeiten aus oder irgendein Geraffel, sondern sie steckte alles gewissenhaft in ihr Sparschwein, um für eine größere Anschaffung zu sparen. Und zwar waren ihre größten Wünsche eine Querflöte und ein Fahrrad. Diese Träume hat sie sich später tatsächlich verwirklichen können.

Vor lauter Freude, dass sie ihre Kräuter so gut verkauft hatte, war Magdalena ganz aus dem Häuschen. Als sie am Abend nach Hause kam, sprudelte sie nur so heraus: »Stell dir vor, Oma, nach einer halben Stunde war schon alles weg! Ich hatte viel zu wenig Kräuter. Im nächsten Jahr muss ich bedeutend mehr haben. Du musst mir noch viele Sorten zeigen.«

Das tat ich nur zu gerne. Bis zum Frühjahr hatte diese Enkelin ihre Geschwister schon derart motiviert und angelernt, dass sie ihr beim Kräutersammeln halfen, selbst der dreijährige Florian sammelte schon mit.

Daher konnte die Magdalena beim nächsten Erntedankfest fünfundsiebzig Kräutersäckchen anbieten, und es war nötig, dass ihr der »große Bruder«, der mittlerweile zehnjährige Ander, beim Verkauf half. Auch die fünfundsiebzig Zellophanbeutelchen waren in weniger als zwei Stunden restlos verkauft. Die Freude war riesengroß, nicht nur bei dem Kräuterfräulein, sondern auch bei ihren Geschwistern. Und da sie beim Sammeln und Trocknen, bzw. beim Verpacken und Verkaufen mitgeholfen hatten, wurde der Erlös gerecht verteilt. Jedes der Kinder steckte seinen Anteil in seine Spardose, denn auch sie hatten größere Wünsche, für die sich das Sparen lohnte. Nicht nur das motivierte sie, im Jahr darauf erneut fleißig mitzuhelfen. Es war vor allem die Freude am Sammeln, am Verpacken und am Verkauf, was die Kinder begeisterte. So kam es, dass sie beim folgenden Erntedankfest hundertfünfzig Säckchen mit duftenden Kräutern anbieten konnten.

Nachdem auch diese einen reißenden Absatz gefunden hatten, mischte sich endlich die Mutter ein: »Ihr braucht in eurer Sammlung auch Zitronenmelisse, Lavendel, Kerbel, Dill und Ringelblumen, damit die Mischung etwas bunter wird und damit sie mehr Geruch und mehr Geschmack bekommt. Ich kaufe euch die entsprechenden Pflänzchen bzw. Samen und teile euch ein Beet im Garten zu.«

Hatten die Kinder bis dahin nur Wildkräuter gesammelt, so griffen sie den Vorschlag der Mutter begeistert auf und hängten sich mächtig ins Zeug. Sie gruben das Beet um, sie säten ein, sie setzten Pflänzchen, sie jäteten Unkraut und gossen, wenn es nötig war.

Zur Zeit der Ernte waren wieder alle Hände zur Stelle. Sie ernteten, sie trockneten, sie rebelten, sie verpackten alles in die kleinen durchsichtigen Tütchen und versahen sie mit Etiketten. Wie viele es wurden, weiß ich nicht mehr. Aber sie deckten wieder bei Weitem nicht die Nachfrage. Daher baten die Kinder im Frühjahr darauf um ein größeres Stück Garten. Wieder kaufte ihre Mutter die Pflänzchen und Samen, diesmal noch mehr Sorten als im Jahr davor. Bald kamen meine Enkel mit den Arbeiten nicht mehr nach. Also halfen zunächst die Mutter und dann auch ich mit.

Meiner Schwiegertochter machte es dann wirklich riesigen Spaß, mit in den Kräutern zu arbeiten. Da ihre Kinder inzwischen schon größer und selbstständiger geworden waren und die Zeit der Mutter nicht mehr so beanspruchten, blieb dieser tatsächlich mehr Zeit übrig, um sich mit den Kräutern zu befassen. Und so wurde es von Jahr zu Jahr mehr, was angepflanzt und geerntet wurde. Der Garten reichte schon lange nicht mehr aus, es wurde ein regelrechtes Kräuterfeld angelegt.

Schließlich hatte der Kräuteranbau einen solchen Umfang angenommen, dass selbst der Vater mithelfen musste, zunächst nur in seiner Freizeit. Aber zehn Jahre, nachdem Magdalena die ersten fünfzehn Kräutersäckchen verkauft hatte, war mein Sohn derart in das Kräutergeschäft eingebunden, dass er seine Tätigkeit als Ofensetzer wieder aufgeben musste und als Vollzeitkräuterbauer einstieg. Die herkömmliche Landwirtschaft haben sie nun aufgegeben, bis auf ein paar Hühner und etwa zwei Dutzend Schafe, welche die

Weiden abgrasen. Aus dem, was die kleine Magdalena einst als Hobby begonnen und was sie mit ihren Geschwistern jahrelang als sinnvolle Freizeitbeschäftigung betrieben hat, ist also ein neuer, ernstzunehmender Landwirtschaftszweig geworden.

War es nach den ersten Jahren so gewesen, dass die Eltern den Kindern mitgeholfen hatten, weil sie der Arbeit mit den Kräutern nicht mehr Herr geworden waren, so hatte sich das Bild allmählich grundlegend gewandelt. Nun sind es die Eltern, die das Kräuterunternehmen leiten, nun sind sie es, die mit ihrer Arbeit nicht mehr fertig werden. Und die Kinder sind es, die helfend einspringen müssen. Es war nämlich so, dass die Barbl sehr darauf geachtet hat, dass sie alle neben ihrer Beschäftigung mit den Kräutern ihre Schule nicht vernachlässigten und dass sie auch alle eine fundierte Berufsausbildung machten, bzw. machen.

Die Situation ist heute folgende: Jedes Familienmitglied ist in der Lage, alle der anfallenden Arbeiten auszuführen, und jedes springt da ein, wo Not am Mann ist. Dennoch, jeder hat eine besondere Begabung oder Fähigkeit entwickelt und eine besondere Lieblingstätigkeit. Während der Älteste, der Ander, der Sorgfältigste bei der Feldbearbeitung ist, widmet sich der Flori vor allem den Jungpflanzen und der Ernte. Wally kümmert sich um die Verpackung, die heutzutage nicht mehr nur aus Zellophantütchen besteht. Sie entwirft für die diversen Produkte unterschiedliche Verpackungen und Etiketten mit der entsprechenden Beschriftung. Magdalena mit ihren kreativen Ideen entwickelt immer wieder neue Produkte.

Die Barbl hat sich durch den Besuch von entsprechenden Kursen auf dem Gebiet der Kräuterkunde weitergebildet. Ihr Fachwissen fließt nun ein in das Komponieren von Kräutermischungen. Darüber hinaus stellt sie inzwischen eine breite Palette von Produkten her, wie Kräutersalz, Gewürze, Kräutersirups, Cremes, Kräuterkissen, Räucher- und Duftkräuter, Saunakräuter und anderes. Der Friedl hat mittlerweile den Keller zu einer richtigen Hexenküche ausgebaut. Da gibt es eine ausgeklügelte selbstgebaute Trocknungsanlage, eine Rebelmaschine, Tische zum Herstellen der Mischungen und Mixturen, und an den Wänden ringsum hat er Regale angebracht, auf denen die Produkte säuberlich geordnet stehen.

In Friedls fachkundigen Händen liegen auch die Trocknung und Zerkleinerung der Kräuter, und nicht zuletzt ist er für die Vermarktung der Produkte zuständig. Man begnügt sich schon lange nicht mehr mit dem einmal im Jahr stattfindenden Erntedankfest vom Kloster Neustift. Nein, der Friedl besucht mehrmals in der Woche die regelmäßig stattfindenden Märkte in Bozen, in Brixen und im Grödnertal. Es kommt sogar vor, dass der Friedl und seine Frau gemeinsam einen ganz großen Markt besuchen, z. B. in Mailand.

Nun lebt seit einigen Jahren die ganze Familie von dem, was die kleine Magdalena einst als Hobby begonnen hat. Ja, die Arbeit ist inzwischen so viel geworden, dass die Familie sie allein gar nicht mehr bewältigen kann. Da ist ihnen rechtzeitig – wie ein Geschenk des Himmels – Hilfe von außerhalb zuteil geworden. Es war bereits Ende der neunziger Jahre, da fragte eine wildfremde Person bei meiner Schwiegertochter an, ob sie ihr unentgeltlich helfen dürfe. Sie durfte. Eine ganze Woche arbeitete die Frau für Kost und Logis mit auf dem Kräuterhof. In ihrem Bekanntenkreis erzählte sie später begeistert davon. So hatten wir im Jahr darauf schon Helfer für mehrere Wochen. Alle waren begeistert, sie arbeiteten für Gotteslohn und ein Bett und aßen in der Familie mit.

Irgendwann aber kamen meiner Schwiegertochter Bedenken: »Was ist, wenn einem der freiwilligen Helfer auf unserem steilen Gelände etwas passiert? Wie sieht das arbeitsrechtlich aus, wenn ich einfach Leute bei mir beschäftige? Was ist, wenn jemand bei uns krank wird?«

Darauf konnte ich ihr keine Antworten geben. Deshalb rief sie bei der Bauernorganisation an, um zu erfragen, ob man die Helfer irgendwie versichern könne oder müsse. Bei dieser Gelegenheit erfuhr sie von einer interessanten Neuentwicklung: Etwa um das Jahr 2000 hatte sich in Südtirol ein »Verein für freiwillige Arbeitseinsätze« (VFA) gegründet. Sein Ziel war zunächst gewesen, Höfen, die in eine Notlage geraten waren – z. B. wenn der Bauer oder die Bäuerin für mehrere Wochen durch Krankheit oder einen Unfall ausfiel – eine unentgeltliche Arbeitskraft zur Verfügung zu stellen. Damit der Verein solche Freiwillige auf die Höfe schicken konnte, musste er zunächst mal welche anwerben. Also startete man einen Aufruf in verschiedenen Medien mit unerwartetem Erfolg.

In der Praxis sah das so aus: Wenn auf einem Bauernhof ein Notfall auftrat, meldete man sich bei diesem Verein, und es wurde einem innerhalb kurzer Zeit eine Aushilfe geschickt.

Nicht nur die Bauern waren darüber begeistert, sondern die freiwilligen Helfer ebenfalls. Das waren oft Städter, die es interessant fanden, eine gewisse Zeit auf dem Land zu verbringen und auch mal ungewohnte körperliche Arbeiten zu leisten. Voller Begeisterung erzählten sie davon in ihrem Bekanntenkreis, mit dem Resultat, dass sich viele weitere Helfer meldeten.

Man hatte bald so viele freiwillige Helfer, die auf einen Einsatz warteten, dass man gar nicht genug »Notfälle« hatte. Daher kam man in dem Verein auf die Idee, die freiwilligen Arbeitskräfte auch solchen Bauern zur Verfügung zu stellen, bei denen zwar keine Notlage gegeben war, die aber aufgrund der vielen anfallenden Arbeit gut eine Hilfe hätten brauchen können.

Dennoch konnte nicht jeder Bauer auf dieses Angebot zurückgreifen. Dann hätten wieder die Freiwilligen nicht ausgereicht. Also galt es, zusätzliche Kriterien zu finden, nach denen man die Bauern berücksichtigen wollte. Man kam überein, dass der Hof – bzw. die Familie – gewisse Voraussetzungen erfüllen mussten. Jeder der Höfe wurde überprüft und in einem ausgeklügelten Punktesystem bewertet. Punkte gibt es für alle möglichen Erschwernisse, die ein Hof haben kann, z. B. die Steillage, eine schwierige Hofzufahrt, die Entfernung zum Dorf. Bei der Bewertung spielte die finanzielle Situation des Hofes ebenso eine Rolle wie die familiären Verhältnisse, z. B. ob alte oder kranke Menschen zu versorgen sind oder kleine Kinder.

Wir brachten es jedenfalls auf so viele Punkte, dass uns bis jetzt immer freiwillige Helfer zugeteilt wurden. Die sind durch den Verein unfall- und krankenversichert, was für die Barbl und ihren Mann sehr beruhigend ist. Bis jetzt ist zum Glück noch nie etwas Derartiges vorgefallen.

Es kommen Menschen zwischen achtzehn und fünfundsechzig Jahren, die bei uns fleißig arbeiten. Die meisten davon sind Frauen. In der Regel bleibt jede Person eine Woche. So kommt es, dass wir zwischen Ostern und Allerheiligen fast immer einen arbeitenden Gast bei uns beherbergen. Mit einigen von ihnen haben wir schon regelrecht Freundschaft geschlossen, denn sie kommen jedes Jahr wieder. Sie kommen nicht nur aus Südtirol, Italien oder Deutschland, sondern aus fast allen europäischen Ländern, ja sogar aus dem fernen Amerika. Das Internet hat nämlich die Idee vom ehrenamtlichen Helfen bei den Bergbauern Südtirols in die ganze Welt hinausgetragen. Das ist doch eine wunderbare Art der Völkerverständigung.

Da wir nicht der einzige Bauernhof sind, der internationale »Gäste« hat, ist davon auszugehen, dass sich in der Zeit zwischen Ostern und Allerheiligen viele Menschen unterschiedlicher Nation in unserem Land aufhalten, um dort ohne Lohn zu arbeiten. Sie tun dies einerseits, weil sie uns helfen wollen, aber auch, weil es ihnen in unserem schönen Land gefällt. Das ist doch eine erfreuliche Entwicklung, dass Menschen aus den unterschiedlichsten Nationen heutzutage friedlich in Südtirol »einfallen«, statt sich seiner durch Kriege zu bemächtigen, wie das jahrhundertelang geschehen ist.

Wie es mit dem Kräuterhof weitergehen wird? Noch sind der Friedl und seine Frau rüstig genug, um ihn unter Mithilfe der Kinder und der freiwilligen Helfer am Blühen zu halten. Aber auch für die Zukunft ist schon gesorgt. Florian, der Jüngste in der Geschwisterreihe, war von klein auf schon immer mit den Pflanzen verbunden und will das »Kräutergeschäft« ernsthaft weiterführen. Es gibt aus der Zeit, als er etwa sechs Jahre alt war, eine Episode, die schon bezeichnend für ihn ist. An der Hand seiner Mutter ging er hinunter zum Südhang, wo unser erster Kräutergarten angelegt war, da sagte er voller Inbrunst: »Gell, Mama, jetzt gehen wir in unser Paradies.«

Diese Einstellung hat er heute noch. Er war der einzige von den Kindern, der den Beruf des Gärtners gelernt hat. Um den elterlichen Betrieb als wirklicher Kräutermeister übernehmen zu können, macht er gerade eine entsprechende Zusatzausbildung.

Die Magdalena, die als Zehnjährige die Krautergeschichte ins Leben gerufen hat, zeigt volles Verständnis dafür, dass ihr kleiner Bruder dieses Geschäft mit Leib und Seele betreiben will. Deshalb überlässt sie ihm kampflos dieses Terrain. Aus der Landwirtschaft zurückgezogen hat sie sich aber auch nicht ganz. Sie hat ein landwirtschaftliches Studium absolviert und arbeitet bereits seit einigen Jahren in Innsbruck beim Amt für Landwirtschaft.

Dass die Waltraud Köchin geworden ist, habe ich ja bereits erwähnt. Und unser Ältester, der Andreas, ist, trotz seines fehlenden rechten Zeigefingers, ein tüchtiger Metallfacharbeiter geworden, der sich nicht zu schade ist, in jeder freien Minute im elterlichen Kräuterbetrieb mitzuhelfen.

Rückblick – Ausblick

Fast ein ganzes Jahrhundert habe ich erleben dürfen. Ein Jahrhundert, das für mein Land und für mich persönlich viele Turbulenzen und Umwälzungen gebracht hat. Viel Leid habe ich in dieser langen Zeit ertragen müssen, aber auch ebenso viele Freuden waren mir beschieden. Den Tod meiner Eltern hatte ich zu beklagen, aber das ist ganz normal, das geht jedem so. Sechzig Jahre habe ich mit meiner behinderten Schwester verbracht und all ihre gesundheitlichen Höhen und Tiefen mit ihr durchgestanden. Da ihr Brustkorb durch die Englische Krankheit verengt war, hatte sie immer wieder Schwierigkeiten mit der Atmung gehabt. Anfang 1991 aber wurde ihre Atemnot so gravierend, dass wir sie ins Spital geben mussten. Dort ist sie nach wenigen Tagen sanft entschlafen, für sie eine Erlösung. Aber auch für uns, so hart das klingen mag.

Im Jahr 2008 verlor ich meinen geliebten Friedrich, der mir nahezu achtundfünfzig Jahre in Freud und Leid treu zur Seite gestanden hatte. Er war nicht krank gewesen und er schien keinesfalls zum Sterben. Da bat er mich eines Abends, ich möge ihm den Friedl raufschicken. So etwas war noch nie vorgekommen. Ich ging also hinunter zu meinem Sohn und sagte: »Dein Vater will dich sehen.« Verwundert folgte er mir nach oben. Vater und Sohn unterhielten sich eine Weile in der Stube. Dann äußerte der Friedrich den Wunsch, sein Sohn möge ihn zu Bett bringen. Das tat der auch, wünschte ihm gute Nacht und begab sich wieder nach unten. Am nächsten Morgen war mein Mann tot. Der Arzt, der den Totenschein ausstellte, bescheinigte uns, dass er an Altersschwäche gestorben sei.

Er war immerhin vierundneunzig Jahre alt geworden. Da kann man nicht jammern. Dennoch musste ich mich erst daran gewöhnen, dass ich nun allein in meiner Wohnung bin. Sohn und Schwiegertochter haben mir zwar angeboten, dass ich zu ihnen nach unten ziehen kann. Das möchte ich aber vorerst nicht. So lange ich noch die Treppe schaffe, möchte ich meine Selbstständigkeit behalten.

Seit der Hochzeit meines ältesten Sohnes sind über dreißig Jahre vergangen, und ich muss gestehen, eine bessere Frau für ihn hätte ich mir nicht wünschen können und auch keine bessere Bäuerin für den Hof. Barbl ist es, die mit Herz und Verstand und ihrer Hände Arbeit aus ihm das gemacht hat, was er heute ist: eine blühende und duftende Insel in der rauen Bergwelt. Auch hätte ich für mich keine bessere Schwiegertochter finden können. Trotz ihrer vielen Arbeit hat sie immer vorbildlich nach uns Alten geschaut. Es ist ihr nie zu viel geworden, meine Schwester Frieda zu betreuen, und ich bin mir sicher, sollte ich pflegebedürftig werden, so bin ich bei ihr in guten Händen. Meine Enkel hat sie zu ordentlichen Menschen erzogen. Sie achten und ehren mich, und es macht mir viel Freude, zu sehen, wie sie ins Leben hineinwachsen.

Wenn ich so auf mein Leben zurückblicke, so ist es ein sehr turbulentes gewesen, in persönlicher wie in politischer Hinsicht. Eine so gute und ruhige Zeit, wie mein Land sie jetzt erleben darf, hat es vermutlich noch nie gegeben. Jeder kann in Ruhe seine Felder bestellen, jeder darf unsere Bräuche pflegen, jeder darf die Sprache sprechen, die ihm von seinen Eltern mitgegeben worden ist. Allerdings ist zu befürchten, dass die ladinische Sprache bald ausstirbt, obwohl es Kreise gibt, die sie bewusst pflegen. Denn die Alten, die sie noch beherrschen, werden immer weniger, und die Jungen müssen, wenn sie auf dem Arbeitsmarkt Schritt halten wollen, Deutsch oder Italienisch sprechen. Eine Sprache aber, die nicht im Alltag gesprochen wird, hat wenig Überlebenschancen.

Noch sind in unserem Land nicht alle politischen Ziele erreicht. Noch immer ist es unser Bestreben, gerade das der jungen Leute, wieder an Österreich angeschlossen zu werden. Das werde ich vermutlich nicht mehr erleben. Aber gebe Gott, dass es ohne Blutvergießen geschieht. Jeden Tag, den ich noch in einigermaßen Gesundheit erlebe, sehe ich als Geschenk Gottes an. Und für all das, was ich bisher erleben durfte, bin ich meinem Schöpfer unendlich dankbar.

Stammtafel der Lena Thaler geb. Seeber

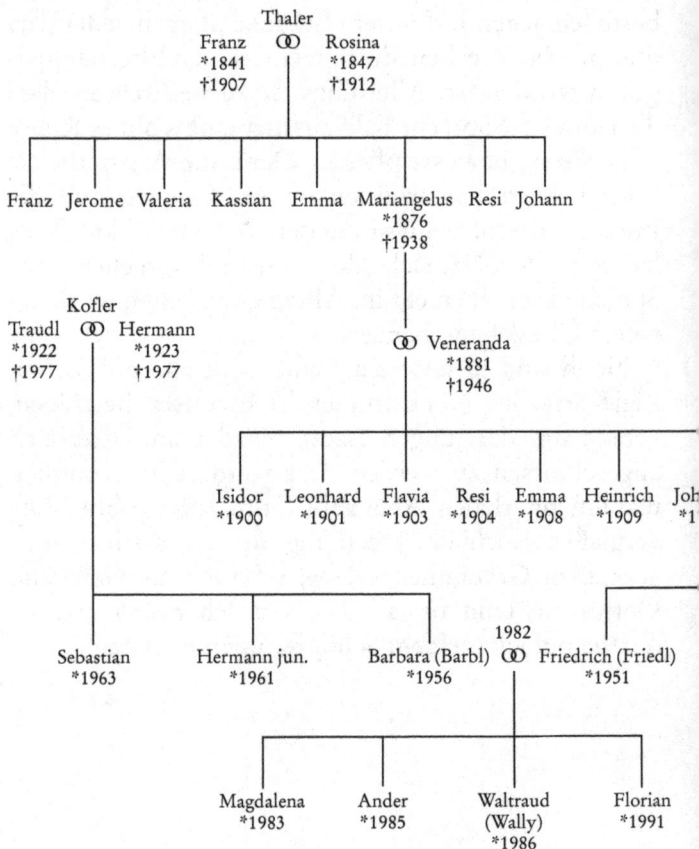

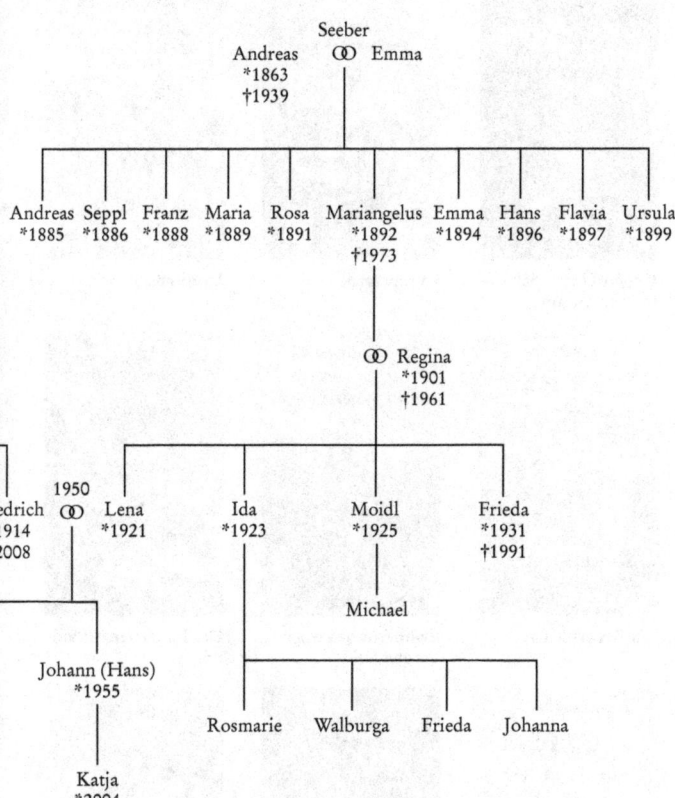

Von Roswitha Gruber bereits erschienen

Unglaubliches Schicksal einer Nonne

Sommererde

Landmädchen

Ein Bauernleben

Erinnerungen einer Bergbäuerin

Der Fluch der Altbäuerin

Das böse Weib vom Weiherhof

Nach mir kräht kein Schwein

Wo meine Heimat ist

Informationen zu unserem Verlagsprogramm finden Sie unter www.rosenheimer.com